世界名言集

岩波文庫編集部編

岩波書店

はじめに

ここにお届けする『世界名言集』は、岩波文庫の別冊として一九八四年から八九年に刊行された『ことばの花束』『ことばの贈物』『ことばの饗宴』『愛のことば』を再編して一本としたものです。再編にあたっては、その後の原典の改訳、新校訂などを引用文に反映させるとともに、従来の「書名索引」「著作者名索引」のほか、引用文の冒頭部から本文を引き出すための「文頭索引」を新たに加えました。

岩波文庫という古典の宝庫に多くの人を誘いたい。そのためには原典そのものから喚起力のある章句を切り出して提供したらどうか。わずか数行であってもそれは要約《ダイジェスト》や解説などとは違って、原典の生《なま》の魅力を伝えることができるはずだ。——こんなアイディアから、本書の基となった四冊の名言集は生まれました。そんな訳で、ここに集められた章句はすべて岩波文庫に出典をもつものばかりです。むろん内外の引用句辞典の類を参考にはしましたが、編集の基本は一冊一冊の岩波文庫に目を通し、これはと思う文章を抜き出し、集め、選び、配列する、という作業にあります(『ことばの饗宴』は読者が選んだ章句を編集しました)。こうした手作業がすすむにつれて、モンテーニュ『エセー』中の「良書の要約というものはすべて愚劣なものだ」という一句の意味が増してくるように実感されるのでした。

つれづれの折りにただ漫然とページを繰ってあちこち拾い読みする。始めから一気に読みとおす。あるいは巻末の索引をつかってこの著者はどんなことを言っているのか、この本にはどんな名言があるのかを調べてみる。——読み方はどうであれ、出会った一句に触発されてやがて原典へとおもむく。どうかそういうことが一人でも多くの読者に起きて欲しい、と願っております。

二〇〇二年四月

岩波文庫編集部

目次

はじめに　1
世は定めなきこそ　33
悪魔でも聖書を引くことができる　59
これは人類普遍の原理であり　85
旅に出さえすると　111
二回この世に生まれる　137
文章は簡単ならざるべからず　163
精神のない専門人、心情のない享楽人

寒いほどひとりぼっちだ！――　191
よき友、三つあり――　219
望みをもちましょう――　249
梅の花さくころほひは――　277
天地は万物の逆旅――　305
人間にふさわしい態度――　331
幸福とは愛すること――　357
盛年　重ねて来らず――　383
あの姿がどこに行ってもつきまとう――　411
恋愛で第一に大事なことは――　433
恋は甘い花である。しかし――　455

愛を知る人――　477
恋の至極は忍恋《しのぶこい》――　499
文頭索引
書名索引
著作者名索引

引用句にはそれぞれ出典が明記してあります。書名のあとの数字は、その引用句の載っている岩波文庫のページです。

世は定めなきこそ――

1

世は定めなきこそいみじけれ。

兼好法師
『新訂 徒然草』 26

＊

2

秘すれば花なり、秘せずば花なるべからず。

世阿弥
『風姿花伝』 103

＊

3

五十ばかりより、そろ〳〵仕上げたるがよきなり。その内は諸人の目に立身遅きと思ふ程なるが、のうぢあるなり。

山本常朝
『葉隠』(上) 68

＊

4

文明とは道の普《あまね》く行はるゝを賛称せる言にして、宮室の壮厳、衣服の美麗、外観の浮華を言ふには非ず。

西郷隆盛
『西郷南洲遺訓』 8

5

文明とは人の身を安楽にして心を高尚にするをいうなり、衣食を饒《ゆたか》にして人品を貴《たっと》くするをいうなり。

福沢諭吉
『文明論之概略』 60-61

*

6

たとい政治家が時と場所とをわきまえずに施政したために、いく千万の人間が禍《わざわ》いをこうむったとしても、その跡を吟味した学者は、きっとこう言うでしょう。あれは、ああならざるを得ぬ理由があって、ああなったのだ、と。

中江兆民
『三酔人経綸問答』 96

*

7

肉体《ボデー》と知能《マインド》と霊魂《スピリット》、これら三のものの自然的発達をば維持して行くがため、言い換うれば人々の天分に応じてこれら三のも

河上肇
『貧乏物語』 14

*

のをばのびるところまでのびさして行くがため、必要なだけの物資を得ておらぬ者があれば、それらの者はすべてこれを貧乏人と称すべきである。

＊

8

人生には笑ってよいことが誠に多い。しかも今人《こんじん》はまさに笑いに餓《う》えている。

柳田国男
『不幸なる芸術・笑の本願』「笑の本願」53

＊

9

西洋の風呂は事務的で、日本の風呂は享楽的だ。

和辻哲郎
『古寺巡礼』32

＊

10

かのターヘル・アナトミアの書にうち向ひしに、誠に艫《ろ》舵《かじ》なき船の大海に乗り出だせしが如く、茫洋《ぼうよう》として寄るべきかたなく、

杉田玄白
『蘭学事始』37-38

たゞあきれにあきれて居たるまでなり。

＊

11

人に百歳の寿なく、社会に千載《せんざい》の生命なし。

徳富蘇峰『吉田松陰』26

＊

12

上流は知りませんが中ぐらいかそれ以下の武士の家では、お客が来ても一々お菓子を出すということはありません。お茶だけです。どこの家でも平生お菓子のある家はなく、第一、菓子屋というものがそうありませんでした。お客といえば、お客に座ぶとんを出すこともなく、座ぶとんというものは知りませんでした。

山川菊栄『武家の女性』74

＊

13

イギリスでは近代教育のために子供から奪われつつあるひとつの美点を、日本の子供たちはもっているとわたしはいいたい。すなわち日本の子供たちは、自然の子であり、かれらの年齢にふさわしい娯楽を十分に楽しみ、大人ぶることがない。

オールコック
『大君の都』㊦ 226

＊

14

当時は一般の人々は時計を持たなかったし、また時間の厳守ということもなかったのである。二時に招かれたとしても、一時に行くこともあり、三時になることもあり、もっとおそく出かける場合もよくある。

アーネスト・サトウ
『一外交官の見た明治維新』㊦ 7

＊

15

日本人は素描をするのが速い、非常に速い、まるで稲妻のようだ、それは神経がこまかく、感覚が素直なためだ。

『ゴッホの手紙』㊥ 105

16

人の患《うれい》は、好《この》んで人の師となるにあり。

『孟子』(下) 52

＊

17

知ることがむつかしいのではない。いかにその知っていること
に身を処するかがむつかしいのだ。

司馬遷
『史記列伝』(一) 31
「老子・韓非列伝」

＊

18

ただ誹《そし》られるだけの人、またただ褒《ほ》められるだけの人は、過去
にもいなかったし、未来にもいないであろう、現在にもいない。

『ブッダの真理のことば・
感興のことば』 42
「真理のことば」

＊

19

親鸞は弟子一人ももたずさふらふ。

唯円
『歎異抄』 50

20

今日《こんにち》存ずるとも明日《みやうにち》もと思ふことなかれ。死の至《いた》てちかくあやふきこと脚下《きやくか》にあり。

懐奘《えじよう》
『正法眼蔵随聞記』94

*

21

遠くて近きもの　極楽。舟の道。人の中。

清少納言
『枕草子』223

*

22

己《おの》が分《ぶん》を知りて、及ばざる時は速《すみや》かに止《や》むを、智といふべし。許《ゆる》さざらんは、人の誤《あやま》りなり。分を知らずして強《し》ひて励《はげ》むは、己れが誤りなり。

兼好法師
『新訂 徒然草』218

*

23

双六《すぐろく》の上手《じやうず》といひし人に、その手立《てだて》を問ひ侍《はんべ》りしかば、「勝たんと打つべからず。負けじと打つべきなり。」

兼好法師『新訂 徒然草』189

＊

24

すべて、女は、やはらかに、心うつくしきなむ、よき人。

紫式部『源氏物語』㈤ 330

＊

25

此の頃京《みやこ》に流行《はや》るもの、肩当腰当烏帽子止《かたあてこしあてえぼうしとゞめ》、襟《えり》の立つかた、錆《さび》烏帽子《えぼうし》、布打《ぬのうち》の下の袴《はかま》、四幅《よの》の指貫《さしぬき》。

『梁塵秘抄』67

＊

26

暖地《だんち》の人《ひと》花の散《ちる》に比《くらべ》て美賞する雪吹《ふゞき》と其異《そのことなる》こと、潮干《しほひ》に遊びて楽《たのしむ》と洪濤《つなみ》に溺《おぼれ》て苦《くるしむ》との如し。雪国の難義《なんぎ》暖地の人おもひはかるべし。

鈴木牧之『北越雪譜』54

27

*

風雅におけるもの、造化《ざうくわ》にしたがひて四時《しいじ》を友とす。見る処花にあらずといふ事なし。おもふ所月にあらずといふ事なし。

『芭蕉紀行文集』70
「笈の小文」

28

*

昔は年よりになって、何んも出けんようになると、もっこに入れて山へふて（棄《す》て）に行く時代があったんと。

『一寸法師・さるかに合戦・浦島太郎――日本の昔ばなしIII』80
「うばすて山」

29

*

その目は赤《あか》かがちの如くして、身一つに八頭八尾《やかしらやを》あり。またその身に蘿《こけ》と檜椙《ひすぎ》と生《お》ひ、その長《たけ》は谿八谷峡八尾《たにやたにをやを》に度《わた》りて、その腹を見れば、悉に常に血爛《ちただ》れつ。

『古事記』39
「須佐之男命の大蛇退治」

30

ローマは常に連合部族や友邦が本来もっていたものは何一つ失わず、親愛や権威や名声が増大することを望んでいる。ローマの友情と結ばれたものが奪われて行く姿を誰が黙って見ていられるか。

カエサル
『ガリア戦記』64

*

31

われわれは短い時間をもっているのではなく、実はその多くを浪費しているのである。人生は十分に長く、その全体が有効に費《ついや》されるならば、最も偉大なことをも完成できるほど豊富に与えられている。

セネカ
『人生の短さについて 他二篇』9-10
「人生の短さについて」

*

*

32

己れを知らざることや、知らぬことを知っているように空想して知っていると思いこむことは、狂気にもっとも近い。

クセノフォーン
『ソークラテースの思い出』 152

*

33

君のおぼえた小さな技術をいつくしみ、その中にやすらえ。

マルクス・アウレーリウス
『自省録』 52

*

34

Petty crimes are punished, great, rewarded.(ベン・ジョンソン)

小罪は罰せられ、大罪は賞せらる。

(「窃レ鉤者誅、窃レ国者為二諸侯一」に同じ)

穂積陳重
『法窓夜話』 362

*

35

金銭は肥料のようなものであって、ばら蒔《ま》かなければ役には立たない。

『ベーコン随想集』 74

36

大胆は無知と卑劣の子であって、他の資格よりはるかに劣る。

『ベーコン随想集』60

＊

37

暗黒のなかでは、我々の想像力は、明るい光におけるよりもたくましくはたらくのを常とする。

カント
『啓蒙とは何か 他四篇』84
「万物の終り」

＊

38

「知は力なり」。とんでもない。きわめて多くの知識を身につけていても、少しも力をもっていない人もあるし、逆に、なけなしの知識しかなくても、最高の威力を揮《ふる》う人もある。

ショーペンハウエル
『知性について 他四篇』107
「知性について」

＊

39
ひとを罰しようという衝動の強い人間たちには、なべて信頼を置くな！

ニーチェ
『ツァラトゥストラはこう言った』(上)　169

＊

40
道徳的修養に要する努力の大部分は、自分の過去および現在の行為の生んだ不快な結果を認めるのに必要な勇気にある。

デューウィ
『哲学の改造』　93

＊

41
人が事実を用いて科学を作るのは、石を用いて家を造るようなものである。事実の集積が科学でないことは、石の集積が家でないのと同様である。

ポアンカレ
『科学と仮説』　171

＊

42
されば死すべき人の身は　はるかにかの最期の日の見きわめを

ソポクレス
『オイディプス王』　133

待て。
何らの苦しみにもあわずして　この世のきわに至るまでは、
何びとをも幸福とは呼ぶなかれ。

＊

43
誰がそういったか、をたずねないで、いわれていることは何か、に心を用いなさい。

トマス・ア・ケンピス
『キリストにならいて』 22

＊

44
バッサーニオ　嫌いなものは殺してしまう、それが人間のすることとか?
シャイロック　憎けりゃ殺す、それが人間ってもんじゃないのかね?

シェイクスピア
『ヴェニスの商人』 129

45

げに怒りは愚かな者を殺し
妬みは馬鹿者の生命を奪う。

『旧約聖書 ヨブ記』 20-21

＊

46

武力によって敵を制する者は、その半ばを制するにすぎない。

ミルトン
『失楽園』(上) 43

＊

47

自分を憐《あわ》れむという贅沢《ぜいたく》がなければ、人生なんていうものは堪えられない場合がかなりあると私は思う。

ギッシング
『ヘンリ・ライクロフトの私記』 29

＊

48

書物は、それが書かれたときとおなじように思慮深く、また注

ソロー
『森の生活』(上) 182

意深く読まれなくてはならない。

＊

49
良書の要約というものはすべて愚劣なものだ。

モンテーニュ
『エセー』㈤　294

＊

50
人間の幸福というものは、時たま起るすばらしい幸運よりも、日々起って来る些細な便宜から生れるものである。

『フランクリン自伝』　205

＊

51
人間はどんな荒唐無稽な話でも、聞いているうちに自然とこれがあたりまえと思うようにできている。そして、それがすでにしっかりと根を下ろしてしまう。だから、これを削ったり抹殺したりすると、とんでもない目にあう。

ゲーテ
『若きウェルテルの悩み』
70

52

野蛮であるということは、すぐれたものを認めないということではないか。

エッカーマン
『ゲーテとの対話』(中) 284

*

53

道に迷うこともあったが、それはある人々に取っては、もともと本道というものが存在しないからのことだった。

トオマス・マン
『トニオ・クレエゲル』 27

*

54

勇気と節操をもっている人たちは、ほかの人たちからみると、いつだって非常にきみのわるいものさ。

ヘルマン・ヘッセ
『デミアン』 41

*

55
大きな罪の前には必ず、取るに足らぬ罪があり。

ラシーヌ
『フェードル・アンドロマック』221
「フェードル」

＊

56
だまっている奴は物騒《ぶっそう》だ。
騒ぎ立てる奴はそうでもない。

ラ・フォンテーヌ
『寓話』(下) 140

＊

57
「妖精物語《コント・ド・フェ》」は、その最後の編集者たちがごてごてと飾り立てた、ばかげた装飾をとり去ってみれば、民衆そのものの心なのである。

ミシュレ
『魔女』(上) 78

＊

58
私が結晶作用というのは、つぎつぎに起るあらゆる現象から、愛するものの新しい美点を発見する精神作用のことである。

スタンダール
『恋愛論』(上) 39

59

幸福だけの幸福はパンばかりのようなものだ。食えはするがごちそうにはならない。むだなもの、無用なもの、よけいなもの、多すぎるもの、何の役にも立たないもの、それがわしは好きだ。

ユーゴー
『レ・ミゼラブル』㈣ 436

＊

60

にんじん——そんなら、もし僕が、自殺しようとしたことがあるっていったら、どうなの？
ルピック氏——おどかすな、やい。
にんじん——嘘《うそ》じゃないよ。父さん、昨日《きのう》だって、また、僕あ、首を吊《つ》ろうと思ったんだぜ。

ルナアル
『にんじん』 240

＊

61

百姓たちはがんばった。「わしらは兵隊には行きましねえ」と、彼らは言った。「おんなじ死ぬもんなら、うちで死ぬほうがいいです。どのみち死ななきゃならねえなら」

トルストイ
『民話集 イワンのばか 他八篇』 47
「イワンのばかとそのふたりの兄弟」

*

62

パーヴェルの方は反対にさびしい独り者として、人生のうす暗いたそがれの時期に、入りかかっていた。それは、青春はすぎてしまったが、老年はまだ訪れてこないという、希望に似た哀惜と哀惜に似た希望の時期であった。

ツルゲーネフ
『父と子』 51

*

63

「それが女の本性というものじゃ」と、ドン・キホーテが口をはさんだ。「言い寄る男を袖《そで》にし、つれない男を追いかけるというのがな。」

セルバンテス
『ドン・キホーテ』前篇㈠ 367

64

希望とは、もともとあるものともいえぬし、ないものともいえない。それは地上の道のようなものである。もともと地上には道はない。歩く人が多くなれば、それが道になるのだ。

魯迅
『阿Q正伝・狂人日記 他十二篇』 99

*

65

花発《はなひら》けば風雨《ふうう》多《おお》く
人生《じんせい》 別離《べつり》足《おお》し

『唐詩選』(中) 435
于武陵
「勧酒」

*

66

ある人、水に溺れかかる。そのせがれが助けを呼ぶと、おやじ、水の中から頭を出して、「銀三分《ぶ》でなら助けてもらうが、それ以上でなら助けてくれるな」

馮夢竜《ふうむりゅう》
『笑府——中国笑話集』(下)
5-6

*

67

呑気と見える人々も、心の底を叩いて見ると、どこか悲しい音がする。

夏目漱石
『吾輩は猫である』 511

*

68

私は今より一層淋《さび》しい未来の私を我慢する代りに、淋しい今の私を我慢したいのです。自由と独立と己《おの》れとに充《み》ちた現代に生れた我々は、その犠牲としてみんなこの淋しみを味わわなくてはならないでしょう。

夏目漱石
『こころ』 40-41

*

69

世間の人は性欲の虎《とら》を放し飼いにして、どうかすると、その背に騎《の》って、滅亡の谷に落ちる。自分は性欲の虎を馴《な》らしておさ

森鷗外
『ウィタ・セクスアリス』
98

*

えている。

＊

70
美しき花もその名を知らずして文にも書きがたきはいと口惜し。

正岡子規
『墨汁一滴』90

＊

71
勅撰集《ちょくせんしゅう》の如き者が日本文学の城壁ならば、実に頼み少き城壁にて、かくの如き薄ツぺらな城壁は、大砲一発にて滅茶滅茶《めちゃめちゃ》に砕《くだ》け可申候《もうすべく》。

正岡子規
『歌よみに与ふる書』26

＊

72
君知らずや、人は魚の如し、暗らきに棲《す》み、暗らきに迷ふて、寒むく、食少なく世を送る者なり。

『北村透谷選集』73
「時勢に感あり」

73

まだあげ初《そ》めし前髪の
林檎《りんご》のもとに見えしとき
前にさしたる花櫛《はなぐし》の
花ある君と思ひけり

＊

『藤村詩抄』61
「初恋」

74

一つ一つに取たてゝは美人の鑑《かがみ》に遠けれど、物いふ声の細く清《すず》しき、人を見る目の愛敬あふれて、身のこなしの活々《いきいき》したるは快き物なり。

＊

樋口一葉
『にごりえ・たけくらべ』56
「たけくらべ」

75

山のあなたの空遠く

＊

『上田敏全訳詩集』67
カアル・ブッセ
「山のあなた」

「幸《さいはひ》」住むと人のいふ。

『寺田寅彦随筆集』(二) 91
「子猫」

76

私は猫に対して感ずるような純粋なあたたかい愛情を人間に対していだく事のできないのを残念に思う。そういう事が可能になるためには私は人間より一段高い存在になる必要があるかもしれない。

*

長塚節
『土』 71

77

春は空からそうして土からかすかに動く。

*

野上弥生子
『迷路』(下) 638

78

小説だろうと、芝居だろうと、読者、見物人に人気のあるのは女だ。それもうら若い女にかぎる。ところで世阿弥は女は女でも百とせの老女ばかりを扱って、それがいずれもただ者ではない。

*

79

人間は、時として、満たされるか満たされないか、わからない欲望のために、一生をささげてしまう。その愚をわらう者は、畢竟《ひっきょう》、人生に対する路傍の人に過ぎない。

芥川竜之介
『羅生門・鼻・芋粥・偸盗』 40-41
「芋粥」

*

80

明日の考察！　これ実に我々が今日において為《な》すべき唯一である、そうして又総《すべ》てである。

石川啄木
『時代閉塞の現状・食《くら》うべき詩 他十篇』 118
「時代閉塞の現状」

*

81

宙宇は絶えずわれらによつて変化する

『宮沢賢治詩集』 269
「生徒諸君に寄せる」

誰が誰よりどうだとか
誰の仕事がどうしたとか
そんなことを言ってゐるひまがあるか

＊

82

私が明朝はおそくまで寝るだろうと答えると、「そんなら、おやすみなさいませ。ええ夢でも御覧なさいませ。百石積《ひやっこくづ》みの宝船の夢でも見たがよござえますろう。」そういう豪華なお愛想をいって出て行った。

井伏鱒二
『山椒魚・遙拝隊長 他七篇』
106-107
「へんろう宿」

＊

83

どんな事件に鼻をぶつけても、いつも泰然と「別に驚きやあしねえ」と一つ覚えのせりふを悪用してあぐらをかいているのは、すでに思想という鯨の腹に呑みこまれたことに気がつかない鰯

石川淳
『森鷗外』 42

に似ている。

*

84

あまえということは誰しもどこかに持っているらしい。すなおでなく、ちょっとぎこっとした構えのようなものを持っているのは、強いようにも考えられるがその実あぶなっかしい性格であり、よいほどにすらりとあまえられる人のほうが、不潔なあまえに毅然たる態度を持して行かれるのではあるまいか。

幸田文
『みそっかす』184

*

85

男と女が同じ方向に傾いた心を持つとき、二人は性をきっかけにして結びつくのだ。性は人間の接近のきっかけの一つでしかないと今の私には思われる。

伊藤整
『変容』368

86

今では女房子供持ち
思へば遠く来たもんだ
此の先まだまだ何時までか
生きてゆくのであらうけど

生きてゆくのであらうけど
遠く経て来た日や夜《よる》の
あんまりこんなにこひしゆては
なんだか自信が持てないよ

『中原中也詩集』「頑是ない歌」 213

*

87

誰だって忘れたいと思うさ、いろんなつらいこと、不愉快なこ

木下順二『オットーと呼ばれる日本人 他一篇』 343

*

とは。忘却は民衆の知恵だっていう言葉もあるくらいだ。

＊

88

あすもまた、同じ日が来るのだろう。幸福は一生、来ないのだ。それは、わかっている。けれども、きっと来る、あすは来る、と信じて寝るのがいいのでしょう。

太宰治
『富嶽百景・走れメロス 他八篇』 124
「女生徒」

悪魔でも聖書を引くことができる――

89
悪魔でも聖書を引くことができる、身勝手な目的にな。

シェイクスピア
『ヴェニスの商人』 34

＊

90
恋はほどほどにするものだ、そのような恋こそ長続きする。

シェイクスピア
『ロミオとジューリエット』 111

＊

91
君、時というものは、それぞれの人間によって、それぞれの速さで走るものなのだよ。

シェイクスピア
『お気に召すまま』 94

＊

92
弱いということは哀れなことだ、あえて事を行うにしろ、事を忍ぶにしろ！

ミルトン
『失楽園』(上) 15

93

恋人として男と女とがちがう点は、女は一日じゅう恋愛をしていられるが、男はときどきしかできないということである。

モーム
『月と六ペンス』229

＊

94

娘というものは泣かせてやらなくてはいけない、泣きぬくと、泣くべきものがなくなって、あとはすぐに忘れてしまうものなのだ。

キルケゴール
『反復』175

＊

95

男性は知っていることを言うが、女性は人を喜ばせることを言う。

ルソー
『エミール』(下) 45

＊

96

人生を大切に思うと言われるのか。それならば、時間をむだ使いなさらぬがよろしい。時間こそ、人生を形作る材料なのだから。

『フランクリン自伝』276

＊

97

貧しくても、生活を愛したまえ。

ソロー
『森の生活』(下) 283

＊

98

露を帯びて花を折るのであれば、色も香も無論ずっといいにちがいない。だが私にはそれは出来ないのだ。

魯迅
『朝花夕拾』7

＊

99

もしもお前の好きなようにしてよいと言われたならば、私はいままでの生涯を初めからそのまま繰返すことに少しも異存はない。ただし、著述家が初版の間違いを再版で訂正するあの便宜だけは与えてほしいが。

『フランクリン自伝』 8

＊

100

男はしばしばひとりになりたいと思う、女もひとりになりたいと思う、そしてその二人が愛しあっているときは、そういう思いをたがいに嫉妬するものだ。

ヘミングウェイ
『武器よさらば』(下) 116

＊

101

およそ完全に矛盾したことは、愚者にも賢者にも等しく神秘的に聞えますからね。あなた、学芸の道は、昔も今もおんなじだ。

ゲーテ
『ファウスト』(第一部) 177

102
アンドレア　英雄のいない国は不幸だ！

ブレヒト『ガリレイの生涯』172

＊

103
ガリレイ　英雄を必要とする国が不幸なんだ。

ブレヒト『ガリレイの生涯』173

＊

104
ある人間をにくむとすると、そのときわたしたちは、自分自身のなかに巣くっている何かを、その人間の像のなかでにくんでいるわけだ。自分自身のなかにないものなんか、わたしたちを興奮させはしないもの。

ヘルマン・ヘッセ『デミアン』152

＊

105

われわれも、間違った原因に心を乱されているときに正しい弁護や言訳をもってこられると、真理と無実に対してさえ怒ることがいくらもある。

モンテーニュ
『エセー』(四) 217

＊

106

なるほど、神はある種の快楽を禁じておいでになる。しかし、神と折り合いをつける道がないわけじゃありません。

モリエール
『タルチュフ』 81

＊

107

「暑い季節にはなにしていたの。」
アリは借り手のセミに訊《き》く。
「夜も昼も、みなさんのために、
歌をうたっていましたの、すみません。」
「歌をうたって？　そりゃけっこうな。

ラ・フォンテーヌ
『寓話』(上) 70

それじゃこんどは、踊りなさいよ。」

＊

108

急な山を登りつめて頂上に腰をおろす旅人は、ほっと一息いれるのがもうかぎりもない喜びだろうが、もし永久にそうやって休息していろと無理じいされたら、彼は幸福であるだろうか？

スタンダール
『赤と黒』(上)　257

＊

109

俺は　傷であって　また　短刀だ。
俺は　撲《なぐ》る掌《てのひら》であり、撲《なぐ》られる頬だ。
俺は　車裂《くるまざ》きにされる手足で、また裂く車だ。
犠牲《いけにへ》であって、首斬役人《くびきりやくにん》だ。

ボオドレール
『悪の華』　240

＊

110

私の芸術の中では、神は他の何者よりも私に近くいる。……音楽は一切の哲学よりもさらに高い啓示《レヴェラシヨン》である。一度私の音楽を理解した者は、他の人々がひきずっている不幸から脱却するに違いない！

ロマン・ロラン
『ベートーヴェンの生涯』
161

*

111

「これがどん底だ」などと言っていられる間は、どん底にはなっていないのだ。

シェイクスピア
『リア王』 191-192

*

112

それから神経、神経というやつがある、あなたはこいつをけろりとお忘れでしたな！ まったく当節、こういう手合いはみんな病的で、やせこけて、いらだちやすいですからな！

ドストエフスキー
『罪と罰』㈥ 314

113

「おまえは、いまにきっと、人さまからさんざんにしかられますよ。」と、お母さんは言いました。「小さい時、よくわたしの前かけをふみつけたけれど、大きくなったら、わたしの心をふみつけはしないかと、それが心配だよ。」

『完訳 アンデルセン童話集』㈣ 272
「パンをふんだ娘」

*

114

「だけどねえ、おばあさま、おばあさまのお口《くち》の大きいこと、あたし、びっくりしちゃったわ」
「これでなきゃ、おまえがうまくたべられやしないやあね」

『完訳 グリム童話集』㈠ 271
「赤ずきん」

*

115

この国にはひとつの習慣がある——手にたこのできている人は、

トルストイ
『民話集 イワンのばか 他八篇』 61
「イワンのばかとそのふたりの兄弟」

食卓につく資格があるが、手にたこのないものは、人の残りものを食わなければならない。

*

116

樹木は伐り倒されても直ぐに生えて来るが人間は殺されると再び得ることは容易でない。

『プルターク英雄伝』㈢ 49「ペリクレース」

*

117

頭脳にはおよそ三種類があるから——第一は自分の力で理解し、第二は他人の理解を聞き分け、第三は自分の力でも他人の力でも理解しない場合だが、第一は格段に秀れ、第二も秀れているが、第三は無能である。

マキアヴェッリ『君主論』 172

*

118

善と悪、賞と罰は、理性的動物にとっては唯一の動機であり、これらのものはそれによってすべての人が働くようにされ、導かれてゆく拍車であり、手綱です。

ロック
『教育に関する考察』
67-68

*

119

ある私的な意見を是認する人びとは、それを意見〔世論〕とよぶのに、それをこのまない人びとは、異端とよぶ。

ホッブズ
『リヴァイアサン』(一) 175

*

120

私の理論によって批判されるのは、臆病《おくびょう》や不精《ぶしょう》や怠惰によって漫然と不法を甘受する態度だけである。

イェーリング
『権利のための闘争』 15

*

121

高い立場から行動を指導する一般的な原則と見解とは、明確な

クラウゼヴィッツ
『戦争論』(上) 109

深い知見から生じた結果にほかならない、そして個々の具体的な場合に関する意見は、常にかかる原則ないし見解をいわば碇泊地として、ここに錨を卸《おろ》すのである。

*

122

いうまでもなく、真理は常に迫害に打ち勝つという格言は、多くの人々が次ぎ次ぎに繰りかえして終に普通のことになっている虚偽——しかも、すべての経験によって反駁されているところの、甘美な虚偽の一つに他ならないのである。

J・S・ミル
『自由論』 60

*

123

今日まであらゆる社会の歴史は、階級闘争の歴史である。

マルクス、エンゲルス
『共産党宣言』 33

*

124

どんな闘争でも、折衷派という奴をうみ出す。

服部之総
『黒船前後・志士と経済 他十六篇』 21
「黒船前後」

*

125

書物のなかで共産主義について言われていることを、本のうえだけで身につけることは、たいへんな間違いだと思う。

レーニン
『カール・マルクス 他十八篇』 252
「青年同盟の任務」

*

126

「今日もわれらに日々のパンをあたえたまえ、のあと、おまえは、なんて言ったの?」――「おかあさん、おこらないでね!」と、小さい女の子は言いました。「あたしね、こうお祈りしたのよ。そして、パンの上にたくさんバタをつけてくださいましって!」

アンデルセン
『絵のない絵本』 97

*

127

「あたしたち、今夜ね——なんだと思う?——あたしたち、今夜ね。あたたかいジャガイモがたべられるのよ!」そして女の子の顔は幸福に光りかがやきました。ろうそくがその顔をまともに照らしました。

『完訳 アンデルセン童話集』(七) 124 「ろうそく」

*

128

食うだけには事欠かないもののように思われていた農民が、一番食うことに脅《おびや》かされるということは何という皮肉か、しかも農民は自分自身を食いつくして、すでに次の時代までを食い始めている。

猪俣《いのまた》津南雄『踏査報告 窮乏の農村』 99

*

129

政治にとって決定的な手段は暴力である。

ヴェーバー『職業としての政治』 91

130

世界は偉人たちの水準で生きることはできない。

フレイザー
『金枝篇』㈢　79

＊

131

女と申すものは、下着とともに、恥らいの心をも脱ぎ去るものでございます。

ヘロドトス
『歴史』㊤　16

＊

132

この世でなにが悲しいといって、自分がいろいろのことを知りながら、無力のためにそれをどうにもできぬことほど悲しいことはない。

ヘロドトス
『歴史』㊦　246-247

＊

133
一般にわれわれは、人の怒りを買おうとしてよりも、人に恩を売ろうとして、いっそう多くの罪を犯すのである。

タキトゥス
『年代記』(下) 251

*

134
鉄が使用せずして錆び、水がくさりまたは寒中に凍るように、才能も用いずしてはそこなわれる。

『レオナルド・ダ・ヴィンチの手記』(上) 35

*

135
人間の最も基本的な分類として、〈知を愛する人〉、〈勝利を愛する人〉、〈利得を愛する人〉、という三つの種類がある。

プラトン
『国家』(下) 268

*

136
隠れて、生きよ。

『エピクロス――教説と手紙』 125

137 或ることをなしたために不正である場合のみならず、或ることをなさないために不正である場合も少くない。

マルクス・アウレーリウス『自省録』147

*

138 妻は青年の恋人、中年の話し相手、老年の看護婦である。

『ベーコン随想集』43

*

139 確かに、たとえ卵焼きを作るためだけであっても、家を燃やしかねないのが、極端な利己主義者の本性である。

『ベーコン随想集』110

*

140 友人に本心を伝えることは、二つの相反する結果をもたらすと

『ベーコン随想集』123

いうことである。それは喜びを二倍にし、悲しみを半分に切りつめるからである。

＊

141
人は、つねに自分の幸福をのぞむものだが、つねに幸福を見わけることができるわけではない。

ルソー
『社会契約論』 46

＊

142
読書は、他人にものを考えてもらうことである。本を読む我々は、他人の考えた過程を反復的にたどるにすぎない。

ショウペンハウエル
『読書について 他二篇』
127
「読書について」

＊

143
狂気は個人にあっては稀有《けう》なことである。しかし、集団・党派・民族・時代にあっては通例である。

ニーチェ
『善悪の彼岸』 123

144

青年が人生並に自己自身について並はずれた希望を抱いているときは、彼は幻影のうちにある。その代り老人はまた老人でその青年時代を想起する仕方のなかでしばしば幻影に捉えられているのを我々は見るのである。

＊

キェルケゴール
『死に至る病』95

145

ゲーテの兄弟姉妹のうち、身体的にも精神的にも満足な者は一人もなかった。四人は病弱で夭折《ようせつ》したが、そのうち六歳まで生きた一人の弟は精神的な変質者で、遅鈍で、わがままであった。

＊

クレッチュマー
『天才の心理学』191-192

146

一七四九年八月二十八日の正午、十二時を知らせる鐘の音とと

＊

ゲーテ
『詩と真実』第一部 17

もに、フランクフルト・アム・マインで私はこの世に生をうけた。星位には恵まれていた。太陽は処女宮の座に位置し、その日の頂点に達していた。木星と金星は好意の眼差しをもって太陽をながめ、水星も反感を示してはいなかった。土星と火星は無関心の態度をとっていた。

*

147

私たちはときとして情念に動かされ、これを熱心さと思い違える。

トマス・ア・ケンピス
『キリストにならいて』 76

*

148

すべてを疑うか、すべてを信ずるかは、二つとも都合のよい解決法である、どちらでも我々は反省しないですむからである。

ポアンカレ
『科学と仮説』 14

149

＊

一人が死に一人が生きのこっているときにこそ、友情がどんなものであったかが知られる。一人が富み一人が貧しいときにこそ、交わりの態度がどうであるかが知られる。一人が地位高く一人が身分賤しいときにこそ、本当の友情であるかどうかが明らかになる。

司馬遷
『史記列伝』㈣ 296
「汲鄭列伝」

150

＊

子曰《いわ》く、書は言を尽くさず、言は意を尽くさずと。

『易経』㈦ 247

151

＊

はしるはしる、わづかに見つゝ、心も得《え》ず心もとなく思ふ源氏を、一の巻《まき》よりして、人もまじらず、几帳《きちやう》の内《うち》にうち臥《ふ》してひ

菅原孝標女《すがわらのたかすえのむすめ》
『更級日記』 22-23

き出《い》でつゝ見る心地《ここち》、后《きさき》の位《くらゐ》も何《なに》にかはせむ。

＊

152

知らぬ事、したり顔《がほ》に、おとなしく、もどきぬべくもあらぬ人の言ひ聞《き》かするを、「さもあらず」と思ひながら聞きゐたる、いとわびし。

兼好法師
『新訂 徒然草』 283-284

＊

153

をとこ、女をばいはじ、女どちも、契りふかくて語らふ人の、末《すゑ》までなかよき人かたし。

清少納言
『枕草子』 95-96

＊

154

わが子は二十《はたち》に成《な》りぬらん、博打《ばくち》してこそ歩《あり》くなれ、国々《くにぐ》の博党《ばくたう》に、さすがに子《こ》なれば憎《にく》かなし、負《まか》いたまふな、王子《わうじ》の住吉《すみよし》

『梁塵秘抄』 67

西《にし》の宮《みや》。

*

155

世にしたがへば、身苦し。したがはねば、狂せるに似たり。いづれの所をしめて、いかなるわざをしてか、しばしも此の身を宿《やど》し、たまゆらも心をやすむべき。

鴨長明
『新訂 方丈記』 26

*

156

世を長閑《のどか》に思ひて打ち怠《おこた》りつゝ、先《ま》づ、差《さ》し当《あた》りたる、目の前の事にのみ紛《まぎ》れて、月日を送れば、事々《ことごと》成《な》す事なくして、身は老《お》いぬ。

兼好法師
『新訂 徒然草』 317-318

*

157

公家門跡《くげもんぜき》などに、久しく住みける鼠、三首の腰折《こしをれ》を連ねたり。

『お伽草子』 173

鼠捕《と》る猫の後《うしろ》に犬の居て狙《ねら》ふ者こそ狙はれにけり
あらざらんこの世の中の思出に今一たびは猫なくもがな
じゝといへば聞耳《きゝみゝ》立つる猫殿の眼《まなこ》の中《うち》の光恐《おそろ》し

*

158

学者はたゞ、道を尋ねて明らめしるをこそ、つとめとすべけれ、私に道を行ふべきものにはあらず。

本居宣長
『うひ山ふみ・鈴屋答問録』29
「うひ山ふみ」

*

159

学者とは書物を読破した人、思想家、天才とは人類の蒙《もう》をひらき、その前進を促す者で、世界という書物を直接読破した人のことである。

ショウペンハウエル
『読書について 他二篇』7-8
「思索」

これは人類普遍の原理であり——

160

そもそも国政は、国民の厳粛な信託によるものであつて、その権威は国民に由来し、その権力は国民の代表者がこれを行使し、その福利は国民がこれを享受する。これは人類普遍の原理であり、この憲法は、かかる原理に基くものである。

『世界憲法集 第四版』427
「日本国憲法前文」

*

161

「額に汗して汝のパンを摂れ」という命題が真実であるのと同様に、「闘争において汝の権利＝法を見出せ」という命題も真実である。

イェーリング
『権利のための闘争』139

*

162

子孫のために計画を立てる場合、美徳は相続されないということ

トーマス・ペイン
『コモン・センス 他三篇』83
「コモン・センス」

とを忘れてはならない。

＊

163

恩愛は義務の鎖でつながれているので、邪《よこしま》な存在である人間は、自分の利害に反すればいつでも、これを絶ち切ってしまう。

マキアヴェッリ
『君主論』 127

＊

164

人間はおのおののものの見方をもっている。そして同じ一人の人間でも、時が変われば同じ対象に対して違った見方をする。

ベッカリーア
『犯罪と刑罰』 33

＊

165

戦争に含まれている粗野な要素を嫌悪するあまり、戦争そのものの本性を無視しようとするのは無益な、それどころか本末を誤った考えである。

クラウゼヴィッツ
『戦争論』(上) 30

166

哲学者たちは世界をさまざまに解釈したにすぎない。大切なことはしかしそれを変えることである。

エンゲルス
『フォイエルバッハ論』90
マルクス「フォイエルバッハにかんするテーゼ」

＊

167

仮りに一人を除く全人類が同一の意見をもち、唯一人が反対の意見を抱いていると仮定しても、人類がその一人を沈黙させることの不当であろうことは、仮りにその一人が全人類を沈黙させうる権力をもっていて、それをあえてすることが不当であるのと異ならない。

J・S・ミル
『自由論』36

＊

168

しばしば言われてきたように、「シーザーを理解するためには、

ウェーバー
『理解社会学のカテゴリー』
14

シーザーである必要はない」。そうでなければ、あらゆる歴史記述は無意味であろう。

＊

169
鳥の歌声がいつも同じ調子にしか聞こえてこないというのは、無頓着な人間の粗雑な耳だけのことです。

ローザ・ルクセンブルク
『獄中からの手紙』47

＊

170
人間死ぬまでは、幸運な人とは呼んでも幸福な人と申すのは差控えねばなりません。

ヘロドトス
『歴史』(上) 32

＊

171
人間は地位が高くなるほど、足もとが滑りやすくなる。

タキトゥス
『年代記』(上) 83

172

＊

金持は友情というものを、まったく知りません！　特に生まれた時からの金持は。

『モーツァルトの手紙』(上)　180

173

＊

実際エロスは神々のうち人間の最大の友である――、人類の助力者、かつあらゆる苦悩の医者として――、しかもこの苦悩の治癒こそ恐らく人類にとって至大の幸福を意味するものなのである。

プラトン

『饗宴』　77

174

＊

すべての人間は、生まれつき、知ることを欲する。

アリストテレス

『形而上学』(上)　21

175
大笑いをするな、多くのことに笑うな、しまりなく笑うな。

エピクテートス
『人生談義』(下) 272

*

176
きわめて自卑的でありきわめて謙遜であると見られる人々は大抵の場合きわめて名誉欲が強くきわめてねたみ深いものである。

スピノザ
『エチカ』(上) 247

*

177
子供は苦労を和らげる。しかし不幸を一段とつらいものにする。子供は人生の煩《わずら》いを増す。しかし、死の思いを和らげる。

『ベーコン随想集』 39

*

178
ドレイは彼らの鎖のなかですべてを失ってしまう、そこからの

ルソー
『社会契約論』 18

がれたいという欲望までも。

＊

179

我々の人生の場景は粗いモザイクの絵に似ている。この絵を美しいと見るためには、それから遠く離れている必要があるので、間近にいてはそれは何の印象をも与えない。

ショウペンハウエル
『自殺について 他四篇』 37
「現存在の虚無性に関する教説によせる補遺」

＊

180

万人向きの書物は常に悪臭を放つ書物である。民衆が飲み食いするところでは、崇敬するところでさえも、常に息が窒《つま》るものだ。

ニーチェ
『善悪の彼岸』 56

＊

181

死に至る病《やまい》とは絶望のことである。

キェルケゴール
『死に至る病』 19

182

すべて真の生とは出合いである。

マルティン・ブーバー
『我と汝・対話』19
「我と汝」

*

183

蛇のように賢く、鳩のように純真であれ。

『新約聖書 福音書』97

*

184

経る時の中に機会は含まれている、しかし機会は長い時を含んではいない。治療は時の経過による、しかし機会によることもある。

ヒポクラテス
『古い医術について 他八篇』181

*

185

この群島の生物は特色がいちじるしく、よく注意する価値があ

ダーウィン
『ビーグル号航海記』(下) 15

る。多くの生物はその土地固有のもので、他所にはどこにも見ないものである。島が異れば、棲む種類も変っている。

＊

186
大陸移動という観念を私がはじめて思いついたのは、一九一〇年のことであった。それは世界地図を見て、大西洋の両岸の海岸線の凹凸がよく合致するのに気がついた時であった。

ヴェーゲナー
『大陸と海洋の起源』(上) 15

＊

187
花は半開を看《み》、酒は微酔《びすい》に飲む、此の中に大いに佳趣あり。

洪自誠
『菜根譚』 353

＊

188
戦場に出るなら、軍医になるがいい。革命運動をやるなら、後方勤務がいい。人を殺すなら、首斬り役人になるがいい。英雄

『魯迅評論集』 99
「小雑感」

であって、しかも安全だ。

＊

189 客というものは、親切を示してくれた主人のことは、いつまでも忘れずに思い出すものだからな。

ホメロス『オデュッセイア』(下) 65

＊

190 自分の指もなめられない料理人は下手な奴なんでございましてね。

シェイクスピア『ロミオとジューリエット』182

＊

191 嫉妬をする人はわけがあるから疑うんじゃないんです、疑い深いから疑うんです。

シェイクスピア『オセロウ』132

192

およそ人間たるもの、便器にかかっている時ほど真剣で、思いつめ、精神統一を果たしている時は他にない。

スウィフト
『ガリヴァー旅行記』264

＊

193

伝統を相続することはできない、それを望むならば、たいへんな労力を払って手に入れなければならない。

T・S・エリオット
『文芸批評論』9

＊

194

善や悪はただの名目にすぎず、容易にくるくるどちらにでも移し変えることができる。

『エマソン論文集』(上) 199
「自己信頼」

＊

195

人は、青春のあやまちを老年に持ちこんではならない。老年には老年自身の欠点があるのだから。

エッカーマン
『ゲーテとの対話』(上) 153

＊

196

人間は、この宇宙における、有機物、無機物を問わず、ほかのどんなものとも違って、自分の創《つく》り出すものを越えて成長し、自分の考えの階段を踏みのぼり、自分のなしとげたもののかなたに立ちあらわれるものだ。

スタインベック
『怒りのぶどう』(上) 292

＊

197

時間は過去を忘れさせる三途《さんず》の川の水だといわれるが、旅の空気もそういう種類の飲みものであって、そのききめは時間の流れほどには徹底的でないにしても、それだけにいっそうてっとり早い。

トーマス・マン
『魔の山』(上) 16

198

＊

人は頭で、生きるというが
頭だけでは、まだ足りぬ
まあ、やってごらんよお前の頭で
生かせるものは、シラミ一匹。

ブレヒト
『三文オペラ』 128

199

＊

記憶はわれわれの選ぶものを見せてくれずに、自分の好きなものを見せてくれる。

モンテーニュ
『エセー』㈢ 110

200

＊

真実でさえ、時と方法を選ばずにもちいられてよいということはない。

モンテーニュ
『エセー』㈥ 143

201

ところで天は、人間どもを満足させることに
時として倦《う》み疲れることがあり、
晴天と雨を混じえるように、
幸福の中にいくらかの不幸を混ぜるのが常。

『完訳 ペロー童話集』「ろばの皮」 100

*

202

パンに不自由しながら人は恋を語れるでしょうか。

アベ・プレヴォ『マノン・レスコー』 74

*

203

流れるビールは泡《あわ》を立てない。諸君、急ぐなかれだ。

ユーゴー『レ・ミゼラブル』(一) 241

*

204

人の死んだ後にはかならず茫然《ぼうぜん》自失ともいうべき状態が起こってくる。思いもかけぬ虚無の訪れを理解し観念することはそれほどにむずかしい。

フローベール『ボヴァリー夫人』(下) 234

*

205

自分のつらが曲がっているに、鏡を責めて何になろ。

ゴーゴリ『検察官』 6

*

206

僕が考えてみるのに、もし悪魔が存在しないとすれば、つまり人間が創り出したものということになるね。そうすれば人間は自分の姿や心に似せて、悪魔を作ったんだろうじゃないか。

ドストエーフスキイ『カラマーゾフの兄弟』(二) 60

*

207

女が嫁に行くのは——冬、川の氷穴へ飛び込むと同じようなも

ゴーリキイ『どん底』 50

のなんだよ——一度やったが最後、生涯忘れられるものじゃないのさ……

シェンキェーヴィチ『クオ・ワディス』(中) 242

*

208

おれはあくびをしながら、キリスト教徒が正しいことを認める。

シェンキェーヴィチ『クオ・ワディス』(中) 242

*

209

恋愛もなければ、係恋《あこがれ》もない。いったいこんな閲歴が生活であろうか。どうもそうは思われない。真の充実した生活ではたしかにない。

森鷗外『青年』78

*

210

世の中はしつこい、毒々しい、こせこせした、その上ずうずうしい、いやな奴で埋《うずま》っている。元来何しに世の中へ面《つら》を曝《さら》して

夏目漱石『草枕』136

いるんだか、解《げ》しかねる奴さえいる。しかもそんな面に限って大きいものだ。

＊

211

今の私は馬鹿で人に騙《だま》されるか、あるいは疑い深くて人を容《い》れる事が出来ないか、この両方だけしかないような気がする。不安で、不透明で、不愉快に充《み》ちている。もしそれが生涯つづくとするならば、人間とはどんなに不幸なものだろう。

夏目漱石『硝子戸の中』96

＊

212

余は今まで禅宗のいはゆる悟りといふ事を誤解して居た。悟りといふ事は如何なる場合にも平気で死ぬる事かと思つて居たのは間違ひで、悟りといふ事は如何なる場合にも平気で生きて居る事であつた。

正岡子規『病牀六尺』43

213

愛は自己への獲得である。愛は惜しみなく奪うものだ。愛せられるものは奪われてはいるが不思議なことには何物も奪われてはいない。しかし愛するものは必ず奪っている。

有島武郎
『惜みなく愛は奪う』82

*

214

武蔵野に散歩する人は、道に迷うことを苦にしてはならない。どの路でも足の向く方へゆけば必ずそこに見るべく、聞くべく、感ずべき獲物《えもの》がある。

国木田独歩
『武蔵野』17

*

215

写実的自然は俳句の大部分にして、即ち俳句の生命なり。この趣味を解せずして俳句に入らんとするは、水を汲《く》まずして月を

正岡子規
『俳諧大要』235

*

取らんとするに同じ。

＊

216

人が四十三歳にもなれば、この世に経験することの多くがあこがれることと失望することとで満たされているのを知らないものもまれである。

島崎藤村
『夜明け前』第二部(下) 85

＊

217

いわゆる頭のいい人は、言わば足の早い旅人のようなものである。人より先に人のまだ行かない所へ行き着くこともできる代わりに、途中の道ばたあるいはちょっとしたわき道にある肝心なものを見落とす恐れがある。

『寺田寅彦随筆集』(四) 203
「科学者のあたま」

＊

218

彼女たちの薄倖《はっこう》な生活を芝居でも見るように、上から見下《みお》ろして
よろこぶのだと誤解せられるような事は、出来得るかぎりこれ
を避けたいと思った。それには身分を秘するより外はない。

永井荷風
『濹東綺譚』97

*

219

落葉焚《た》けばおもしろ、
櫟《くぬぎ》の葉はふすふす。
萱《かや》の葉はちよろちよろ、
松の葉はぱちぱち。

『白秋詩抄』84
「焚火」

*

220

人間のすることでなにひとつえらいことが　ありうるものか。
人間そのものがすでにえらくも　たっとくも　ないのだ。

"ISIKAWA TAKUBOKU ROMA-ZI NIKKI"（啄木・ローマ字日記）138

221

＊

この世は無常迅速というてある。その無常の感じは若くてもわかるが、迅速の感じは老年にならぬとわからぬらしい。

倉田百三
『出家とその弟子』 110

222

＊

年をとって困ることは、つい自分の今の気持に溺れることでございます。あるお人の前では何を言ってならない、あるお人には、その人の今の気持をいたわってあげなければならないという、自分への戒めが弛《ゆる》みがちになります。

伊藤整
『変容』 111

223

＊

人生は一行のボオドレエルにも若《し》かない。

芥川竜之介
『歯車 他二篇』 79
「或阿呆の一生」

224

太郎を眠らせ、太郎の屋根に雪ふりつむ
次郎を眠らせ、次郎の屋根に雪ふりつむ。

『三好達治詩集』17
「雪」

*

225

たしかに兵営には空気がないのだ、それは強力な力によってとりさられている、いやそれは真空管というよりも、むしろ真空管をこさえあげるところだ。真空地帯だ。ひとはそのなかで、ある一定の自然と社会とをうばいとられて、ついには兵隊になる。

野間宏
『真空地帯』(下) 14

*

226

昼でも暗い中を

『小熊秀雄詩集』297
「地下鉄」

*

走らねばならない
お前不幸な都会の旅人よ

*

227

赤の他人は勿論、親子、兄弟の仲は、何よりも正直な話ができないものです。夫婦の仲は、それよりももっと真実を言うことができないものです。

伊藤整
『変容』 114

*

228

夏の下町の風情《ふぜい》は大川から、夕風が上潮《あげしお》と一緒に押上げてくる。洗髪、素足《すあし》、盆提灯《ぼんちょうちん》、涼台《すずみだい》、桜湯《さくらゆ》——お邸方や大店《おおだな》の歴々には味えない町つづきの、星空の下での懇親会だ。湯屋《ゆや》より、もちっとのびのびした自由の天地だ。

長谷川時雨
『旧聞日本橋』 244

旅に出さえすると——

229

旅はどんなに私に生々としたもの、新しいもの、自由なもの、まことなものを与えたであろうか。旅に出さえすると、私はいつも本当の私となった。

田山花袋
『東京の三十年』 234

*

230

外国へ行く者が、よく事情を知らぬから、知らぬからと言うが、知って往こうというのが、善くない。何も、用意をしないで、フイと往って、不用意に見て来なければならぬ。

勝海舟
『海舟座談』 63

*

231

誰でも旅行をするについては、何を見るべきか、何が自分に大切か、を知っていなければいけない。

エッカーマン
『ゲーテとの対話』(上) 81

232

ただ過《す》ぎに過ぐるもの　帆かけたる舟。人の齢《よはひ》。春、夏、秋、冬。

清少納言
『枕草子』 282

*

233

生は貪《むさぼ》るべく、死は畏るべし。

『万葉集』(上) 233

*

234

遊びをせんとや生《うま》れけむ、戯《たはぶ》れせんとや生《むま》れけん、遊ぶ子供の声きけば、我が身さへこそ動《ゆる》がるれ。

『梁塵秘抄』 66

*

235

朝《あした》に死に、夕《ゆふべ》に生《うま》るゝならひ、たゞ水の泡《あは》にぞ似たりける。

鴨長明
『新訂 方丈記』 10

236

＊

おぼしきことといはぬは、げにぞ〈はら〉ふくるゝ心ちしける。かゝればこそ、むかしの人は、も〈の〉いはまほしくなれば、あなをほりてはいひいれ侍りけめと、おぼえ侍り。

『大鏡』 11

237

＊

松の事は松に習へ、竹の事は竹に習へ。

『去来抄・三冊子・旅寝論』 101
服部土芳
「三冊子」

238

＊

友とするに悪《わろ》き者、七《な》つあり。一つには、高く、やんごとなき人。二つには、若き人。三《み》つには、病《やまひ》なく、身《み》強《つよ》き人。四《よ》つには、酒を好《この》む人。五《いつ》つには、たけく、勇《いさ》める兵《つはもの》。六つには、虚言《そらごと》する人。七つには、欲《よく》深き人。

兼好法師
『新訂 徒然草』 199

239

用心し給へ、国に賊《ぬすびと》、家に鼠、後家に入聟《いりむこ》いそぐましき事なり。

井原西鶴
『日本永代蔵』 35

*

240

人には誰《た》が上にも好きな人、いやな人というものがある。そしてなぜ好きだか、いやだかと穿鑿《せんさく》してみると、どうかすると捕捉するほどの拠《よ》りどころがない。

森鷗外
『阿部一族 他二篇』 43
「阿部一族」

*

241

現代の社会は孤立した人間の集合体に過《す》ぎなかった。大地は自然に続いているけれども、その上に家を建てたら、忽《たちま》ち切れ切れになってしまった。家の中にいる人間もまた切れ切れになってしまった。

夏目漱石
『それから』 124

*

242

一日のうちに我瘦足《やせあし》の先俄《にわ》かに腫《は》れ上りてブクブクとふくらみたるそのさま火箸《ひばし》のさきに徳利をつけたるが如し。医者に問へば病人にはありがちの現象にて血の通ひの悪きなりといふ。

正岡子規『病牀六尺』 182

＊

243

足あり、仁王の足の如し。足あり、他人の足の如し。足あり、大磐石《だいばんじゃく》の如し。僅《わず》かに指頭を以てこの脚頭に触るれば天地震動、草木号叫、女媧氏《じょかし》いまだこの足を断じ去つて、五色の石を作らず。

正岡子規『病牀六尺』 183-184

＊

244

東海の景は富士によりて生き、富士は雪によりて生く。

徳富蘆花『自然と人生』 211

＊

245

木曾路《きそじ》はすべて山の中である。

島崎藤村
『夜明け前』第一部(上) 5

＊

246

私が言った唯一言《ただひとこと》、(人のおもちゃになるな。)と言ったを、生命《いのち》がけで守っている。……可愛《かわい》い娘に逢ったのが一生の思出《おもいで》だ。

泉鏡花
『歌行燈』 93

＊

247

草花の一枝を枕元に置いて、それを正直に写生して居ると、造化の秘密が段々分つて来るやうな気がする。

正岡子規
『病牀六尺』 141

＊

248

顕微鏡で花の構造を子細に点検すれば、花の美しさが消滅するという考えは途方もない偏見である。花の美しさはかえってそのために深められるばかりである。花の植物生理的機能を学んで後に始めて充分に咲く花の喜びと散る花の哀れを感ずることもできるであろう。

『寺田寅彦随筆集』㈣ 188
「文学と科学の国境」

＊

249

お前たちの若々しい力はすでに下り坂に向かおうとする私などにわずらわされていてはならない。たおれた親を食い尽くして力をたくわえる獅子《しし》の子のように、力強く勇ましく私を振り捨てて人生に乗り出して行くがいい。

有島武郎
『小さき者へ・生まれいずる悩み』 19
「小さき者へ」

＊

250

最初の子が死んだので、私たちには妙に臆病がしみ込んだ。健

志賀直哉
『小僧の神様 他十篇』 143
「流行感冒」

全に育つのが当然で、死ぬのは例外だという前からの考えは変わらないが、ちょっと病気をされても私はすぐ死にはしまいかという不安に襲われた。

*

251

私は老人の首すじの皺《しわ》を見る時ほど深い人情に動かされる事はない。何という人間の弱さ、寂しさを語るものかと思う。

高村光太郎
『芸術論集 緑色の太陽』 59
「人の首」

*

252

どこの国だってほんとうの善人は多くない、はなはだ少ない。美しい人も多くはない、はなはだ少ない。しかしいないことはない。ただそういう人にめったに会うことができないだけだ。

武者小路実篤
『友情』 20

*

253

一日《いちにち》もの言はず
野にいでてあゆめば
菜種のはなは
遠きかなたに波をつくりて
いまははや
しんにさびしいぞ

『室生犀星詩集』24
「寂しき者」

*

254

「やっぱりあいつは風の又三郎だったな。」

「二百十日で来たのだな。」

「靴《くつ》はいでだたぞ。」

「服も着でだたぞ。」

「髪赤くておかしやづだったな。」

宮沢賢治
『童話集 風の又三郎 他十八篇』11
「風の又三郎」

255

わたしは良心を持っていない。わたしの持っているのは神経ばかりである。

芥川竜之介
『侏儒の言葉』99

*

256

故をもて旅に老い
故をもて家もなし
故をもて歌はあり
歌ふりて悔もなし

『三好達治詩集』313
「故をもて」

*

257

破滅型または逃避型と、死または無による認識とは、日本人の認識方法の二原型のようであって、死を意識することによって

伊藤整
『近代日本人の発想の諸形式 他四篇』47
「近代日本人の発想の諸形式」

生命を認める点では似ているが、その方向は反対である。

*

258

おゝ、青年よ、
平然と過失を
犯すことは青年の権利だ、
われらは過失を目標としてゐない、
だが過失を怖れては
何事も為し得ないだらう、

『小熊秀雄詩集』107
「春は青年の体内から」

*

259

男と女というものは、これは危険な組み合わせでな、時とすると、ものの言い方一つで夫婦別れや人死《ひとじ》に、などという事件が起る。

伊藤整
『変容』288-289

260

また、時分にも恐るべし。去年《こぞ》盛《さか》りあらば、今年《ことし》は花なかるべき事を知るべし。時の間《ま》にも、男時《をどき》・女時《めどき》とてあるべし。

世阿弥
『風姿花伝』 106

*

261

老後は、わかき時より、月日の早き事、十ばいなれば、一日を十日とし、十日を百日とし、一月を一年とし、喜楽して、あだに日をくらすべからず。

貝原益軒
『養生訓・和俗童子訓』 159
「養生訓」

*

262

信の世界に偽詐《ぎさ》多く、疑の世界に真理多し。

福沢諭吉
『学問のすゝめ』 133

*

263
あるいは自由は不自由の際に生ずというも可《か》なり。

福沢諭吉
『文明論之概略』 208

*

264
知と愛とは同一の精神作用である。それで物を知るにはこれを愛せねばならず、物を愛するのはこれを知らねばならぬ。

西田幾多郎
『善の研究』 243

*

265
我々は花を散らす風においてよろこびあるいは傷むところの我々自身を見いだすごとく、ひでりのころに樹木を直射する日光において心萎《な》える我々自身を了解する。すなわち我々は「風土」において我々自身を、間柄としての我々自身を、見いだすのである。

和辻哲郎
『風土』 14

*

266

自分たちの牢《かた》く信じているところでは、学問は結局世のため人のためでなくてはならぬ。学者はたとえ研究の興味に酔うて、時として最終の目的を考えぬことがあろうとも、我々の方ではこれに向かって要求することができる。

柳田国男
『青年と学問』145

＊

267

そこで私はいう。『貧乏物語』の問題は、河上が問いかけただけでは解決しなかったけれど、「人類はつねに、自分の解決できる課題だけを提出する」（マルクス）。しかし諸君！　正しく提出された問題なら、正しく解くのは諸君の義務ではないか。

河上肇
『貧乏物語』194
大内兵衛解題

＊

268

戦争に何の倫理があるのだ。大義のための戦、大義なんて何だ。痴者の寝言《ねごと》にすぎない。

『新版　きけわだつみのこえ』
219
松岡欣平

269

彼には一つの奇癖があり、ただひとり車を駆《か》って、あてもないドライヴを試みる。そうして袋小路《ふくろこうじ》にゆきあたるごとに、慟哭《どうこく》して帰ったという。

吉川幸次郎『阮籍の「詠懐詩」について』25「阮籍伝」

＊

270

吾れ十有《ゆう》五にして学に志《こころざ》す。三十にして立つ。四十にして惑《まど》わず。五十にして天命《てんめい》を知る。六十にして耳順《みみした》がう。七十にして心の欲する所に従って、矩《のり》を踰《こ》えず。

『論語』35

＊

271

すべて物事を間に合せにするのはよろしくないが、わけて飲食においても最もよろしくない。

袁枚《えんばい》『随園食単』63

＊

272

新しい御馳走《ごちそう》の発見は人類の幸福にとって天体の発見以上のものである。

ブリア - サヴァラン
『美味礼讃』(上) 23

＊

273

むかし、荘周《そうしゅう》は自分が蝶《ちょう》になった夢を見た。楽しく飛びまわる蝶になりきって、のびのびと快適であったからであろう。

『荘子』(一) 89

＊

274

独りで行くほうがよい。孤独《ひとり》で歩め。悪いことをするな。求めるところは少なくあれ。——林の中にいる象のように。

『ブッダの真理のことば・感興のことば』 56
「真理のことば」

＊

275
いづれの行もをよびがたき身なれば、とても地獄は一定《いちぢやう》すみかぞかし。

唯円
『歎異抄』43

＊

276
他の諸宗教にとっては祈りが宗教生活の核心を構成しているのと同じように、仏教者にとっては瞑想が宗教生活の核心である。

ベック
『仏教』(下) 69

＊

277
沈黙しているとき私は充実を覚える。口を開こうとするとたちまち空虚を感じる。

魯迅
『野草』7

＊

278
雨は金持の上にも降れば、貧乏人の上にも降る。善人の上にも降れば、悪人の上にも降る。とはいえ、雨はけっして公平とは

老舎
『駱駝祥子《ロートシアンツ》』298

いえぬ。もともとが不公平な世の中の上に降るからだ。

*

279

不思議なものは数あるうちに、人間以上の不思議はない。

ソポクレース
『アンティゴネー』 27-28

*

280

僕はこういった人間を知ってるんだ、つまり、なんにも口を利かないってだけで、利口者で通ってるんだね。

シェイクスピア
『ヴェニスの商人』 17

*

281

世間を欺《だま》すには世間並みの顔をしておいでにならなくては。

シェイクスピア
『マクベス』 33

*

282

どんなものでも、前もって思ってみるように、よいものはあり

G・エリオット
『サイラス・マーナー』
306

ませんわ。

＊

283
ナショナリストは、味方の残虐行為となると非難しないだけではなく、耳にも入らないという、すばらしい才能を持っている。

『オーウェル評論集』322
「ナショナリズムについて」

＊

284
「運命」とは、まだ思考の火をくぐっていない事実、まだ洞察を受けていないさまざまな原因を表わす名まえだ。

『エマソン論文集』(下) 214
「運命」

＊

285
そうなると考えたくなる――人生は「むせび泣き」と「すすり泣き」と「微笑《ほほえ》み」から成り立っているのだと。なかでは「すすり泣き」がいちばん多くを占めているのだが。

『オー・ヘンリー傑作選』5
「賢者の贈りもの」

286 戦争を十分に嫌悪しない人間のみが、戦争になるのを信じているのです！

トーマス・マン『魔の山』(下) 69

＊

287 人生は短く金はすくない。

ブレヒト『三文オペラ』146

＊

288 顔にお白粉を塗れば十分なので、心にまで塗る必要はない。

モンテーニュ『エセー』(六) 21

＊

289 無知を治そうと思うなら、無知を告白しなければならない。

モンテーニュ『エセー』(六) 56

290

ひとはみんな自分は友だちだという。だが、それに心を許すのは気ちがいだ。
友だちという名称ほどありふれたものはないし、そのほんものほどめずらしいものはない。

ラ・フォンテーヌ
『寓話』(上) 235-236

*

291

子供の難渋は母の心を動かし、若い男の難渋は若い娘の心を動かすが、老人の難渋はだれからも顧みられないものである。

ユーゴー
『レ・ミゼラブル』(三) 533-534

*

292

なんのはや、世の中というものは、そんなに人の思うほど善くもなし悪くもなしですわい。

モーパッサン
『女の一生』 338

*

293

女の愛を恐れよ。この幸福を、この毒を恐れよ……

ツルゲーネフ
『初恋』 106

＊

294

幸福な家庭はどれも似たものだが、不幸な家庭はいずれもそれぞれに不幸なものである。

トルストイ
『アンナ・カレーニナ』(上) 5

＊

295

自負、嫉妬、貪婪《どんらん》は人の心に火を放てる三の火花なり。

ダンテ
『神曲』(上) 44

＊

296

恋する者と酒のみは地獄に行くと言う、
根も葉もない囈言《たわごと》にしかすぎぬ。

オマル・ハイヤーム
『ルバイヤート』 71

恋する者や酒のみが地獄に落ちたら、
天国は人影もなくさびれよう！

二回この世に生まれる——

297

わたしたちは、いわば、二回この世に生まれる。一回目は存在するために、二回目は生きるために。

ルソー
『エミール』(中) 5

＊

298

一番大切なことは単に生きることそのことではなくて、善く生きることである。

プラトン
『ソクラテスの弁明・クリトン』74
「クリトン」

＊

299

ひとは単に知っていることによって知慮あるひとたるのではなくして、それを実践しうるひとたることによってそうなのである。

アリストテレス
『ニコマコス倫理学』(下) 48

300
怒りには、死ぬまで、年老いることがない。

ソポクレス
『コロノスのオイディプス』 58

＊

301
怒りは性急である。理性は公平な判断を下すことを望むが、怒りは下した判断が公平に見えることを望む。

セネカ
『怒りについて 他一篇』 40
「怒りについて」

＊

302
もっともよい復讐の方法は自分まで同じような行為をしないことだ。

マルクス・アウレーリウス
『自省録』 82

＊

303
年とった人々は異議が多すぎ、相談が長すぎ、冒険が少なすぎ、

『ベーコン随想集』 188

後悔が早すぎ、めったに仕事をとことんまでやりとげず、いいかげんな成功で満足する。

＊

304

他人の恩義は、そのお返しが出来ると思っているうちは、嬉《うれ》しいが、とうていその力もないとなると、感謝より憎悪で報いたくなるものである。

タキトゥス
『年代記』(上) 259

＊

305

本心を打ち明ける友人をもたない人々は、自分自身の心を食べる食人種である。

『ベーコン随想集』 123

＊

306

友たるものは、推察と沈黙の術にすぐれた者であらねばなら

ニーチェ
『ツァラトゥストラはこう言った』(上) 93

ない。

＊

307
強い意志と弱い意志の主な相違は知的なものであって、それは、どれほど粘り強く十分に結果を考え抜くかという点にある。

デューイ
『民主主義と教育』(上) 207

＊

308
個人や国家や世界支配の欠点を見つけることは、その真の内実を認識することよりも簡単です。

ヘーゲル
『歴史哲学講義』(上) 68

＊

309
一袋の智慧は一つなぎの真珠にまさる。

『旧約聖書 ヨブ記』 101

＊

310

地上をあまりいい気になって濶歩《かっぽ》するでない。別にお前に大地を裂くほどの(力がある)わけでもなし、高い山々の頂上まで登れるわけでもあるまい。

『コーラン』(中) 98

*

311

友に交《まじわ》るには、須《すべか》らく三分《ぶ》の俠気を帯ぶべし。人と作《な》るには、一点の素心を存するを要す。

洪自誠
『菜根譚』 38

*

312

他人の歯や眼を傷つけながら、報復に反対し、寛容を主張する、そういう人間には絶対に近づくな。

『魯迅評論集』 137
「死」

*

313

君子《くんし》の心は思い直しができるもの。

ホメロス
『イリアス』(下) 88

314

「わたしのからだが触れるすべてのものを、きらめく黄金に変えてくださいますように」バッコスは、この願いを承諾し、やがては禍いとなるであろうこの恩恵を与えることにしたが、内心では、王がもっとましなことを願わなかったことを悲しんでいた。

オウィディウス
『変身物語』(下) 116

*

315

金は貸すのも借りるのも、罷《まか》りならぬ。貸せば、金と友、両方ともに失い、借りれば倹約の心が鈍る。

シェイクスピア
『ハムレット』 52

*

316

孤独というものは、時として最上の交際でもあるし、しばしの

ミルトン
『失楽園』(下) 98

別離は再会をいっそう快いものにする。

＊

317

苦労が人間をけだかくするというのは、事実に反する。幸福が、時にはそうすることはあるが、苦労はたいてい、人間をけちに意地悪くするものなのだ。

モーム
『月と六ペンス』 96-97

＊

318

恋《ラブ》のことなら、どんなにだって、ロマンティックでもいいんですけれどね、ヘクタ。でも、お金のことじゃ、ロマンティックになっちゃいけないのよ。

バーナド・ショー
『人と超人』 124

＊

319

老人は眠ることが少いが、ながく生命と連れそったために、死

メルヴィル
『白鯨』(上) 202

をおもわせるような何ものとも交りたくないというのでもあろうか。

＊

320

どうしても言い分を通そうと思って一つ事だけ言っていれば、必ず勝つにきまっているものだ。

ゲーテ
『ファウスト』(第一部)
215

＊

321

何億という人間が生きているが、顔はそれよりもたくさんにある。だれもがいくつもの顔を持っているからである。

リルケ
『マルテの手記』　10

＊

322

どんな奇矯《ききょう》で無茶苦茶な説でも、それを真理だと主張した哲学者が何人かはかつていたはずだ。

スウィフト
『ガリヴァー旅行記』　259

323

＊

あらゆる政治運動というものは、近寄って見れば、人間的なものから見れば、つねに陰惨で暗澹とした色彩を有する。どのように高尚な理想であっても、現実の地上に具体化された場合には、つねにその理念の姿はゆがめられているものである。

ツワイク『マリー・アントワネット』(上) 341

324

＊

自分の記憶力に十分自信がない者は嘘つきになろうとしてはならぬ。

モンテーニュ『エセー』(一) 64

325

＊

財産の貧乏を治すことはやさしいが、精神の貧乏を治すことはできない。

モンテーニュ『エセー』(六) 17

326

偽善は流行《はやり》の悪徳だし、流行の悪徳ならなんでも美徳として通用するんだ。

モリエール
『ドン・ジュアン』 89

＊

327

人間という者は、少しやさし過ぎるくらいでなくちゃあ、十分やさしくあり得ないのだ。

マリヴォー
『愛と偶然との戯れ』 14

＊

328

時の翼に乗って悲しみは飛び去る。

ラ・フォンテーヌ
『寓話』(上) 323

＊

329

けれどもわたしは語らない。

『プーシキン詩集』 17
「願い」

わたしのつぶやきは聞こえない。
わたしはあついなみだを流す。
なみだはわたしをなぐさめる。
かなしみにみちた心は
にがいなみだの喜びを知る。

*

330
銀の滴降る降るまわりに、金の滴降る降るまわりに。

『アイヌ神謡集』 11
「銀の滴降るまわりに」

*

331
音楽について話す時、一番いい話し方は黙っていることだ。

シューマン
『音楽と音楽家』 92

*

332
あたしは恋している、恋している、間違いなしに！ あたしの

スタンダール
『赤と黒』(下) 137

ような年頃の、若くて美しくて、才智のある少女は、恋でもしなければいったいどこに刺戟を求めることができよう。

＊

333

彼女の欲しいのは、同じ愛といっても自分の全身全霊を、魂のありったけ理性のありったけを、ぎゅっと引っつかんでくれるような愛、自分に思想を、生活の方向を与えてくれるような愛、自分の老い衰えてゆく血潮をあたためてくれるような愛なのだ。

チェーホフ
『可愛い女・犬を連れた奥さん 他一篇』98
「可愛い女」

＊

334

良心の自由ほど魅惑的なものはないけれど、またこれほど苦しいものはないのだ。

ドストエーフスキイ
『カラマーゾフの兄弟』(二) 91-92

＊

335

金の無心というものは、恋をおそう疾風《はやて》のうちで一番冷たく、根こぎにする力も一番強い。

フローベール
『ボヴァリー夫人』(下) 214

*

336

負債があったり借金があったりすると、そういう家は、何かいじけたものになってくる。しまいには、何かいやなものになってくる。

イプセン
『人形の家』 12

*

337

なぜならば、運命は女だから、そして彼女を組み伏せようとするならば、彼女を叩いてでも自分のものにする必要があるから。そして周知のごとく、冷静に行動する者たちよりも、むしろこういう者たちのほうに、彼女は身を任せるから。

マキアヴェッリ
『君主論』 188

338

どんな人の利益にもよろこびにも反しないような真理は、すべての人に歓迎される。

ホッブズ
『リヴァイアサン』(四) 173

＊

339

法の終るところ、専制がはじまる。

ロック
『市民政府論』 203

＊

340

公共の利益のために仕事をするなどと気どっている人びとによって、あまり大きな利益が実現された例を私はまったく知らない。

アダム・スミス
『国富論』(二) 304

＊

341
強欲によって食うに困るような貧乏から免れはするが、概して小心になりすぎて金持ちになることはない。

トーマス・ペイン
『コモン・センス 他三篇』27
「王政および世襲制について」

*

342
人類は、自分にとって幸福に思われるような生活をたがいに許す方が、他の人々が幸福と感ずるような生活を各人に強いるときよりも、得るところが一層多いのである。

J・S・ミル
『自由論』30

*

343
人間の意識がその存在を規定するのではなくて、逆に、人間の社会的存在がその意識を規定するのである。

マルクス
『経済学批判』13

*

344
現実の世の中が——自分の立場からみて——どんなに愚かであ

ヴェーバー
『職業としての政治』
105-106

り卑俗であっても、断じて挫けない人間。どんな事態に直面しても「それにもかかわらず！《デンノッホ》」と言い切る自信のある人間。そういう人間だけが政治への「天職《ベルーフ》」を持つ。

ヴェーバー『プロテスタンティズムの倫理と資本主義の精神』293

＊

345 人生の時間は、自分の召命を「確実にする」ためには、限りなく短くかつ貴重だ。

＊

346 今の世を、百年も以前のよき風になしたく候ても成らざる事なり。されば、その時代々々にて、よき様にするが肝要なり。

山本常朝『葉隠』(上) 98

＊

347 飲食は飢渇をやめんためなれば、飢渇だにやみなば其上にむさ

貝原益軒『養生訓・和俗童子訓』65「養生訓」

ぼらず、ほしゐままにすべからず。

*

348

総じて人は己れに克つを以て成り、自ら愛するを以て敗るゝぞ。

西郷隆盛
『西郷南洲遺訓』12

*

349

忠ならんと欲すれば則ち孝ならず。孝ならんと欲すれば則ち忠ならず。重盛の進退ここに窮《きわま》る。

頼山陽
『日本外史』(上) 62

*

350

私のために門閥制度は親の敵《かたき》で御座る。

福沢諭吉
『福翁自伝』14

*

351

自由と我儘《わがまま》との界《さかい》は、他人の妨げをなすとなさざるとの間にあ

福沢諭吉
『学問のすゝめ』13

り。

＊

352

一切の本当の思想や文化は、最も広範な意味に於て世界的に翻訳され得るものでなくてはならぬ。というのは、どこの国のどの民族とも、範疇の上での移行の可能性を有っている思想や文化でなければ、本物ではない。

戸坂潤『日本イデオロギー論』153

＊

353

私の生涯は極めて簡単なものであった。その前半は黒板を前にして坐した、その後半は黒板を後にして立った。黒板に向って一回転をなしたといえば、それで私の伝記は尽きるのである。

西田幾多郎『続思索と体験・『続思索と体験』以後』185「続思索と体験」

＊

354

日本の海端に、ココ椰子《やし》の実が流れ着くということは、決して千年ばかりの新らしい歴史ではなかったはずであるが、書物で海外の知識を学び取ろうとした者は、かえって永い間それを知らずにいた。

柳田国男
『海上の道』26

*

355

運命によって「諦め」を得た「媚態」が「意気地」の自由に生きるのが「いき」である。

九鬼周造
『「いき」の構造 他二篇』95
「「いき」の構造」

*

356

宴席に雇われた本職の芸人の奏する楽器や唄《うた》で陽気になり、二、三時間談笑した後、もう充分に酩酊《めいてい》したところで、客は主人にお辞儀をして、飯を所望する。これで、お話はよく了解したという合図だ。

アーネスト・サトウ
『一外交官の見た明治維新』(下) 8

357

江戸名物浮世風呂、日の出と共にわいた。勇みの者や職人などは、何をさておいても起きぬけには湯へ行った。歯楊子《はようじ》をくわえて、肩へ手拭をのせて、新しい麻うらのふじくら草履《ぞうり》(つっかけ草履)をはいてゆうや(湯屋)へ行く姿はこの時分の粋《いき》なものであった。

『戊辰物語』14

＊

358

徳川時代の司法権は各藩がもっている。——したがって刑法にも、藩ごとの掟《おきて》がある。だが、死刑だけは、幕府のゆるしがないと執行できなかった。

服部之総
『黒船前後・志士と経済 他十六篇』25
「せいばい」

＊

＊

359

噴火口を密閉したのみで安泰だと思ってるは馬鹿の骨頂だ。何時か一時に奮然として爆裂するは当然過ぎるほど当然である。

山崎今朝弥
『地震・憲兵・火事・巡査』
278

＊

360

未だ生を知らず、焉《いずく》んぞ死を知らん。

『論語』 208

＊

361

地をえらんで踏み、時機を考えてのちに発言し、行ないは径《ぬけみち》をとおらず、正しきことにのみ憤りを発する、それでわざわいに出会った者の数は、とてもかぞえきれない。わたしははなはだ当惑する。

司馬遷
『史記列伝』㈠ 12
「伯夷列伝」

＊

362

人が生まれたときには、実に口の中には斧《おの》が生じている。愚者

『ブッダのことば』 146

は悪口《わるくち》を言って、その斧によって自分を斬り割《さ》くのである。

*

363 善人なをもて往生をとぐ、いはんや悪人をや。

唯円
『歎異抄』45

*

364 語《ご》言文章《ごんぶんしやう》はいかにもあれ、思ふ儘の理を顆々《くわくわ》《ツブ》と書きたらんは、後来も文はわろしと思ふとも、理だにも聞ゑたらば道《だう》のためには大切なり。

懐奘《えじよう》
『正法眼蔵随聞記』55

*

365 生年《せいねん》は百《ひやく》に満《み》たず、
常《つね》に千歳《せんざい》の憂《うれ》いを懐《いだ》く。
昼《ひる》は短《みじか》く夜《よる》の長《なが》きに苦《くる》しむ、

『中国名詩選』(上) 266
無名氏
「生年不満百」

何《なん》ぞ燭《しょく》を秉《と》って遊《あそ》ばざる。

文章は簡単ならざるべからず――

366

文章は簡単ならざるべからず　最《もつとも》簡単なる文章が最面白き者なり。

正岡子規
『筆まかせ 抄』　83

＊

367

主人は好んで病気をして喜こんでいるけれど、死ぬのは大嫌《だいきらい》である。死なない程度において病気という一種の贅沢がしていたいのである。

夏目漱石
『吾輩は猫である』　275

＊

368

鋳型《いかた》に入れたような悪人は世の中にあるはずがありませんよ。平生はみんな善人なんです、少なくともみんな普通の人間なんです。それが、いざという間際に、急に悪人に変るんだから恐

夏目漱石
『こころ』　74-75

ろしいのです。

＊

369

飄然《へうぜん》として何処《いづく》よりともなく来《きた》り、飄然《へうぜん》として何処《いづく》へともなく去る。初《はじめ》なく、終《おはり》を知らず、蕭々《しやうく》として過ぐれば、人の腸《はらわた》を断《た》つ。風は、過ぎ行く人生の声なり。

徳冨蘆花
『自然と人生』 73

＊

370

明日は、明日はと言って見たところで、そんな明日はいつまで待っても来やしない。今日はまた、またたく間《ま》に通り過ぎる。過去こそ真《まこと》だ。

島崎藤村
『夜明け前』第二部(下) 278-279

＊

371

前途は遠い。そして暗い。しかし恐れてはならぬ。恐れない者

有島武郎
『小さき者へ・生まれいずる悩み』 20
「小さき者へ」

の前に道は開ける。行け。勇んで。小さき者よ。

*

372

人間が鳥のように飛び、魚《さかな》のように水中を行くという事ははたして自然の意志であろうか。こういう無制限な人間の欲望がやがて何かの意味で人間を不幸に導くのではなかろうか。人知におもいあがっている人間はいつかそのためむごい罰をこうむる事があるのではなかろうか。

志賀直哉『暗夜行路』後編 260

*

373

恋は人生のすべてではない、その一部分だ、しかも ごくわずかな一部分だ。恋は遊戯だ、歌のようなものだ。

"ISIKAWA TAKUBOKU ROMA-ZI NIKKI"(啄木・ローマ字日記) 161

*

374

唯円　私は恋をしだしてから、変に死の事が気になりだしました。（ひとり言のごとく）恋と運命と死と、皆どこかに通じた永遠な気持ちがあるような気がする。

倉田百三『出家とその弟子』139

＊

375

何もしないという事を、父が一番厭《いや》がっていた事を私はよく覚えている。何もしないよりはいい、と言う言葉を幾たび私は聞いたろう。

小堀杏奴《あんぬ》『晩年の父』30

＊

376

富めるものはつねに貧におびえる習なれば、もっとも乞食をにくむ。富を積むは罪をかさねる所以《ゆえん》。

石川淳『至福千年』287

＊

377

——海よ、僕らの使ふ文字では、お前の中に母がゐる。そして母よ、仏蘭西《フランス》人の言葉では、あなたの中に海がある。

『三好達治詩集』66
「郷愁」

*

378

初めて東京を訪れた際、私は汽車の窓からまぎれもない大昔の塵棄場《キヨケンメデイング》、われわれのいう貝塚《シエルヒープ》を発見した。この貝塚は、東京から約六マイルの大森にある。

E・S・モース
『大森貝塚』141

*

379

一羽の燕が、また或る一朝夕が春をもちきたすのではなく、それと同じように、至福なひと・幸福なひとをつくるものは一朝夕や短時日ではない。

アリストテレス
『ニコマコス倫理学』(上)
34

*

380

身体を訓練しない者は身体を使う仕事をなし得ないごとく、精神を訓練しない者はまた精神の仕事を行なうことができない。

クセノフォーン
『ソークラテースの思い出』
30

＊

381

結婚したほうがよいでしょうか、それとも、しないほうがよいでしょうかと訊ねられたとき、「どちらにしても、君は後悔するだろう」と彼は答えた。

ディオゲネス・ラエルティオス
『ギリシア哲学者列伝』(上)
144
「ソクラテス」

＊

382

徳性は宝石のようなもので、あっさりした台に嵌《は》めこまれたものが最上である。

『ベーコン随想集』 190

＊

383

ものごとが実行に移されたら最後、迅速に匹敵する秘密保持は

『ベーコン随想集』 103

ない。

*

384

さきへ進めば進むほど道がひらけてくるなんてのは、神さまかわずかなたぐい稀な天才のほかにはありませんな。

ディドロ
『ラモーの甥』74

*

385

政治は、「蛇のように怜悧であれ」と言う。道徳は、（それを制限する条件として）「そして鳩のように正直に」と付け加える。

カント
『永遠平和のために』77

*

386

子供は眠っているときが一ばん美しい。

キェルケゴール
『不安の概念』112

387

歴史家は、その主要着眼点を第一にかれこれの時代において人間が如何《いか》に考え如何に生活したかというところに置かなければならない。

ランケ
『世界史概観』 37

＊

388

こと武力にまつかぎり、節度と正義は、ただ優者のみが利用しうる名目である。

タキトゥス
『ゲルマーニア』 165

＊

389

民衆というものはいつも政変を待ち望みながら、しかもそれを恐れているのだ。

タキトゥス
『年代記』(下) 271

＊

390

自然はわれわれの知性にとっては限りなく驚嘆すべきことを最

ガリレオ・ガリレイ
『天文対話』(下) 234

高度の容易さと単純さとで行なっているのです。

＊

391

何かをうまく語ることは、何かをうまく描くことと同様に難しくもあり面白いものだ。線の芸術と色の芸術とがあるように、言葉の芸術だってそれより劣るものじゃない。

『ゴッホの手紙』(上) 98

＊

392

思い出というものは、人を楽しませるものではあるが、時には人を寂しがらせないでもない。精神の糸に、過ぎ去った寂寞の時をつないでおいたとて、何になろう。

魯迅
『阿Q正伝・狂人日記 他十二篇』 7
「吶喊」

＊

393

人間というものは、ふだんから目の前にあるものよりも、過ぎ

『朝鮮短篇小説選』(下) 194
兪鎮午
「滄浪亭の記」

去ったもの、なくなったものに、あやしいまでの愛着を持つものである。

＊

394

心の底を傾けた深い交わりは禁物《きんもつ》です。
愛情の紐《ひも》は解けやすくしておいて、
あうも別れるも自由なのがよいのです。

エウリーピデース
『ヒッポリュトス』 22

＊

395

古来、謀叛という奴は、つねにそれをもっともらしく塗り上げる、はかないが、美しい色彩にこと欠くことはない。

シェイクスピア
『ヘンリー四世』第一部
157-158

＊

396

心というものは、それ自身一つの独自の世界なのだ、――地獄

ミルトン
『失楽園』(上) 21

を天国に変え、天国を地獄に変えうるものなのだ。

*

397

どんな人でも、かなりの長期にわたり、ひとつの顔を自分自身に向け、もうひとつの顔を大衆に向けておれば、ついにはどちらが本物なのかわからなくなることは避けがたいのである。

ホーソーン
『完訳 緋文字』 314

*

398

ふつうの人が懐疑家だとか無信仰者だとか自称する時はたいていの場合何事でも最後まで考え抜く気持ちのないことをおおい隠すただのポーズである。

T・S・エリオット
『文芸批評論』 176

*

399

ぼくは元来、あけっぴろげの単純な人間を信用しないことにし

ヘミングウェイ
『日はまた昇る』 10

ている、ことにやつらの話がすじみち通ってる場合はなおさらだ。

＊

400 人間は、努力をする限り、迷うものだ。

ゲーテ『ファウスト』（第一部） 28

＊

401 不幸のうちに初めて人は、自分が何者であるかを本当に知る。

ツワイク『マリー・アントワネット』（上） 14

＊

402 子供たちがベッドにいきたがらないとやってきて、お目めにどっさり砂を投げこむのでございますよ。すると目玉が血まみれになってとび出しますね。砂男は目玉を袋に投げこみまして半分欠けたお月さまにもち帰り、自分の子供に食べさせるのでご

『ホフマン短篇集』「砂男」 151

ざいますよ。

＊

403

「へーえ、それじゃ何かえ、その女がおまえさんに見せたのは、それ、こんなんじゃねえのかえ?」と言いながら、そば売りは自分の顔をペロリとなでた。とたんに、そば売りの顔が卵のようになった。

ラフカディオ・ハーン
『怪談』66
「むじな」

＊

404

事態が明らかに畏怖すべき時に当って、これを恐れぬということは、明智に乏しいか、これを欠いているかの徴《しるし》ともなるわけだな。

ラブレー
『第四之書 パンタグリュエル物語』140

＊

405

常に勉強を続けるのは結構だが、学校通いはいけない。老人になってＡＢＣだなんてばかげている。

モンテーニュ
『エセー』㈣　192

＊

406

どんなものを食べているか言ってみたまえ。君がどんな人であるかを言いあててみせよう。

ブリア＝サヴァラン
『美味礼讃』㊤　23

＊

407

金持の、姿形よく、親切な、やさしい夫欲しさに、
しばらく待つというのは、
まずもって当り前の話、
だが、百年もの間待つ、それも眠ったまま待つとは。
それほど静かに眠っていてくれる女は、
当節もはや見かけない。

『完訳 ペロー童話集』　172
「眠れる森の美女」

408

*

彼は、決して、あまり面白く遊んでいるような風《ふう》は見せない。玩具を取り返されるのが怖《こわ》いからだ。

ルナアル
『にんじん』 252

409

*

ペテルブルグという町にゃ、今日のところはやれ繻子《しゅす》だ、やれ天鵞絨《ビロード》だとぴかしゃかしているが、明日になって見りゃ、木賃宿にごろごろしてる連中の仲間入りをして、街路掃除でもしていようという浅慮女《あさはかもの》が、うんとこさおりますよ。

プーシキン
『スペードの女王・ベールキン物語』 153-154
「ベールキン物語」

410

*

人間が馴れることのできぬ環境というものはない。ことに周囲の者がみな自分と同じように暮していているのが分っている場合は

トルストイ
『アンナ・カレーニナ』(下)
294

なおさらである。

＊

411

親指姫は、きれいにニスを塗ったクルミのからを、ゆりかごにもらいました。青いスミレの花びらが、敷きぶとんで、バラの花びらが、掛けぶとんになりました。そして、夜はそのなかで眠り、昼はテーブルの上で遊びました。

『完訳 アンデルセン童話集』(一) 62 「親指姫」

＊

412

子供というものは両親の分身ですぞ。したがって、よい子であろうと悪い子であろうと、われらに生命を与えてくれる魂を愛するように、愛さねばなりません。

セルバンテス『ドン・キホーテ』後篇(一) 260

＊

413

真実と虚偽は、ことばの属性であって、ものごとの属性ではない。そして、ことばがないところには、真実も虚偽もない。

ホッブズ
『リヴァイアサン』(一) 74

*

414

社会はわれわれの必要から生じ、政府はわれわれの悪徳から生じた。

トーマス・ペイン
『コモン・センス 他三篇』17
「コモン・センス」

*

415

敏感さ、すなわち権利侵害の苦痛を感じとる能力と、実行力、すなわち攻撃を斥《しりぞ》ける勇気と決意が、健全な権利感覚の存在を示す二つの標識だと思われる。

イェーリング
『権利のための闘争』75

*

416

実際、革命はめったに人間の血を惜しまない。社会の葉を刈り、

ユーゴー
『死刑囚最後の日』140

枝を刈り、頭を刈るために到来した革命にとっては、死刑はもっとも手放しにくい鉈《なた》の一つである。

＊

417
改革の精神は必ずしも自由の精神ではない。なぜならば、改革の精神は、改革を欲しない民衆に対してそれを強制しようとするかも知れないからである。

J・S・ミル
『自由論』 142

＊

418
実践のうちで人間はその思考の真理を、言いかえれば、その思考の現実性と力、此岸《しがん》性を証明しなければならない。

エンゲルス
『フォイエルバッハ論』 87
マルクス「フォイエルバッハにかんするテーゼ」

＊

419
すべての人々をしばらくの間愚弄《ぐろう》するとか、少数の人々を常に

『リンカーン演説集』 60
「リンカーン・ダグラス論争」

いつまでも愚弄することはできます。しかしすべての人々をいつまでも愚弄することはできません。

*

420

「煽動政治家のひのき舞台は民主主義国だ」とジェームズ・フェニモア・クーパーは『アメリカン・デモクラット』の中で書いている。世論が力を持っていないところでは、世論を誤り導くものの役割はあり得ない。

R・H・ロービア
『マッカーシズム』62

*

421

時代と場所とを考《かんがえ》の外に置けば、何物にても便利ならざるものなし、何事にても不便利ならざるものなし。故に事物の得失便不便を論ずるとは、その事物の行わるべき時節と場所とを察するというに異ならず。

福沢諭吉
『文明論之概略』165

422

薔薇《ばら》に対するヨーロッパ人の讃美を、我々は分つことをえない。薔薇は桜の単純さを欠いている。

新渡戸《にとべ》稲造
『武士道』 131

*

423

「日髪《ひがみ》、日風呂《ひぶろ》」といって毎日お風呂にはいり、毎日髪を結うことは奢《おご》りの沙汰に見られていたくらいで、井戸水を汲み上げて手桶で運ぶのですから、お風呂を毎日たてることはできず、一週に一度ぐらいのものでしたろう。

山川菊栄
『武家の女性』 67

*

424

ああ！　京の織り子は、つづれ破れた木綿を着て、誰が着るのか判りもしない綾絹《あやぎぬ》を、せっせと織っているよ。

細井和喜蔵
『女工哀史』 193

425

古典は論拠とされてはならぬが、併し又必ず参照されねばならぬものとなる。つまり古典とは実際問題の必要に応じて批判され淘汰・陶冶されて行かなければならないものなのである。

戸坂潤
『日本イデオロギー論』 55

*

426

要望と現実とをすりかえてはならない。無いものはあくまで無いのだし、欠けているものはあくまで欠けているのだ。率直に先ずそれを凝視することから始めるべきだ。

『林達夫評論集』
「歴史の暮方」 123

*

427

首府の所在地としての東京は政治的都市で、大阪は経済的都市であり、東京は官僚的で、大阪は非官僚的であり、東京は実行

三浦周行
『大阪と堺』 75

*

的で、大阪は批評的であらねばならぬ。大阪の将来は真に多望である。

＊

428

名誉をうける中心にはなるな。策謀を出す府《くら》とはなるな。事業の責任者にはなるな。

『荘子』㈠ 234

＊

429

すべて意見を述べるにあたり大切な事は、説く相手（人君）のほこりとする点を誇張して、恥とする点を全然述べないようにする言いかたを心得ることにある。相手（人君）が失策だったと気づいていることは、その過失を極言してはいけない。

司馬遷『史記列伝』㈠ 30
「老子・韓非列伝」

＊

430

生きとし生けるもの、いづれか歌をよまざりける。

『古今和歌集』9

*

431

唐《もろこし》とこの国とは、言異《ことこと》なるものなれど、月の影は同じことなるべければ、人の心も同じことにやあらむ。

紀貫之《きのつらゆき》『土左日記』36

*

432

善知《ぜんち》識《しき》にあふことも
おしふることもまたかたし
よくきくこともかたければ
信《(行)》ずることもなを《(ほ)》かたし

『親鸞和讃集』50

*

433

万《よろづ》の事は頼《たの》むべからず。愚《おろ》かなる人は、深く物を頼む故《ゆゑ》に、恨《うら》

兼好法師『新訂 徒然草』351

み、怒《いか》る事あり。

*

434

美女は、命を断つ斧《をの》。

井原西鶴『好色一代女』18

*

435

人間は、欲に、手足の付《つい》たる、物そかし。

井原西鶴『好色二代男』112

*

436

構《かまえ》五つにわかつといへども、皆人をきらん為《ため》也。構五つより外《ほか》はなし。いづれのかまへなりとも、かまゆるとおもはず、きる事なりとおもふべし。

宮本武蔵『五輪書』49

精神のない専門人、心情のない享楽人——

437

精神のない専門人、心情のない享楽人。この無のもの《ニヒツ》は、人間性のかつて達したことのない段階にまですでに登りつめた、と自惚れるだろう。

ヴェーバー
『プロテスタンティズムの倫理と資本主義の精神』
366

＊

438

法律家というものは、はじめて作りだされた原則を、全然新しい、または創造された規範と考えることを、はなはだしく嫌うものである。

ヴィノグラドフ
『法における常識』 166

＊

439

戦争は政治におけるとは異なる手段をもってする政治の継続にほかならない。

クラウゼヴィッツ
『戦争論』(上) 58

440

哲学者たちにとってもっともむずかしい仕事の一つは、思想の世界から現実的な世界のなかへおりてゆくことである。

マルクス、エンゲルス
『ドイツ・イデオロギー』 226

*

441

虚栄心は他人を鏡として使用し、利己心は他人を道具として使用する。

テンニエス
『ゲマインシャフトとゲゼルシャフト』(上) 211

*

442

人間というものは、殺された父親のことは忘れても、奪われた財産のほうはいつまでも忘れない。

マキアヴェッリ
『君主論』 128

*

443

眠っている人は起こさぬ、というのが未開民族に共通した掟である。それは眠っている間は霊魂が不在であり、戻って来る間がないかも知れないという理由によるものである。

フレイザー
『金枝篇』(二) 77

＊

444

アイヌは、海上に白波が立つのを「イセポ・テレケ」(兎が・とぶ)と言い、沖では兎の名を口にしない。うっかり兎の名を言えば、波が出て来て海が荒れる、と信じているからだ。

『アイヌ民譚集』 191
「えぞおばけ列伝」

＊

445

年年歳歳《ねんねんさいさい》　花相似《はなあいに》たり
歳歳年年《さいさいねんねん》　人同《ひとおな》じからず

『唐詩選』(上) 101
劉廷芝
「代悲白頭翁」(白頭を悲しむ翁に代る)

＊

446
人は言う、諷刺と冷嘲とは紙一重だと。趣きがあるのと歯が浮くのともまた同様だ、と私は思う。

魯迅
『朝花夕拾』 110

＊

447
他方(死)の心臓は　鉄ででき　その胸うちには
情を知らぬ　青銅の心がある。ひとたび摑《つかま》えたら最後
その者を　彼はけっして放しはしない。

ヘシオドス
『神統記』 96-97

＊

448
自分の生活の明るい面をより強くみ、暗い面はあまりみないすべを私は覚えていた。なくて困っているものよりも、現に享有しているものを考えるくせがついていた。こういう考え方がどんなにしみじみとした深い慰めを私に与えてくれたかは、はかり知れないものがあった。

デフォー
『ロビンソン・クルーソー』
(上) 177

449

あの人は本当は頭がいいから阿呆の真似ができるのね。上手にとぼけてみせるのは特殊な才能だわ。

シェイクスピア『十二夜』72

＊

450

どんな大金持でも、贈り物のことになると、妙にしみったれて、出し惜しみする人がいるもんよ。

『サキ傑作集』136「毛皮」

＊

451

ニューヨークにはただでなにかを呉れる人間はひとりもいませんん。彼らの場合、好奇心と慈善心が背中合わせになっているんです。

『オー・ヘンリー傑作選』223「マディソン・スクエア千一夜物語」

452
腐敗した善から立ち昇る悪臭ほど胸の悪くなるものはない。

ソロー
『森の生活』(上)　132

＊

453
心の中の自我を抑えることのできぬ者ほど、自身の驕慢《きょうまん》な心のままに、隣人の意志を支配したがるのです。

ゲーテ
『ファウスト』(第二部)
164

＊

454
この世のことはどんなに些細《ささい》なことでも予断を許さない。人生のどんな小さなことも、予想できない多くの部分から組み合わされている。

リルケ
『マルテの手記』　159

＊

455
まず食うこと、それから道徳。

ブレヒト
『三文オペラ』 116

＊

456
すぐれた記憶は弱い判断力と結びやすい。

モンテーニュ
『エセー』(一) 61

＊

457
知識のある人はすべてについて知識があるとは限らない。だが、有能な人は、すべてについて有能である。無知にかけてさえも有能である。

モンテーニュ
『エセー』(五) 38

＊

458
覚えていることですな、へつらい者はみんな、いい気になる奴のおかげで暮らしていることを。

ラ・フォンテーヌ
『寓話』(上) 71

459
だれかを食事に招くということは、その人が自分の家にいる間じゅうその幸福を引き受けるということである。

ブリア - サヴァラン『美味礼讃』(上) 24

＊

460
今こそは酔うべきの時だ！「時間」に酷使される奴隷となり終らぬためには、絶えず酔っていなければならぬ！ 酒であろうと、詩であろうと、徳であろうと、それは君にまかせる。

ボードレール『パリの憂愁』97

＊

461
「ああ！ 過ぎ去ったことを悔むのはやめましょう。」と、彼女は小声で言った。「もう頁《ページ》はめくられてしまったのですもの。」

ジイド『狭き門』158

＊

462

美というものはまったくの奇跡を生みだすものである。美しい女のもつすべての精神的欠陥は、嫌悪の情をもよおさせるかわりに、なにか非常に魅力的なものとなる。

ゴーゴリ
『狂人日記 他二篇』 61
「ネフスキイ大通」

*

463

世間には完全な反目も和合もないばかりに夫婦が互いにいや気がさしながらもずるずると何年ももとのままで暮している家庭がたくさんある。

トルストイ
『アンナ・カレーニナ』(下)
352-353

*

464

おめえやおれの一生を台なしにしやがるのは、運勢なんてもんじゃあねえ、人間どもなんだ。まったくこの世の中に、人間ほ

ガルシン
『あかい花 他四篇』 64
「信号」

*

ど強欲で性《しよう》の悪い獣はねえよ。狼は共食いなんかしねえが、人間ときた日にゃ生き身の人間をぼりぼり食うんだ。

*

465
何か遺産を譲り受けるという喜びは、死者を思いやって人が感じる、ごく自然な悲しみをやわらげたり、かき消したりするものだからである。

セルバンテス
『ドン・キホーテ』後篇㈢
411

*

466
病ある人、養生の道をば、かたく慎しみて、病をば、うれひ苦しむべからず。憂ひ苦しめば、気ふさがりて、病《やまい》くははる。

貝原益軒
『養生訓・和俗童子訓』
118
「養生訓」

*

467
君主も人間、われわれも人間、おなじ人間でありながら、自分

中江兆民
『三酔人経綸問答』49-50

の権利によって生きることができず、ひとのおかげではじめて生きるというのは、実にはずかしいことではないでしょうか。

*

468

ただ一つの思想を知るということは、思想というものを知らないというに同じい。

西田幾多郎
『続思索と体験・『続思索と体験』以後』246
「『続思索と体験』以後」

*

469

日本の男子には妙な習癖があって、不景気な考え方だ引込思案《ひっこみじあん》だと言われると、随分尤《もっと》もな意見を持っていてもすぐへこたれ、明らかに無謀な積極政策を提案しても、大抵は威勢がいいの進取的だのと言って誉められる。

柳田国男
『木綿以前の事』41

*

470

実をいうと古美術の研究は自分にはわき道だと思われる。今度の旅行も、古美術の力を享受することによって、自分の心を洗い、そうして富まそう、というに過ぎない。

和辻哲郎『古寺巡礼』25

＊

471

だからねえ、コペル君、あたりまえのことというのが曲者《くせもの》なんだよ。わかり切ったことのように考え、それで通っていることを、どこまでも追っかけて考えてゆくと、もうわかり切ったことだなんて、言っていられないようなことにぶつかるんだね。

吉野源三郎『君たちはどう生きるか』81-82

＊

472

女ちうもんは気の毒なもんじゃ。女は男の気持になっていたわってくれるが、男は女の気持になってかわいがる者がめったにないけえのう。とにかく女だけはいたわってあげなされ。かけ

宮本常一『忘れられた日本人』157

た情は忘れるもんじゃァない。

＊

473 国家は少数の異常な人々を挙げて、その名誉を誇るかも知れない。しかし一国の文化程度の現実は、普通の民衆がどれだけの生活を持っているかで判断すべきであろう。その著しい反映は、彼らの日々の用いる器物に現れる。

柳宗悦
『民藝四十年』 187

＊

474 面とむかって人を誉めたがるやつは、また影にまわると悪口をいいたがる。

『荘子』㈣ 103

＊

475 水中を泳ぐ魚が水を飲んでも知られることがないように、職務

カウティリヤ
『実利論』㈤ 123

に任じられた官吏が財を着服しても知られることはない。

＊

476

感性的または情性的直覚が霊性的直覚に入る途《みち》は、否定のほかにないのである。花が紅《くれない》でなく、美しいが美しいでないということが一遍ないと、花は本当に紅でない、美しいが本当に美しいでない。

鈴木大拙

『日本的霊性』　125

＊

477

あんなに冷酷に見えた父も、心の底には自分以上に熱い涙を貯えていたのではなかろうかと考えると、父の記念《かたみ》として、彼の悪い上皮《うわかわ》だけを覚えているのが、子として如何《いか》にも情ない心持がする。

夏目漱石

『彼岸過迄』　200

478

人間は遅疑しながら何かするときは、その行為の動機を有り合わせの物に帰するものと見える。

＊

森鷗外

『青年』 117

479

為すべきと思ひしことも為し得ぬこと多く　為すべからずと信ぜしこともいつかはこれを為すに至ることしばしばなり　大食を禁ぜんと思ひながら　御馳走をつきつけられては箸《はし》をとらざる訳には行かず　悪口はよくないと知りながら　いやな奴だと思へばその悪事や欠点をわざわざ他人に吹聴することを好む

＊

正岡子規

『筆まかせ 抄』 65

480

自個の著作を売りて原稿料を取るは少しも悪き事に非ず。され

＊

正岡子規

『墨汁一滴』 55-56

どその著作の目的が原稿料を取るといふ事より外《ほか》に何もなかりしとすれば、著者の心の賤《いや》しき事いふまでもなし。

＊

481

他に才のない、行く道のない、我儘《わがまま》な私にしては、芸術にすがって、どうにかして行くより他に仕方がなかった。それが、その簡単な理由が、その背水の陣を布《し》いた形が、こうして私を長く文壇に残して置いたと思うと、不思議な気がしてならない。

田山花袋
『東京の三十年』 273

＊

482

弥生《やよひ》ついたち、はつ燕、
海のあなたの静けき国の
便《たより》もてきぬ、うれしき文《ふみ》を。

ガブリエレ・ダヌンチオ
「燕の歌」
『上田敏全訳詩集』 17

483

ちょっと考えると「美しく見せよう」という動機から化粧が起こったかと思われるが実はそうでないらしい。むしろ天然自然の肉体そのままの姿を人に見せてはいけない、そうすると何かしら不都合なことが起こるという考えがその根底にあるのではないかと疑われる。

『寺田寅彦随筆集』㈤ 139
「自由画稿」

*

484

直観的に、おたがいに相手の気質を見抜くことができるような、例外的な人物相互の牽引から生ずる、温い友愛の例もあることはあるけれども、だいたいにおいて、外国人が日本人を理解しないことは、日本人が外国人を理解しないのとおなじである。

ラフカディオ・ハーン
『心』 134

*

485

この海の暴君に仕える方法は、りこうな家来が人間の暴君に仕える態度を、そのまま学ぶよりほかに仕方のないのを知っていた。抵抗しないことであった。怒るだけ怒らせておくことであった。そして幾らかでもその怒りをよい方に利用することであった。

野上弥生子
『海神丸』 14

＊

486

ふるさとは遠きにありて思ふもの
そして悲しくうたふもの

『室生犀星詩集』 15
「小景異情」

＊

487

な、な、な、何がゆえに、何がゆえに、君たちはど、ど、動物

宮沢賢治
『童話集 銀河鉄道の夜 他十四篇』 232
「ビジテリアン大祭」

＊

を食わないと言いながらひ、ひ、ひ、羊、羊の毛のシャッポをかぶるか。

*

488

執着やねたみや憎しみのあるところには、やがてそれをこやしとして愛というものが咲き出るのかも知れません。

伊藤整
『変容』 135

*

489

三七七八メートルの富士の山と、立派に相対峙《あいたいじ》し、みじんもゆるがず、なんと言うのか、金剛力草とでも言いたいくらい、けなげにすっくと立っていたあの月見草は、よかった。富士には、月見草がよく似合う。

太宰治
『富嶽百景・走れメロス 他八篇』 65
「富嶽百景」

*

490
馬鹿丁寧な仕立かたをした不断著《ふだんぎ》の垢《あか》づいているのは愚であり、いい著物の俄仕立《にわかじたて》も内証《ないしょう》が見えすいて未熟だ。

幸田文
『みそっかす』43

*

491
恋に焦《こ》がれて鳴く蟬《せみ》よりも　鳴かぬ蛍《ほたる》が身を焦がす

『山家鳥虫歌』23

*

492
此の世《よ》の名残《なごり》。夜も名残《なごり》。死《し》に丶行《ゆ》く身を譬《たと》ふれば。あだしが原《はら》の道の霜《しも》。一足《あし》づ丶に消《き》えて行《ゆ》く。夢《ゆめ》の夢《ゆめ》こそあはれなれ。

近松門左衛門
『曾根崎心中・冥途の飛脚他五篇』43
「曾根崎心中」

*

493
京の女郎に。江戸の張《はり》を。もたせ。大坂の揚屋《あげや》で。あはば。此上。何か有べし。

井原西鶴
『好色一代男』176

＊

494 命《いのち》長ければ辱《はぢ》多し。

兼好法師
『新訂 徒然草』 26

＊

495 仏《ほとけ》は常《つね》にいませども、現《うつゝ》ならぬぞあはれなる、人の音《おと》せぬ暁《あかつき》に、ほのかに夢《ゆめ》に見《み》え給《たま》ふ。

『梁塵秘抄』 16

＊

496 この世の人は、おとこは女にあふことをす、女は男にあふ事をす。その後《のち》なむ門ひろくもなり侍る。

『竹取物語』 13

＊

497 非常にすぐれたオルガンを製作する職人がこれを演奏すること

ガリレオ・ガリレイ
『天文対話』(上) 59-60

は知らない、ということがありうるのとちょうど同じように、大論理学者が論理学を用いることにはあまり習熟していないということもありうるのです。

*

498

思考という要素を何ら含まないでは、意味をもつ経験はありえない。

デューイ
『民主主義と教育』(上) 230

*

499

ほんとうに黙することのできる者だけが、ほんとうに語ることができ、ほんとうに黙することのできる者だけが、ほんとうに行動することができる。

キルケゴール
『現代の批判 他一篇』 88
「現代の批判」

*

500
記憶は、若い娘のように、気まぐれなお天気屋である。いままで百回も与えてくれたものを、まったく不意に拒んだりするかと思えば、思いがけない時に、まったくひとりでに持ち出してきてくれたりする。

ショーペンハウエル
『知性について 他四篇』91
「知性について」

*

501
啓蒙とは、人間が自分の未成年状態から抜けでることである。

カント
『啓蒙とは何か 他四篇』7
「啓蒙とは何か」

*

502
人間のすべての知識のなかでもっとも有用でありながらもっとも進んでいないものは、人間に関する知識であるように私には思われる。

ルソー
『人間不平等起原論』25

*

503 害をなすのは、心を素通りする虚偽ではなく、心の中に沈んで居すわる虚偽である。

『ベーコン随想集』 18

*

504 海のほか何も見えないときに、陸地がないと考えるのは、けっしてすぐれた探検家ではない。

ベーコン
『学問の進歩』 166

*

505 明日を最も必要としない者が、最も快く明日に立ち向う。

『エピクロス――教説と手紙』 123

*

506 恋という狂気こそは、まさにこよなき幸いのために神々から授けられる。

プラトン
『パイドロス』 55

507

権威を引いて論ずるものは才能を用いるにあらず、ただ記憶を用いるにすぎぬ。

『レオナルド・ダ・ヴィンチの手記』(上) 22

*

508

女好きの弱さをもっていたのが王でなくて、王の料理番か馬丁《ばてい》だったら、それは歴史的な意義をなにももたなかっただろう。あきらかに、問題は、弱さにあるのではなくて、その弱さをもった人間の社会的地位にある。

プレハーノフ
『歴史における個人の役割』58

*

509

力といえども知性なくしては無に等しい。

『ナポレオン言行録』264

*

510

私は古今の歴史を繰り返して熟考すればするほど、ますますはっきりと、人間事象のすみずみまで、人間の真剣な努力をすべて嘲笑するむら気が、滲透《しんとう》しているのを感じてくる。

タキトゥス
『年代記』(上) 186

*

寒いほどひとりぼっちだ！——

511

ああ寒いほどひとりぼっちだ！

井伏鱒二
『山椒魚・遙拝隊長 他七篇』
12
「山椒魚」

＊

512

女は「先生に送って頂くのは光栄で御座います」とまたいった。私は「本当に光栄と思いますか」と真面目《まじめ》に尋ねた。女は簡単に「思います」とはっきり答えた。私は「そんなら死なずに生きていらっしゃい」といった。

夏目漱石
『硝子戸の中』 24

＊

513

時分の花を誠の花と知る心が、真実の花になほ遠ざかる心なり。ただ、人ごとに、この時分の花に迷ひて、やがて、花の失《う》するをも知らず。

世阿弥
『風姿花伝』 17

514

高くこゝろをさとりて俗に帰るべし。

＊

『去来抄・三冊子・旅寝論』101
服部土芳
「三冊子」

515

なんでも変らないものはないものだ。旧《ふる》いものは倒れて新しいものが起きるのだ。今威張《いば》っているものがなんだ。すぐにそれは墓場の中へ葬られてしまうものじゃないか。

＊

大杉栄
『自叙伝・日本脱出記』168
「自叙伝」

516

命もいらず、名もいらず、官位も金もいらぬ人は、仕末に困るもの也。此の仕末に困る人ならでは、艱難を共にして国家の大業は成し得られぬなり。

＊

西郷隆盛
『西郷南洲遺訓』15

517
学者は、国家を装飾するものだ。

勝海舟
『海舟座談』 202

＊

518
人はよほど注意をせぬと地位が上るにつれて才能が減ずる。私の知っている人で大臣などになったのも少くないが、どうも皆そうです。

石黒忠悳《ただのり》
『懐旧九十年』 330

＊

519
われわれが文明国たるためには、血なまぐさい戦争の名誉によらなければならないとするならば、むしろいつまでも野蛮国に甘んじよう。

岡倉覚三
『茶の本』 23

＊

520

諷刺《ふうし》の笑いというのは淋しいもので、それの出しゃばる時世はきっと明朗でないのだが、また一方に牽制《けんせい》するところがあって、我がおろかを棚へ上げている者を自粛《じしゅく》せしめる。

柳田国男
『不幸なる芸術・笑の本願』241「不幸なる芸術」

*

521

酒中の微弱なる甘味をさえ甘露の如く愛好する酒徒の舌は、その甘味を感受する性能においては、甘味に馴れた甘党の舌よりもむしろ敏感であり、酒味よりも強度の甘味を受け容るる性能と用意とは十分持っている。

青木正児《まさる》
『華国風味』213

*

522

古来名高いこの鈴の響き、隊商のこの千年の独特のメロディー

ヘディン
『シルクロード』(上) 53

*

は感動的である。それを聞いていると、旅人や駱駝《らくだ》を追う人や商人たちが砂漠を渡って行く一枚の色鮮やかな絵が、頭の中に浮び上ってくる。

＊

523

徳ある者は必らず言あり。言ある者は必らずしも徳あらず、仁《じん》者《しゃ》は必らず勇あり。勇者は必らずしも仁あらず。

『論語』271

＊

524

母国に帰る敵軍はひき止めてはならず、包囲した敵軍には必ず逃げ口をあけておき、進退きわまった敵をあまり追いつめてはならない。

『新訂 孫子』103

＊

525

多く説くからとて、そのゆえにかれが賢者なのではない。こころおだやかに、怨《うら》むことなく、恐れることのない人、――かれこそ〈賢者〉と呼ばれる。

『ブッダの真理のことば・感興のことば』46
「真理のことば」

＊

526

大食《おおぐ》いをして、眠りをこのみ、ころげまわって寝て、まどろんでいる愚鈍な人は、糧《かて》を食べて肥る大きな豚のようである。

『仏弟子の告白』12

＊

527

下戸《げこ》ならぬこそ、男《をのこ》はよけれ。

兼好法師
『新訂 徒然草』19

＊

528

京は人をいやしうする所なり。

『宇治拾遺物語』(下) 160

529

男も、女も、わかくきよげなるが、いとくろき衣《きぬ》を着たるこそあはれなれ。

清少納言『枕草子』 166

*

530

世の中の例として、思ふをば思ひ、思はぬをば思はぬものを、この人は、思ふをも、思はぬをも、けぢめ見せぬ心なむありける。

『伊勢物語』 43-44

*

531

親は子というて尋《たづ》ねもするが、親を尋ねる子は稀《まれ》な

『山家鳥虫歌』 166

*

532

一つ火鉢で焼いた餅
二つふくふく福手餅《ふくでもち》
三つ見事な飾《かざ》り餅
四つよごれた小豆餅《あずき》
五つ隠居のかぶれ餅
六つむつまじ夫婦餅《ふうふ》

『わらべうた』194
「一つ火鉢で」

＊

533

武士はいざという時には飽食《ほうしょく》はしない。しかしまた空腹で大切な事に取り掛かることもない。

森鷗外
『阿部一族 他二篇』34
「阿部一族」

＊

534

大抵の男は意気地《いくじ》なしね、いざとなると。

夏目漱石
『行人』171

535

柩《ひつぎ》の前にて通夜《つや》すること無用に候　通夜するとも代りあひて
可致候《いたすべく》
柩の前にて空涙《そらなみだ》は無用に候　談笑平生《へいぜい》の如くあるべく候

*

正岡子規
『仰臥漫録』114

536

昨日またかくてありけり
今日もまたかくてありなむ
この命なにを齷齪《あくせく》
明日をのみ思ひわづらふ

*

『藤村詩抄』169
「千曲川旅情の歌」

537

ああ、人間はなぜ死ぬのでしょう！　生きたいわ！　千年も

*

徳冨蘆花
『不如帰《ほととぎす》』102

万年も生きたいわ！　死ぬなら二人で！　ねエ、二人で！

＊

538
愛せざる所に愛する真似《まね》をしてはならぬ。憎まざる所に憎む真似をしてはならぬ。もし人間が守るべき至上命令があるとすれば この外《ほか》にはないだろう。

有島武郎
『惜みなく愛は奪う』96

＊

539
きのうの出来事に関する新聞記事がほとんどうそばかりである場合もある。しかし数千年前からの言い伝えの中に貴重な真実が含まれている場合もあるであろう。

『寺田寅彦随筆集』(四) 151
「神話と地球物理学」

＊

540
世間は自分に不都合の生じないかぎりおおかたは善良なものを

中勘助
『菩提樹の蔭 他二篇』27-28
「菩提樹の蔭」

愛する。

＊

541
人は決して倖《しあわ》せを避けて通る者ではない、花を見ないで道を通ることはできない。

室生犀星
『犀星王朝小品集』87
「津の国の人」

＊

542
汚れつちまつた悲しみに
今日も小雪の降りかかる
汚れつちまつた悲しみに
今日も風さへ吹きすぎる

『中原中也詩集』88
「汚れつちまつた悲しみに
……」

＊

543
兵隊はなぐればなぐるほど強くなり

野間宏
『真空地帯』(下) 118

御用商人はしかればしかるほど出し
部隊長ははこべばはこぶほどよろし

＊

544

花間《かかん》 一壺《いっこ》の酒《さけ》、
独《ひと》り酌《く》んで相親《あいした》しむもの無《な》し。
杯《さかずき》を挙《あ》げて明月《めいげつ》を邀《むか》え、
影《かげ》に対《たい》して三人《さんにん》と成《な》る。

『中国名詩選』(中) 306
李白
「月下独酌」

＊

545

絶望は虚妄《きょもう》だ、希望がそうであるように。

魯迅
『野草』 31

＊

546

いつもいっしょに暮らして互いに親切をつくし合っておれば、

オールコック
『大君の都』(上) 296

外面的なみにくさなどは大いにやわらげられるとしても、日本の女が着物を着ていようがいまいが、あの化物《ばけもの》めいた化粧をやめてくれたらとねがうのは、ひじょうに間違ったことであろうか。

*

547

内に人なく、共に住む同胞のなくして、城の櫓《やぐら》も軍船《いくさぶね》も、いったい何になりましょうぞ。

ソポクレス
『オイディプス王』22

*

548

恋人に逢いにゆく嬉しさは、勉強をやめるときの子供の嬉しさと同じだが、別れるときの悲しさは、仕方なく学校へとぼとぼと行く子供の悲しさと同じだ。

シェイクスピア
『ロミオとジュリエット』81

549

どんな美人だって、鏡に向ってあかんべえをしてみせない女なんて、いたためしはないからな。

シェイクスピア
『リア王』146

＊

550

行きずりの読者を、二、三時間のんびりさせるか、旅行の退屈をまぎらしてやるかのために、著者がどんなに苦心し、どんなつらい経験に耐え、どんな心労を味わったかは、神のみぞ知るである。

モーム
『月と六ペンス』20

＊

551

女の子は、結婚がなによりもお好きだが、たまにちょっと失恋するのも、わるくないと見えるね。

オースティン
『高慢と偏見』(上) 220

552

君の義務が何であるかを、当の君自身よりもよく心得ていると思いこんでいる連中がいつもいる。

『エマソン論文集』(上) 202
「自己信頼」

＊

553

えらい人たちといっしょにいる時とか、お葬式とか、眠くないのに眠ろうとしてる時とか、とにかく、かいちゃいけねえ場所にいる時は、ふしぎにからだじゅうがあちこち、やたらとかいくなるもんだ。

マーク・トウェイン
『ハックルベリー・フィンの冒険』(上) 23-24

＊

554

才能を疑い出すのがまさしく才能のあかしなんだよ。

『ホフマン短篇集』 73
「G町のジェズイット教会」

＊

＊

555

鐘が鳴ったらすぐ教室にはいるのだ。
あらかじめよく予習をして、
本の一章一節をよく調べておく。
するとあとで、先生が、
本に書いてあることしか何もいわぬことがよくわかる。

ゲーテ
『ファウスト』(第一部)
131

＊

556

ある考えに支配されると、どこへ行ってもその考えが表わされているのに遭う。風の中にまでその匂いが入っている。

トオマス・マン
『トニオ・クレエゲル』34

＊

557

戦争においては、あらゆる種類の善きものも美しきものも姿を

ラブレー
『第三之書 パンタグリュエル物語』24

現し、あらゆる種類の邪《よこしま》なるものも醜いものも明るみへ曝《さら》し出される。

モンテーニュ『エセー』(一) 39

*

558 心は正しい目標を欠くと、偽りの目標にはけ口を向ける。

モンテーニュ『エセー』(一) 39

*

559 私はしばしば、臆病は残酷の母であるというのを聞いたことがある。また、経験からも、意地悪くむごたらしい苛酷な心には普通、女々しい惰弱が伴うことを知った。

モンテーニュ『エセー』(四) 172

*

560 女に忘れられたら、男だって意地になります。そういう女を忘れるために、できるだけの手は打ってみる。それでもうまく行

モリエール『タルチュフ』 41

かなければ、せめて忘れたふりをする。

*

561

人を不幸にするのはよいが、その絶叫は聞きたくないというのが人情だ。

ヴォルテール
『ルイ十四世の世紀』㈢ 142

*

562

債権者は奴隷の主人よりも悪いと彼は思っていた。なぜなれば、主人は単に人の身体を所有するのみであるが、債権者は人の威厳を所有しそれを侮辱することができるからである。

ユーゴー
『レ・ミゼラブル』㈡ 539

*

563

俺は母音の色を発明した。――Aは黒、Eは白、Iは赤、Oは青、Uは緑。

ランボオ
『地獄の季節』 30

564

＊

他人の身に降りかかったことを見て、これを愚弄し、嗤《わら》いものにすることは知っていても、さて己が結婚してみると、その連中以上に轡《くつわ》をかまされ、痴《こ》けにされた例をわたしは見ている。

『結婚十五の歓び』175

565

＊

よし幾千人幾万人のものが、天上のパンのためにお前の後からついて行くとしても、天上のパンのために地上のパンを蔑視することの出来ない幾百幾千万の人間は、一体どうなるというのだ？

ドストエーフスキイ
『カラマーゾフの兄弟』(二) 89

566

＊

淳朴《じゅんぼく》と、善良と、正義のないところに、偉大はない。

トルストイ
『戦争と平和』(四) 257

567

女の忠告なんぞ取るに足らねえ、だけどそれに耳を貸さないやつは、ひどい阿呆《あほう》だと思うんですよ。

セルバンテス
『ドン・キホーテ』後篇㈠　119

＊

568

酒をのめ、それこそ永遠の生命だ、
また青春の唯一《ゆいいつ》の効果《しるし》だ。
花と酒、君も浮かれる春の季節に、
たのしめ一瞬《ひととき》を、それこそ真の人生だ！

オマル・ハイヤーム
『ルバイヤート』　101

＊

569

太陽は宇宙の中心であって不動であり、太陽の運動と見えるものはすべて実は地球の運動である。

コペルニクス
『天体の回転について』　46

＊

570

手に入ったデータを全部使わないで、その一部分だけに基づいて判断をくだす裁判官があるとしたら、われわれはどんな評価をくだすだろうか。

ヴェーゲナー
『大陸と海洋の起源』(上) 12-13

*

571

ほかならぬ女こそは、どんなに外見上の和《なご》やかさを練習したとしても、本質上は和やかなものでなく、さながら猫に似ている。

ニーチェ
『善悪の彼岸』 117

*

572

友への同情は、堅い殻のしたにひそんでいるのがいい。

ニーチェ
『ツァラトゥストラはこう言った』(上) 94

*

573

経験と歴史が教えてくれるのは、民衆や政府が歴史からなにかを学ぶといったことは一度たりともなく、歴史からひきだされた教訓にしたがって行動したことなどまったくない、ということです。

ヘーゲル
『歴史哲学講義』(上) 19

*

574

無知は富と結びついて初めて人間の品位をおとす。

ショウペンハウエル
『読書について 他二篇』127
「読書について」

*

575

わたしは書物はきらいだ。書物は知りもしないことについて語ることを教えるだけだ。

ルソー
『エミール』(上) 324

*

576

反論し論破するために読むな。信じて丸呑みするためにも読む

『ベーコン随想集』219

な。話題や論題を見つけるためにも読むな。しかし、熟考し熟慮するために読むがよい。

*

577

人の世には平和《やわらぎ》を、海原には鏡なす静けさを、
暴風《あらし》には休息《やすみ》を、憂き身には熟寝《うまい》を
齎《もたら》す者はエロスである。

プラトン
『饗宴』 93-94

*

578

プラトンやアリストテレスの議論をすべて読んだとて、示された事物についてしっかりした判断を下しえなければ、われらは決して哲学者とは成らない。

デカルト
『精神指導の規則』 18

*

579

いったい、教則本とか学校の教程とかいうものは、なるほど進歩を促進さすかもしれないが、その反面、一面的且つ固陋《ころう》にする。君たち教師というものは、何たる罪作りだろう！

シューマン
『音楽と音楽家』 24

*

580

借りものの概念と、教育で植え付けられた偏見をもとにして、ありきたりの筋道に合った話をする大人の議論よりも、子供たちの予期しない質問から教えられるところが多いと思われます。

ロック
『教育に関する考察』 193

*

581

一の世代は、その法律に将来の世代を服属させる権利をもつものでなく、かつ職務におけるあらゆる世襲は、愚劣かつ暴圧的である。

ジロンド憲法草案における権利宣言(フランス)
『人権宣言集』 140

582

権利《レヒト》＝法の目標は平和であり、そのための手段は闘争である。

イェーリング
『権利のための闘争』 29

*

583

自分は今幸福かと自分の胸に問うて見れば、とたんに幸福ではなくなってしまう。

J・S・ミル
『ミル自伝』 128

*

584

あまりにも安く手に入るものは、非常に低く評価される。すべて高価でありさえすれば、価値を持つことになる。

トーマス・ペイン
『コモン・センス 他三篇』 117
「アメリカの危機」

*

よき友、三つあり——

585

よき友、三《み》つあり。一つは、物くるゝ友。二つには医師《くすし》。三つには、智恵《ちゑ》ある友。

兼好法師

『新訂 徒然草』 199

*

586

うれしまぎれに、軽はずみな承諾を与えてはならない。酒の酔いにまかせて、腹を立て怒ってはならない。

洪自誠

『菜根譚』 220

*

587

むかし景気のよかったものは、復古を主張し、いま景気のよいものは、現状維持を主張し、まだ景気のよくないものは、革新を主張する。

『魯迅評論集』 100

「小雑感」

588

＊

年老いた者が賢いとは限らず、
年長者が正しいことを悟るとは限らない。

『旧約聖書 ヨブ記』 119

589

＊

悪人がいくら害悪を及ぼすからといっても、善人の及ぼす害悪にまさる害悪はない。

ニーチェ
『ツァラトゥストラはこう言った』(下) 122

590

＊

世間普通の人たちはむずかしい問題の解決にあたって、熱意と性急のあまり権威ある言葉を引用したがる。彼らは自分の理解力や洞察力のかわりに他人のものを動員できる場合には心の底から喜びを感ずる。

ショウペンハウエル
『読書について 他二篇』 19-20
「思索」

591

恋と同じで、憎悪も人を信じやすくさせる。

ルソー
『告白』(上) 274

＊

592

一見したところなんでもやすやすと学べるということは、子どもにとって破滅の原因となる。そういうふうにやすやすと学べるということこそ、子どもがなに一つ学んでいない証拠であることが人にはわからない。

ルソー
『エミール』(上) 163

＊

593

冗談に本気を混ぜて変化をつけるのは、よいことである。

『ベーコン随想集』 149

＊

594

より困難なものを、より美しきものと見ること、これが人類の通弊である。

デカルト
『精神指導の規則』 59

*

595

善い人間の在り方如何について論ずるのはもういい加減で切上げて善い人間になったらどうだ。

マルクス・アウレーリウス
『自省録』 170

*

596

哲学というものは、たしかに、結構なものだよ、ひとが若い年頃に、ほどよくそれに触れておくぶんにはね。しかし、必要以上にそれにかかずらっていると、人間を破滅させてしまうことになるのだ。

プラトン
『ゴルギアス』 122

*

597

平和の時には子が父の葬いをする。しかし戦いとなれば、父が子を葬らねばならぬのじゃ。

ヘロドトス
『歴史』(上) 72

＊

598

ガリアの風習では旅人がいやがっても無理にひきとめ、それぞれ耳にしたことや知っていることを聴きたがる。町では民衆が商人を取り巻き、どの地方から来たか、どんなことを聞いたか、話してくれとせがむ。

カエサル
『ガリア戦記』 124

＊

599

人の世の移り変りは、木の葉のそれと変りがない。風が木の葉を地上に散らすかと思えば、春が来て、蘇《よみがえ》った森に新しい葉が芽生えてくる。そのように人間の世代も、あるものは生じ、あるものは移ろうてゆく。

ホメロス
『イリアス』(上) 189

600 ＊

絶対、喧嘩をはじめてはならぬ、が、いったんはじめたからには、相手にこれは手強《てごわ》いと思い知らせてやるがいい。

シェイクスピア
『ハムレット』 51

601 ＊

もう地表に近づいているあたりだったが、妻の力が尽きはしないかと、オルペウスは心配になった。そうなると、無性《むしょう》に見たくなる。愛がそうさせたということになるが、とうとう、うしろを振りかえった。

オウィディウス
『変身物語』(下) 62

602 ＊

彼はまた、各元老院議員は、国政会議において自分の意見を述べその正当性を論じたのち、いよいよ投票となったらこんどは

スウィフト
『ガリヴァー旅行記』 261

全然反対側に一票を投ずるようにすべきだと、主張した。これが実行されれば、結果が国家の福祉のためになることは絶対間違いないというのであった。

＊

603 彼には組織の才も、創意の才も、いや、秩序整備の能力すらなかった。そのことは、紊乱《びんらん》をきわめた出張所の有様を一目視ただけで明らかだった。教育もなければ、頭もない。では、なぜ今の地位に上れたのだ？　おそらく病気をしなかったという、ただそれだけのことだろう……

コンラッド『闇の奥』43

＊

604 ユダヤ人差別を論じたものがほとんどすべてだめなのは、その筆者が自分だけはそんなものとは無縁だと心の中できめてかか

『オーウェル評論集』274「英国におけるユダヤ人差別」

るからである。

*

605

何でも妙なことにぶつかったら、笑うってことが一番かしこい手っ取り早い返答なんで、どんな目に逢おうと、取っておきの気休めにならあ。

メルヴィル
『白鯨』(上) 264

*

606

たいていの人間は大部分の時間を、生きんがために働いて費す。そして、わずかばかり残された自由はというと、それがかえって恐ろしくて、それから逃れるためにありとあらゆる手段を尽くす。

ゲーテ
『若きウェルテルの悩み』 15

*

607

「女性というものは、銀の皿だよ」と彼はいった、「そこへ、われわれ男性が金《きん》の林檎をのせるのさ。」

エッカーマン
『ゲーテとの対話』(中) 42

＊

608

人生でなにか申し出をされて、それに腹を立てたり昂奮させられたりするのは、その申し出を受け入れたいって気持が動いていて、それを断わるだけの自信がなくて、こころのなかではそれを受け入れたいという気持があるときだって。

トーマス・マン
『ブッデンブローク家の人びと』(中) 302

＊

609

芸術は長く、生命は短いというが、長いのは生命だけで、芸術は短い。芸術の息吹きが神々のところまで高められるにしても、それはわれわれにとってつかの間の恩恵にすぎないから。

ベートーヴェン
『音楽ノート』 90

610
＊
科学の目的は、無限の英知への扉を開くことではなく、無限の誤謬にひとつの終止符を打ってゆくことだ。

ブレヒト
『ガリレイの生涯』129

611
＊
私が猫と戯れているとき、ひょっとすると猫のほうが、私を相手に遊んでいるのではないだろうか。

モンテーニュ
『エセー』㈢ 35

612
＊
老年はわれわれの顔よりも心に多くの皺《しわ》を刻む。

モンテーニュ
『エセー』㈤ 57

613
＊
ばかげたことも度をすぎたばあいには、そのまちがいを

ラ・フォンテーヌ
『寓話』㊦ 157

道理でたたこうとするのは、おとなげないやりかた。興奮しないで、もっとばかげたことを言うほうが手っ取りばやい。

＊

614

世間に一杯いる情熱的な女で、捨てられたら死んでしまうと公言しなかったのは一人もありません。ところがそんなので今に生き永らえていない女、悲しみを忘れずにいる女は、一人もないのです。

コンスタン
『アドルフ』 88-89

＊

615

偶像にふれてはならない。金箔がはげて手に残る。

フローベール
『ボヴァリー夫人』(下) 173

＊

616

彼は、自分でも言ってるように、「憂鬱の状態、というより狂気の状態で」暮していた。あまりに苦しんだために、しまいには苦しむことが趣味のようになり苦《にが》い悦《よろこ》びをそこに見出した。

ロマン・ロラン
『ミケランジェロの生涯』
15

＊

617

コワリョーフは一つ伸びをすると、テーブルの上に立ててあった小さい鏡を取り寄せた。昨夜、自分の鼻の頭に吹き出したにきびを見ようと思ったのである。ところが、おっ魂消《たまげ》たことに、鼻はなくて、その場所《あと》がまるですべすべののっぺらぼうになっているではないか！

ゴーゴリ
『外套・鼻』　66
「鼻」

＊

618

どうして俺は今までこの高い空を見なかったんだろう？　今やっとこれに気がついたのは、じつになんという幸福だろう。そ

トルストイ
『戦争と平和』㈠　539

うだ！　この無限の空以外のものは、みんな空《くう》だ、みんな偽りだ。

*

619

人間はだれでもみんな、灰色の魂を持っている……だから、ちょっと紅をさしたがるのさ……

ゴーリキイ
『どん底』99

*

620

「君って、なんてみっともないんだ！」と、野ガモたちは言いました。「けれど、そんなことはどうでもいいや、僕たちの家族のだれかと結婚さえしなければね。」――可哀そうに、アヒルの子は、結婚なんて夢にも思ってはいませんのに。

『完訳アンデルセン童話集』
(二) 132
「みにくいアヒルの子」

*

621

女児《をむなご》のためには、親《おや》をさなくなりぬべし。「珠《たま》ならずもありけむを。」と人《ひと》いはむや。されども、「死《し》し子《こ》、貌《かほ》よかりき。」といふやうもあり。

紀貫之《きのつらゆき》
『土左日記』49

＊

622

上古《じやうこ》の世に、未だ文字有らざるときに、貴《き》賤老少《せんらうせう》、口口に相伝《あひつた》へ、前言往行《ぜんげんわうかう》、存して忘れず。

斎部広成《いんべのひろなり》
『古語拾遺』13

＊

623

我は師をば儲《まう》けたし、弟子はほしからず。尋常《よのつね》は、聊《いささ》かの事あれば師には成りたがれども、人に随《したが》ひて一生弟子とは成りたがらぬにや。

『明恵《みようえ》上人集』204
「栂尾明恵上人遺訓」

＊

624

京の水で洗《あら》ふと、ごうせへにいろがしろくなるといふことだぜ。

十返舎一九《じっぺんしゃいっく》
『東海道中膝栗毛』 243

＊

625

人は十三才迄は、わきまへなく、それより廿四五までは、親のさしつをうけ、其後は我と世をかせぎ、四十五迄に、一生の家をかため、遊楽する事に極《きは》まれり。

井原西鶴
『日本永代蔵』 106

＊

626

総じて、人は分相応の楽しみなければ、又精も出し難し。これに依つて、楽しみもすべし、精も出すべし。

恩田木工《おんだたくみ》
『日暮硯』 51

＊

627

惜しみなく与えるという評判が立つことはいかにも好ましいように思われる。だがしかし、気前の良さも、そういう評判が立

マキアヴェッリ
『君主論』 119

つことを求めてあなたが使いだせば、あなたに害をもたらしてくる。

＊

628

ひさしい間、悲しむべきあやまりの海にただよい、じぶんたちの生存と自由とをあやうくしたあとでなければ、苦しみぬいてどん底まで行きづまったあとでなければ、人間は彼らをおしひしぐ害悪に対して手段を講じる決心をしない。

ベッカリーア『犯罪と刑罰』19

＊

629

平等であるということは単なる比喩であって、人間の意思や人格を有効に測量し、計算しうるということを意味するものではない。

ケルゼン『デモクラシーの本質と価値』39

630

人口は、制限《チエック》せられなければ、幾何級数的《ゼオメトリカル・レシオ》に増加する。生活資料は算術級数的《アリスメチカル・レシオ》にしか増加しない。

マルサス
『初版 人口の原理』 30

＊

631

ラディカルであるとは、事柄を根本において把握することである。だが、人間にとっての根本は、人間自身である。

マルクス
『ユダヤ人問題によせて・ヘーゲル法哲学批判序説』
85
「ヘーゲル法哲学批判序説」

＊

632

官吏として倫理的にきわめて優れた人間は、政治家に向かない人間、とくに政治的な意味で無責任な人間であり、この政治的無責任という意味では、道徳的に劣った政治家である。

ヴェーバー
『職業としての政治』
41-42

＊

633

政治家は手腕ばかり如何に勝《す》ぐれても、徳望がなくてはだめである。田沼は、名詮自称《みようせんじしよう》で濁ったる泥池であった。しかしながら、その中には蓮の花も咲いた。同時にまた根もあり、また実も結び得たのである。しかれども泥田はやはり泥田であった。

辻善之助
『田沼時代』 341

*

634

わたしの同僚のひとりは、日本の特徴を、つぎのような三行詩に歌いあげた。

「女にはペチコートがなく、
家には南京虫がたむろせず、
国には法律家がひとりもいない。」

これは、あまり詩にはなっていないが、正確さにおいてはその

オールコック
『大君の都』(上) 138

*

ものずばりである。

*

635

如今列国の交際、錯雑繁劇を極むる時代にありては、戦争の結果が内外社会万般の事項に波及する度の広大なるは、啻《ただ》に万骨枯るの惨状に止まらず。もしそれこれを誤用すれば、勝者がかえって敗者よりも危険の位置に陥るの恐れあり。

陸奥《むつ》宗光《むねみつ》
『新訂 蹇蹇録《けんけんろく》』 172

*

636

大王が海賊に、「海を荒らすのはどういうつもりか」と問うたとき、海賊はすこしも臆すところなく、「陛下が全世界を荒らすのと同じです。ただ、わたしは小さい舟でするので盗賊とよばれ、陛下は大艦隊でなさるので、皇帝とよばれるだけです」と答えた。

アウグスティヌス
『神の国』(一) 273

637

人はパンのみにて生くものにあらず、されどまたパンなくして人は生くものにあらず。

河上肇
『貧乏物語』 4

＊

638

秘《か》くそう蓋《ふた》をしようはまだ無智の類、馬鹿の類で、いささか恕《ゆる》すべき点がある。理が非でも、都合があるからどこまでも無理を通そう、悪い事なら総て朝鮮人に押し付けようとする愛国者、日本人、大和魂、武士道と来ては真に鼻持のならない、天人共に容《ゆる》さざる大悪無上の話である。

山崎今朝弥《けさや》
『地震・憲兵・火事・巡査』
232-233

＊

639

村の土地はほとんど全部銀行の手に移っている。村には馬一匹

猪俣津南雄《いのまたつなお》
『踏査報告 窮乏の農村』 218

＊

いるでない。その代り、家はまるで馬小屋のようである、畳はむろんなく、戸代りに筵《むしろ》を下げているのが多い。電燈はランプに変っている。

*

640

今の事滋《ことしげ》く気遣いの多い時代に際して、心ゆくばかりの好《よ》き笑いを味わわしめるということは慈善事業である。

柳田国男『不幸なる芸術・笑の本願』66
「笑いの本願」

*

641

娯楽は都会人にとっては個々がたのしむことのように考えているけれども、村にあっては自らが個々でないことを意識し、村人として大ぜいと共にあることを意識するにあるのであって、これあるが故にひとり異郷にあっても孤独も感じないで働き得たのである。

宮本常一『家郷《かきょう》の訓《おしえ》』73

642

気節のみ高くて現在に功能のない行為で一身を終るのは感心が出来ない。なるほど潔いという褒辞《ほうじ》は下るであろうけれども、世の中に対して少しも利益がない。

渋沢栄一『雨夜譚《あまよがたり》』61

*

643

戦争には拙速《せっそく》――まずくともすばやく切りあげる――というのはあるが、巧久《こうきゅう》――うまくて長びく――という例はまだ無い。

『新訂 孫子』37

*

644

あなたが死なないで生きられる見込みは、千に一つの割合だ。きみよ、生きよ。生きたほうがよい。命があってこそ諸々の善行をなすこともできるのだ。

『ブッダのことば』88

*

645

一々のことばを秤《はかり》の皿《さら》に載せるような事をせずに、なんでも言いたい事を言うのは、われわれ青年の特権だね。

森鷗外『青年』 164

＊

646

人間はね、自分が困らない程度内で、なるべく人に親切がして見たいものだ。

夏目漱石『三四郎』 217

＊

647

この肉体はいつ何時《なんどき》どんな変に会わないとも限らない。それどころか、今現にどんな変がこの肉体のうちに起りつつあるかも知れない。そうして自分は全く知らずにいる。恐ろしい事だ。

夏目漱石『明暗』 10

*

648 世間恐るべきは猛獣毒蛇にあらず　壮士暴客にあらず　ただ勉強家と沈黙家と謙遜家とのみ

正岡子規
『筆まかせ 抄』38

*

649 夫の苦悶煩悶《くもんはんもん》には全く風馬牛《ふうばぎゅう》で、子供さえ満足に育てればいいという自分の細君に対すると、どうしても孤独《ロンリーネス》を叫ばざるを得なかった。

田山花袋
『蒲団《ふとん》・一兵卒』13
「蒲団」

*

650 正義の宮殿にも往々にして鳥や鼠の糞《ふん》が落ちていると同じく、悪徳の谷底には美しい人情の花と香《かんば》しい涙の果実がかえって沢山に摘み集められる。

永井荷風
『濹東綺譚』96

651

失敗をこわがる人は科学者にはなれない。科学もやはり頭の悪い命知らずの死骸《しがい》の山の上に築かれた殿堂であり、血の川のほとりに咲いた花園である。

『寺田寅彦随筆集』㈣ 204
「科学者とあたま」

＊

652

詩学は詩の屍体《したい》解剖である。

高村光太郎
『芸術論集 緑色の太陽』 231

＊

653

詩は神秘でも象徴でも鬼でもない。詩はただ、病める魂の所有者と孤独者との寂しいなぐさめである。

『萩原朔太郎詩集』 70
「月に吠える」序

＊

654

ふと彼はそういう時、茫々《ぼうぼう》とした青い羅紗《らしゃ》の上を、撞《つ》かれた球《たま》がひとり飄々《ひょうひょう》として転がって行くのが眼に浮んだ。

——あれは俺の玉だ、しかし、あの俺の玉を、誰がこんなに出鱈目《でたらめ》に突いたのか。

横光利一
『日輪・春は馬車に乗って他八篇』 109
「春は馬車に乗って」

*

655

実質上の性の束縛の強制を愛という言葉で現代の男女は考えているのだ。愛してなどいるのではなく、恋し、慕い、執着し、強制し、束縛し合い、やがて飽き、逃走しているだけなのである。

伊藤整
『近代日本人の発想の諸形式 他四篇』 151
「近代日本における「愛」の虚偽」

*

656

ばってん、いくら俺がもがいても、やっぱり時勢は流れて行きよる。こらァどういうこつか？ そン中で俺ァもがきながら流

木下順二
『風浪・蛙昇天』 157
「風浪」

されて行きよる。一方にゃまた、楽々と時流に乗って先頭ば切って行きよるもんもある。一体こらァどういうこつか？……

望みをもちましょう――

657
望みをもちましょう。でも望みは多すぎてはいけません。

『モーツァルトの手紙』(上) 156

＊

658
才人と才女が結ばれることは古往今来めったにあるものではない。かりに結ばれたとすれば、たとえ寡婦となっても、若くして死んでも、何を憾《うら》むことがあろうか。まさしくただその寡婦となり、若くして死んだからこそ、その情《じょう》はますます深くなるのである。

沈復《しんふく》『浮生六記』 217-218

＊

659
偉大な人物が化石になり、人々がかれを偉人と称するときが来れば、かれはすでに傀儡《かいらい》に変じているのだ。

『魯迅評論集』 21
「花なきバラ」

660

手軽なことだ、災難を身に受けない者が、ひどい目にあってる者らに、あれこれと忠告するのは。

アイスキュロス
『縛られたプロメーテウス』27

＊

661

戦争や戦闘は野獣的な行為として、そのくせそれを好んで用いる点にかけては人間にかなう野獣は一匹もいない。

トマス・モア
『ユートピア』144

＊

662

過ぎてかえらぬ不幸をくやむのは
更に不幸を招く近道だ。

シェイクスピア
『オセロウ』38

＊

663

はた、草には光輝、花には栄光ある
時代を取り返すこと能《あた》わずとても何かせん。
われらは悲しまず、寧《むし》ろ、
後に残れるものに力を見出さん。

『ワーズワース詩集』174
「幼年時代を追想して不死を知る頌」

＊

664

理性のある動物、人間とは、まことに都合のいいものである。したいと思うことなら、何にだって理由を見つけることも、理窟をつけることもできるのだから。

『フランクリン自伝』58

＊

665

毎日、自己のきらいなことを二つずつ行なうのは魂のためによいことだ。

モーム
『月と六ペンス』19

666

＊

「青春」、でっかくて、元気が良くて、愛情いっぱい――優美さと、力強さと、魅力で溢れそうな青春よ、
君は知っているか、「老年」がおそらくは君に劣らぬ優美さと
力強さと魅力をそなえて、君のあとからやってくるのを。

ホイットマン
『草の葉』(中) 135
「青春、昼、老年、そして夜」

667

＊

メフィストーフェレス
いいかね君、すべての理論は灰色で、
緑なのは生の黄金の樹《き》だけなのだ。

ゲーテ
『ファウスト』(第一部)
135-136

668

＊

「人はいつも考えているものだよ、」とゲーテは笑いながらいっ

エッカーマン
『ゲーテとの対話』(中) 240

た、「利口になるには年をとらねばいけないとね。だが実のところ、人は年をとると、以前のように賢明に身を保つことはむずかしくなってくる。」

*

669
死と病気とへの興味は、生への興味の一形態にほかならない。

トーマス・マン
『魔の山』(下) 261

*

670
異郷《よそ》へ旅したものは往々、正確には真実とは申しがたい事まで、主張しがちなものであります。

『ほらふき男爵の冒険』 82

*

671
難解さは、学者が手品師のように自分の技倆のむなしいことを見せまいとして用いる貨幣であり、愚かな人間どもはこれで箇

モンテーニュ
『エセー』(三) 132

単に支払いを受けたつもりになる。

*

672 世間では驚嘆されながら、妻や召使から見れば、何一つすぐれたところのなかった人もいる。家中の者から称讃された人というのはほとんどない。

モンテーニュ
『エセー』㈤ 43

*

673 恋が芽生えるには、ごく小量の希望があれば十分である。

スタンダール
『恋愛論』㊤ 43

*

674 「楽天主義って何なんで?」とカカンボがいった。「ああ!」とカンディードは答えた。「それは不幸な目にあってもすべては善だときちがいのようにいい張ることだ。」

ヴォルテール
『カンディード』 98

675

＊

「皮肉」と「憐れみ」とはふたりのよき助言者である。前者は、ほほえみながら、人生を愛すべきものにしてくれ、後者は、泣いて、人生を聖なるものにしてくれる。

アナトール・フランス
『エピクロスの園』85

676

＊

哲学者たり、理学者たり、
詩人、剣客、音楽家、
将《は》た天界の旅行者たり、
打てば響く毒舌の名人、
さてはまた私の心なき――恋愛の殉教者！――
エルキュウル・サヴィニヤン・
ド・シラノ・ド・ベルジュラック此処《ここ》に眠る、

エドモン・ロスタン
『シラノ・ド・ベルジュラック』295

彼は全《すべて》なりき、而《しか》して亦《また》空なりき。

＊

677 侮辱にもいろいろとありましてね、どんなに善意に取ろうとしても水に流せないものもあるわけですよ。

ドストエフスキー
『罪と罰』(中) 229

＊

678 戦争はお愛想じゃなくて、人生における最大な醜悪事だ。われわれはこの点をよく理解して、戦争をもてあそばないようにしなきゃならん。

トルストイ
『戦争と平和』(三) 332

＊

679 他人《ひと》の麺麭《パン》のいかばかり苦《にが》く他人《ひと》の階子《はしご》の昇降《のぼりくだり》のいかばかりつらきや

ダンテ
『神曲』(下) 112

680

死のことは考えるに及ばない、死はわれわれが手を貸さなくともわれわれのことを考えてくれているのだから。

シェンキェーヴィチ『クオ・ワディス』(下) 20

*

681

明治の思想は西洋の歴史にあらわれた三百年の活動を四十年で繰返している。

夏目漱石『三四郎』 25

*

682

離れればいくら親しくってもそれぎりになる代りに、一所にいさえすれば、たとい敵《かたき》同志でもどうにかこうにかなるものだ。つまりそれが人間なんだろう。

夏目漱石『道草』 181

*

683

菓物 ほど味の高く清きものはあらじ。小児はこれを好み仙人もこれを喰ふとかや。青梅《あおうめ》は酸強く口を絞《しぼ》れども塩少しばかりつけんには味《あじわい》言ひがたし。うら若き女の人には隠れて眉《まゆ》あつめたるもらうたげなり。

正岡子規
『松蘿玉液《しょうらぎょくえき》』 103

＊

684

天高く気澄む、夕暮れに独《ひと》り風吹く野に立てば、天外の富士近く、国境をめぐる連山地平線上に黒し。星光一点、暮色ようやく到《いた》り、林影ようやく遠し。

国木田独歩
『武蔵野』 7

＊

685

何時までも何時までも人形と紙雛《あね》さまをあひ手にして飯事《ままごと》ば

樋口一葉
『にごりえ・たけくらべ』 101
「たけくらべ」

かりして居たらば嘸《さぞ》かし嬉しき事ならんを、ゑゝ厭やく、大人に成るは厭やな事。

＊

686

コーヒーの味はコーヒーによって呼び出される幻想曲の味であって、それを呼び出すためにはやはり適当な伴奏もしくは前奏が必要であるらしい。

『寺田寅彦随筆集』(四) 71
「コーヒー哲学序説」

＊

687

智恵子は東京に空が無いといふ、
ほんとの空が見たいといふ。

『高村光太郎詩集』 214
「あどけない話」

＊

688

郵便局といふものは、港や停車場やと同じく、人生の遠い旅情

『萩原朔太郎詩集』 459
「郵便局」

を思はすところの、悲しいのすたるぢやの存在である。

*

689

手を切られたら足で書かうさ
足を切られたら口で書かうさ
口をふさがれたら
尻の穴で歌はうよ。

『小熊秀雄詩集』 59-60
「現実の砥石」

*

690

女は俺の成熟する場所だった。書物に傍点をほどこしてはこの世を理解して行こうとした俺の小癪《こしやく》な夢を一挙に破ってくれた。

『小林秀雄初期文芸論集』
248
「Xへの手紙」

*

691

自然なんぞが本当に美しいと思えるのは死んで行こうとする者

堀辰雄
『風立ちぬ・美しい村』
107
「風立ちぬ」

の眼にだけだ。

＊

692

恋愛の徴候の一つは彼女は過去に何人《なんにん》の男を愛したか、あるいはどういう男を愛したかを考え、その架空の何人かに漠然《ばくぜん》とした嫉妬《しっと》を感ずることである。

芥川竜之介
『侏儒《しゅじゅ》の言葉』 70

＊

693

人びとを平和にむかわせる諸情念は、死への恐怖であり、快適な生活に必要なものごとに対する意欲であり、それらをかれらの勤労によって獲得する希望である。

ホッブズ
『リヴァイアサン』㈠ 214

＊

694

人間性は変るものではありません。わが国将来の一大試錬《しれん》の時

『リンカーン演説集』
150-151

にも、今この試錬にあっている人々と比《くら》べてまったく同じように、弱い者強い者があり、また愚かな者賢い者があり、悪い者善い者がいることでしょう。

＊

695
どんな種類の変更も改良も何も望まないほど完全に自分の境遇に満足しきっていることは、おそらくただの一例もないだろう。

アダム・スミス
『国富論』(二) 128

＊

696
慣習であるが故にこれをなすという人は、何らの選択をも行なわない。

J・S・ミル
『自由論』 118

＊

697
学問には坦々《たんたん》たる大道はありません。そしてただ、学問の急《きゆう》

マルクス
『資本論』(一) 36

峻《しゅん》な山路をよじ登るのに疲労困憊《ひろうこんぱい》をいとわない者だけが、輝かしい絶頂をきわめる希望をもつのです。

*

698 ながい間の忍耐にみちた研究のあとで、心に照明をあたえてくれるような結論がとつぜん生まれたときに匹敵するような喜びは、人生にそうたくさんあるものではない。

クロポトキン『ある革命家の手記』(下) 10

*

699 実に人間は、理性によって自己自身を破壊する能力を有している。

テンニエス『ゲマインシャフトとゲゼルシャフト』(下) 212

*

700 くわとすきとによってホメロスの歌の舞台をあらわすことが、

シュリーマン『古代への情熱』 96

シュリーマンの一生涯の目的であった。

＊

701

鰊《にしん》のすばらしい大群、鰯《いわし》、鯖《さば》、それから鮫《さめ》の類が多量に日本人の食料となっていることも見落せない。一大国民がその食糧の主要なものを海にあおいでいるという例は他にない。

ヴィダル・ドゥ・ラ・ブラーシュ
『人文地理学原理』(上) 271

＊

702

実にその驚異《タウマゼイン》の情《こころ》こそ智を愛し求める者の情なのだからね。つまり、求智(哲学)の始まりはこれよりほかにはないのだ。

プラトン
『テアイテトス』 50

＊

703

生きることとは生涯をかけて学ぶべきことである。そして、おそらくそれ以上に不思議に思われるであろうが、生涯をかけて学

セネカ
『人生の短さについて 他二篇』 22
「人生の短さについて」

ぶべきは死ぬことである。

＊

704 名誉の悪用やこの世の虚妄について最も多く呼号する者は、最も多く名誉に飢えているのである。

スピノザ『エチカ』(下) 111

＊

705 名声は川のようなものであって、軽くてふくらんだものを浮かべ、重くてがっしりしたものを沈める。

『ベーコン随想集』 226

＊

706 説き伏せるには大胆な人を、説き勧めるには話のうまい人を、調査や観察には巧妙な人を、おいそれとは片づかない仕事には強情な一筋縄では行かない人間を用いるがよい。

『ベーコン随想集』 211

*

707

自由というものは、あの実質的で滋味ゆたかな食物か、あるいはこくのある葡萄酒《ぶどうしゅ》のようなものであって、それに慣《な》れている丈夫な体質を養い強めるには適しますけれども、それに合わない虚弱できゃしゃな体質を圧倒し、破壊し、酔わせるからです。

ルソー『人間不平等起原論』11

*

708

国王が哲学することや、哲学者が国王になることは、期待されるべきことではなく、また望まれるべきことでもない。なぜなら、権力の所有は、理性の自由な判断をどうしてもそこなうことになるからである。

カント『永遠平和のために』74

*

709

紙に書かれた思想は一般に、砂に残った歩行者の足跡以上のものではないのである。歩行者のたどった道は見える。だが歩行者がその途上で何を見たかを知るには、自分の目を用いなければならない。

ショウペンハウエル
『読書について 他二篇』129
「読書について」

*

710

人間のすべての性質のなかで、嫉妬は一番みにくいもの、虚栄心は一番危険なものである。心の中のこの二匹の蛇からのがれることは、素晴しくこころよいものである。

ヒルティ
『眠られぬ夜のために』(第二部) 25

*

711

自然の状態にある人間は、処理すべき障害、克服すべき困難がなければ、考えるものではない。安楽な生活、努力しなくても成功する生活というのは、考えることのない生活であろうし、

デューウィ
『哲学の改造』122

従って、全能の神の生活も、そういうものなのであろう。

＊

712
どうして君は他人の報告を信じるばかりで自分の眼で観察したり見たりしなかったのですか。

ガリレオ・ガリレイ
『天文対話』(上) 79

＊

713
天地は　広しといへど　吾《あ》が為は　狭《さ》くやなりぬる　日月は　明《あか》しといへど　吾《あ》がためは　照りや給はぬ　人皆か　吾《われ》のみや　然《しか》る

『万葉集』(上) 228
「貧窮問答の歌」

＊

714
さかさまに行《ゆ》かぬ年月よ。老《お》いは、え逃《のが》れぬわざなり。

紫式部
『源氏物語』(四) 109

715

夫《それ》、人の友とあるものは、富めるをたふとみ、懇《ねむご》ろなるを先《さき》とす。必ずしも情《なさけ》あるとすなほなるとをば不愛《あいせず》。

鴨長明
『新訂 方丈記』 36

＊

716

すなほならずして拙《つたな》きものは、女なり。その心に随《したが》ひてよく思はれん事は、心憂《こゝろう》かるべし。

兼好法師
『新訂 徒然草』 183

＊

717

いかにぞや、汝ちゝに悪《にく》まれたる欤《か》、母にうとまれたるか。ちゝは汝を悪《にくむ》にあらじ、母は汝をうとむにあらじ。唯《ただ》これ天にして、汝が性《さが》のつたなき(を)なけ。

『芭蕉紀行文集』 12
「野ざらし紀行」

＊

718

我事《われ》においてて後悔をせず。

宮本武蔵
『五輪書』　165
「独行道」

*

719

昔、ひとり者の男がありました。ある冬の朝ま、軒《のき》ばたからさがったしがま（つらら）を見て、「あったに細くてきれいな女が、おらの嫁《よめ》こになって来たら、どんなによかべ」と思っていたので、思わずしらず「どうかして、あったら嫁こ欲しいな」といいました。

『桃太郎・舌きり雀・花さか爺――日本の昔ばなしⅡ』
217
「雪女房」

*

720

人間が後世に遺すことのできる、ソウしてこれは誰にも遺すことのできるところの遺物で、利益ばかりあって害のない遺物が

内村鑑三
『後世への最大遺物・デンマルク国の話』　54
「後世への最大遺物」

*

ある。それは何であるかならば勇ましい高尚なる生涯であると思います。

721
戦争は帝王にとっては、けっきょく遊びの一種にすぎない。

中江兆民
『三酔人経綸問答』 53-54

*

722
我々が空想で描いて見る世界よりも、隠れた現実の方が遥かに物深い。

柳田国男
『遠野物語・山の人生』 95
「山の人生」

*

723
昨夜父は言った。お前の今やっていることは道のためにどれだけ役にたつのか、頽廃した世道人心を救うのにどれだけ貢献することができるのか。この問いには返事ができなかった。

和辻哲郎
『古寺巡礼』 24

724 何といっても日本は根柢から変革し、構成し直さなければならない。若き学徒の活躍を祈る。

木村久夫

『新版 きけわだつみのこえ』 448

*

725 徳川時代契約成立の確証として、当事者互いに拍手するの方式あり、これを手打という。

中田薫

『徳川時代の文学に見えたる私法』 42

*

726 急激にはあらず、しかも絶えざる、停滞せざる新陳代謝があって、初めて社会は健全な発達をする。人は適当の時期に去り行くのも、また一の意義ある社会奉仕でなければならぬ。

「死もまた社会奉仕」

『石橋湛山評論集』 125

*

727

伊尹《いいん》いわく「味の精微は、口言ふ能《あた》はず」と。口で言えぬほどだもの、呶鳴《どな》る酔っぱらいどもに味の分る者があってたまるか。

袁枚《えんばい》
『随園食単』56

＊

728

古人《こじん》の云《いは》く、聞くべし、見るべし、得るべし。亦云く、得ずんば見るべし、見ずんば聞《きく》べしと。

懐奘《えじょう》
『正法眼蔵随聞記』135

＊

729

心をはげまして高尚にふるまい、世間から離れて俗習に背をむけ、高踏な議論をして世を怨んだり誹《そし》ったりするのは、昂《たか》ぶったことをしているだけである。

『荘子』(二) 220

＊

*

730

さて、お集まりの諸君！　学問の領域で「個性」をもつのは、その個性ではなくて、その仕事《ザッヘ》に仕える人のみである。しかも、このことたるや、なにも学問の領域にばかり限ったことではない。

ウェーバー
『職業としての学問』27

梅の花さくころほひは——

731

梅の花さくころほひは
蓮《はす》さかばやと思ひわび
蓮の花さくころほひは
萩《はぎ》さかばやと思ふかな

『藤村詩抄』90
「別離」

＊

732

何でも大きな者は大味で、小さな者は小味だ。うまみからいふと小い者の方が何でもうまい。

正岡子規
『墨汁一滴』143

＊

733

香をかぎ得るのは、香を焚《た》き出した瞬間に限る如く、酒を味わうのは、酒を飲み始めた刹那《せつな》にある如く、恋の衝動にもこうい

夏目漱石
『こころ』156

う際《きわ》どい一点が、時間の上に存在しているとしか思われないのです。

*

734

自然の研究者は自然をねじ伏せようとしてはいけない。自然をして自然のおもむく所におもむかしめるように導けばよい。そうして自然自身をして自然を研究させ、自然の神秘を物語らせればよい。

『寺田寅彦随筆集』㈢ 146
「手首の問題」

*

735

人間のいるところに喧噪《けんそう》はあり、醜悪はある。この肉の鼓《つづみ》は人に触れ物に触れて醜く喧《かまびす》しく音を出さずにはいない。

『中勘助随筆集』63
「夏目先生と私」

*

736
人間のプライドの窮極の立脚点は、あれにも、これにも死ぬほど苦しんだ事があります、と言い切れる自覚ではないか。

太宰治『富嶽百景・走れメロス 他八篇』243「東京百景」

＊

737
具眼《ぐがん》の士に検閲されることは最も正しき価値の決定である。

幸田文『みそっかす』52

＊

738
噓は河豚汁《ふぐじる》である。その場限りで祟《たたり》がなければこれほど旨《うま》いものはない。しかし中毒《あたっ》たが最後苦しい血も吐かねばならぬ。

夏目漱石『虞美人草』218

＊

739
あゝ　おまへはなにをして来たのだと……
吹き来る風が私に云ふ

『中原中也詩集』39「帰郷」

740

上から桜の葉が時々落ちて来る。その一つが籃《バスケット》の蓋《ふた》の上に乗った。乗ったと思ううちに吹かれて行った。風が女を包んだ。女は秋の中に立っている。

夏目漱石
『三四郎』89-90

*

741

けふなり。けふなり。きのふありて何かせむ。あすも、あさても空《むな》しき名のみ、あだなる声のみ。

森鷗外
『舞姫・うたかたの記 他三篇』60
「うたかたの記」

*

742

現在は過去と未来との間に画した一線である。この線の上に生活がなくては、生活はどこにもないのである。

森鷗外
『青年』67

*

743

考えて見ると世間の大部分の人はわるくなる事を奨励しているように思う。わるくならなければ社会に成功はしないものと信じているらしい。たまに正直な純粋な人を見ると、坊《ぼ》っちゃんだの小僧《こぞう》だのと難癖《なんくせ》をつけて軽蔑《けいべつ》する。

夏目漱石
『坊っちゃん』 56

*

744

男と女というもの、その間のものの言い方に気をつければ、その関係が分るものだ。ある人間に対するものの言い方は、その人間との関係の索引であり、露頭である。

伊藤整
『変容』 286

*

745

ねえ。あなた。話をしながら御飯をたべるのは楽しみなものね。

永井荷風
『濹東綺譚』 49

*

746

「いい人ね。」
「それはそう、いい人らしい。」
「ほんとにいい人ね。いい人はいいね。」

川端康成
『伊豆の踊り子・温泉宿 他四篇』 85
「伊豆の踊り子」

*

747

夜光の珠も暗中に置けば光彩を放つが、白日の下に曝《さら》せば宝石の魅力を失う如く、陰翳の作用を離れて美はないと思う。

『谷崎潤一郎随筆集』 207
「陰翳礼讃」

*

748

一般に思いつきというものは、人が精出して仕事をしているときにかぎってあらわれる。

ウェーバー
『職業としての学問』 24

*

749
人間というものは、わが身のことになればおのれを甘やかし、たやすく騙されてしまう。

マキアヴェッリ
『君主論』 175

＊

750
権利のための闘争は、権利者の自分自身に対する義務である。

イェーリング
『権利のための闘争』 49

＊

751
何人も、その良心に反して、武器をもってする戦争の役務を強制されてはならない。

『人権宣言集』 221
「ボン憲法基本権」(ドイツ)

＊

752
世のなかに武者おこりて、西東《ひんがし》北南いくさならぬところなし。

西行
『山家集』 255

うちつづき人の死ぬる数、きくおびただし。まこととも覚えぬ程なり。こは何事のあらそひぞや。

＊

753 ひとり、燈《ともしび》のもとに文《ふみ》をひろげて、見ぬ世の人を友とするぞ、こよなう慰《なぐさ》むわざなる。

兼好法師
『新訂 徒然草』36

＊

754 暖国の雪一尺以下ならば山川村里《さんせんそんり》立地《たちどころ》に銀世界《ぎんせかい》をなし、雪の飄《へう》々《く》翩《へん》々《く》たるを観《み》て花に諭《たと》へ玉に比《くら》べ、勝望美景《しようばうびけい》を愛《あい》し、酒食《しゆしよく》音律《おんりつ》の楽《たのしみ》を添《そ》へ、画《ゑ》に写《うつ》し詞《ことば》につらねて称翫《しようくわん》するは和漢《わかん》古今の通例《つうれい》なれども、是《これ》雪の浅《あさ》き国《くに》の楽《たのし》み也。

鈴木牧之
『北越雪譜』22

＊

755

鮎《あゆ》は瀬《せ》につく鳥は木にとまる　人は情《なさけ》の下《した》に住む

『山家鳥虫歌』　151

*

756

かむなは小さき貝を好む。これ事知れるによりてなり。みさごは荒磯にゐる。すなはち人を恐るゝが故《ゆゑ》なり。われまたかくのごとし。事を知り世を知れれば、願はず、わしらず。たゞしづかなるを望《のぞみ》とし、うれへ無きを楽しみとす。

鴨長明
『新訂 方丈記』　35

*

757

竊《ひそか》に恐るらくは、後《のち》の今を見むこと、今の古《いにしへ》を見る猶《ごと》くならむ。

斎部広成《いんべのひろなり》
『古語拾遺』　55

*

758

私は、少くとも自ら知らぬことを知っているとは思っていないかぎりにおいて、あの男よりも智慧の上で少しばかり優ってい

プラトン
『ソクラテスの弁明・クリトン』　21
「ソクラテスの弁明」

るらしく思われる。

＊

759
結婚したらいろいろ分かって来ますよ、
今までは半分謎だったことが。
今に経験から分かります、
イヴが、後でカインを生んだのは、
どんなことをさせられたからなのか。

『モーツァルトの手紙』(下)
108-109

＊

760
子どもを不幸にするいちばん確実な方法はなにか、それをあなたがたは知っているだろうか。それはいつでもなんでも手に入れられるようにしてやることだ。

ルソー
『エミール』(上)　119

761 ＊

真理はそのままでもっとも美しく、簡潔に表現されていればいるほど、その与える感銘はいよいよ深い。

ショウペンハウエル
『読書について 他二篇』 74
「著作と文体」

762 ＊

偉大な思想家には必ず骨というようなものがある。大なる彫刻家に鑿《のみ》の骨、大なる画家には筆の骨があると同様である。骨のないような思想家の書は読むに足らない。

西田幾多郎
『続思索と体験・『続思索と体験』以後』 244
「『続思索と体験』以後」

763 ＊

「観る」とはすでに一定しているものを映すことではない。無限に新しいものを見いだして行くことである。だから観ることは直ちに創造に連なる。しかしそのためにはまず純粋に観る立

和辻哲郎
『風土』 106

場に立ち得なくてはならない。

＊

764
心血をそそいで命がけで書いた作品にも、ゲラゲラ笑い出さずにいられないものがあろう。この場合、残酷だがその笑いがやっぱりいちばん親切な批評だ。

『林達夫評論集』105
「批評家棄権」

＊

765
日々の生活こそは凡《すべ》てのものの中心なのであります。またそこに文化の根元が潜《ひそ》みます。人間の真価《しんか》は、その日常の暮しの中に、最も正直に示されるでありましょう。

柳宗悦
『手仕事の日本』231

＊

766
未だかつて、現在のなかで、自分は本当に幸福だと感じた人間

ショウペンハウエル
『自殺について 他四篇』45
「現存在の虚無性に関する教説によせる補遺」

は一人もいなかった、——もしそんなのがいたとしたら、多分酔っぱらってでもいたのだろう。

*

767
世の中で生きるには、人々とつきあうことを知らなければならない。

ルソー
『エミール』(中) 87

*

768
もし神が人間の祈りをそのまま聴き届けていたならば、人間はすべて、とっくの昔に亡びていたであろう、というのは、人間はたえず、たがいに、多くのむごいことを神に祈ってきているから。

『エピクロス——教説と手紙』 119

*

769
事の是非はただ醒《さ》めたる人のみが能《よ》くこれを知り、味の美悪もまたただ醒めたる人のみが能くこれを知るのである。

袁枚《えんばい》
『随園食単』 56

*

770
文体は精神のもつ顔つきである。それは肉体に備わる顔つき以上に、間違いようのない確かなものである。

ショウペンハウエル
『読書について 他二篇』 55
「著作と文体」

*

771
真の男性は二つのものを求める。危険と遊戯である。だからかれは女性を、もっとも危険な玩具《おもちゃ》として、求める。

ニーチェ
『ツァラトゥストラはこう言った』(上) 109-110

*

772
道徳においては進歩なるものを仮定することは不可能である、なぜなら道徳はあまりに密接に人格と結びついているから。

ランケ
『世界史概観』 295

773

苦しみは人間を強くするか、それともうち砕くかである。その人が自分のうちに持っている素質に応じて、どちらかになる。

ヒルティ
『幸福論』（第三部）　136

＊

774

世界でいちばん有能な先生によってよりも、分別のある平凡な父親によってこそ、子どもはりっぱに教育される。

ルソー
『エミール』（上）　45

＊

775

法律禁令というものは、統治のための道具ではあっても、清《せい》（正）と濁（邪）とを裁定匡正《きょうせい》する根源ではないのだ。

司馬遷
『史記列伝』（五）　33
「酷吏列伝」

＊

776 世間、出世の至極《しごく》たゞ死の一事なり。死なば死ねとだに存ずれば一切に大事はなきなり。この身を愛し、命ををしむより、一切のさはりはおこることなり。

『一言芳談抄』26

＊

777 学んで思わざれば則《すなわ》ち罔《くら》し。思うて学ばざれば則ち殆《あや》うし。

『論語』42

＊

778 学道の人は先須《まずすべから》く貧《ひん》なるべし。財おほければ必ず其《そ》の志《こころざし》を失ふ。

懐奘《えじょう》『正法眼蔵随聞記』81

＊

779 我やさき、人やさき、けふともしらず、あすともしらず、おくれさきだつ人は、もとのしづく、すゑの露よりもしげしといへ

『蓮如文集』238

り。されば、朝《あした》には紅顔ありて、夕《ゆうべ》には白骨となれる身なり。

*

780
政治家の私利心が第一に追求すべきものは、財産や私生活の楽しみではない。国民の間にわき上がる信頼であり、名声である。これこそ、政治家の私利心が、何はさておき追求すべき目標でなければならぬ。

『石橋湛山評論集』「日本防衛論」 283

*

781
人が新しい事実を発見と呼ぶとき、発見をして発見たらしめるものは事実そのものではなくて、それから出てくる新しい思想である。

ベルナール『実験医学序説』 94

*

782

最も良い説得方法の一つは、相手に気に入られることである。うまく気に入られるためには、交渉家は気持のよいことを話すように努力し、また、耳障《みみざわ》りな話も、言いまわしや、語調や、表情や身振りをえらんで、やわらかく聞えるようにつとめなければならない。

カリエール
『外交談判法』 95-96

*

783

人生は短い。わずかな時しか生きられないからというよりも、そのわずかな時のあいだにも、わたしたちは人生を楽しむ時をほとんどもたないからだ。

ルソー
『エミール』(中) 5

*

784

およそ数ある不幸のなかでも、みずからえらんで出来《しゅったい》させた不幸ほど、人の心をいたましめるものはありますまい。

ソポクレス
『オイディプス王』 112

785

すべてを所有してる時に社会を否定するのは、最上の贅沢《ぜいたく》である。

ロマン・ロラン『ジャン・クリストフ』(二) 69

＊

786

老人が支配するのは奴に力があるからではなく、こちらが温和《おとな》しく忍従しているからだ。

シェイクスピア『リア王』 42

＊

787

笑いによる攻撃に立ち向えるものはなんにもない。だのに、君たち人間は、いつも笑い以外の武器を持ち出しては、がやがや戦ってるんだ。

マーク・トウェイン『不思議な少年』 218-219

＊

788

汝の視力を内部に向けよ、やがてそこには、
いまだ発見されざる、千もの領域が見つかるだろう。
その世界を経巡《へめぐ》り、身近な宇宙地理学の
最高権威者となれ。

ソロー
『森の生活』(下) 270

*

789

人生は、段々に諦めて行くこと、絶えず我々の抱負、我々の希望、我々の所有、我々の力、我々の自由を減らして行くことの修行である。

『アミエルの日記』(一) 196

*

790

木々の木の葉が一枚のこらず舌であるとしても、わたしのこの

『完訳 グリム童話集』(一) 76
「忠臣ヨハネス」

*

おもいを語りつくすことはできまい。

*

791
婦女のいかりは
　怖るべし
人なべて
　こころすべきぞ。
おみなごは
　恋しえやすく
おみなごは
　憎みもやすし。

『トリスタン・イズー物語』
194

*

792
多くの場合、教える者の権威が学ぼうとする者の邪魔をする。

モンテーニュ
『エセー』(一)　285

793

人を教えて善をさせようとするとき、あまり高すぎてはならない。その人が、それを実行することができるかどうかの程度を考えて、実行できるようにしなければならない。

洪自誠《こうじせい》
『菜根譚』46

＊

794

善の功用を意識した時には、それは、もはや不善である。

郭沫若《かくまつじゃく》
『歴史小品』13

＊

795

人間というものは、不幸のどんぞこにいる時でも、たいそう見えをはることがあるものです。

アンデルセン
『絵のない絵本』58

＊

796
ひとは自分の運命を非難して、責任をまぬがれるつもりでいる。
つまり、いつも運命の女神がいけないことになる。

ラ・フォンテーヌ
『寓話』(上) 271

*

797
父親から息子へと贈られる
豊かな遺産を受けつぐのが
いかに恵まれたこととはいえ、
ふつう若者にとって、
世渡りの術とかけひき上手が
もらった財産より役に立つ。

『完訳 ペロー童話集』 201
「ねこ先生」

*

798
人間は今日も働いて食べた、明日も働いて食べた、そうやって

ゴーリキー
『母』(上) 166-167

自分の一生を毎年毎年働いて食べつづけるだけだったら、そこに何か立派なことがあると言えるでしょうか?

*

799

けっして誤ることのないのは何事もなさない者ばかりである。生きたる真理のほうへ邁進《まいしん》する誤謬《ごびゅう》は、死んだ真理よりもいっそう豊饒《ほうじょう》である。

ロマン・ロラン
『ジャン・クリストフ』(三)
184

*

800

女の子供というものは天性花や星を欲《ほ》しがるものです。けれども星はどうしても手に入れることができません、それは小さな娘たちに、この世には決して満たされることのない願いというものもあることを教えます。

アナトール・フランス
『少年少女』 30

801
帝王は、自己の弱点を暴露した瞬間に自分を見た人間を愛さないものだ。
ツワイク『ジョゼフ・フーシェ』173

*

802
権勢とは何ですか。福の神の前で低頭し、人のいのちを供え物にすること、それが権勢じゃないですか。
郭沫若《かくまつじゃく》『歴史小品』114

*

803
古人は、書を読まなければ愚人になる、といった。それはむろん正しい。しかし、その愚人によってこそ世界は造られているので、賢人は絶対に世界を支えることはできない。ことに中国の賢人はそうである。
『魯迅評論集』17
「『墓』の後に記す」

*

804

議論なんか、いくらしたって物事がはかどるもんじゃありません。行なうべし、言うべからずですよ。

モリエール
『ドン・ジュアン』42

天地は万物の逆旅——

805

天地は万物の逆旅《げきりよ》。光陰は百代《はくたい》の過客《くはかく》、浮世《ふせい》は夢幻《ゆめまぼろし》といふ。時の間《ま》の煙、死すれば何ぞ、金銀、瓦石《ぐはせき》にはおとれり。

井原西鶴
『日本永代蔵』 15

*

806

魚《いを》は水にあかず。魚にあらざれば、その心を知らず。鳥は林を願ふ。鳥にあらざれば其の心を知らず。閑居の気味《きび》も又同じ。住まずして誰《たれ》かさとらむ。

鴨長明
『新訂 方丈記』 38-39

*

807

何《なに》せうぞくすんで、一期《いちご》は夢よ、たゞ狂へ。

『新訂 閑吟集《かんぎんしゅう》』 13

*

808
すべて萬《ツ》の事、他のうへにて思ふと、みづからの事にて思ふとは、浅深の異なるものにて、他のうへの事は、いかほど深く思ふやうにても、みづからの事ほどふかくはしまぬ物なり。

本居宣長
『うひ山ふみ・鈴屋答問録』45
「うひ山ふみ」

*

809
その物に付きて、その物をつひやし損《そこな》ふ物、数を知らずあり。身に虱《しらみ》あり。家に鼠《ねずみ》あり。国に賊《ぞく》あり。小人《せうじん》に財《ざい》あり。君子《くんし》に仁義《じんぎ》あり。僧に法《ほふ》あり。

兼好法師
『新訂 徒然草』166

*

810
人と共にして失敗した責任を分かち合うのはよいが、成功した功績は共有しようとしてはならない。共有しようとすると、仲たがいの心が生じてくる。

洪自誠《こうじせい》
『菜根譚』158

＊

811

申しておきますが、思索などやるやつは、悪霊に引きまわされて枯野原《かれのはら》のなかを、ぐるぐる空回《からまわ》りしている家畜みたいなもんです、その外側には立派な緑の牧場があるというのに。

ゲーテ
『ファウスト』(第一部)
123

＊

812

何事も永続きのしないのが世の習いで、どんな喜びもつぎの瞬間にはもうそれほどではなくなり、更にそのつぎにはいっそう気がぬけて、やがて何時とはなしに平常《ふだん》の心持に還元してしまう。

ゴーゴリ
『外套・鼻』88

＊

813

夢は見させるが、腹の足しにはならぬ希望に身を委《まか》すなんて、

『イソップ寓話集』111
「黒丸烏と狐」

烏滸《おこ》の沙汰だぞ。

*

814
われわれは見慣《みな》れていることだが、人間というものは、自分にわからないことはこれを軽蔑し、また自分にとって煩《わずら》わしいとなると、善や美に対してもぶつぶつ不平をいうものだ。

ゲーテ
『ファウスト』(第一部)
85

*

815
概していえば、かつてひどく感心した場所とか、あるいはあとから思いだしてみてひどく感心したように思われるところは、想像の世界の中でだけ再訪する方がよい。

ギッシング
『ヘンリ・ライクロフトの私記』 106

*

816
悲しみにしろ喜びにしろ、それに心をおどらせたことのない人

ラーゲルレーヴ
『ポルトガリヤの皇帝さん』
15

は、けっしてまともな人間とはいえないだろう。

＊

817
結婚の幸福は、まったく運次第ですもの。お互いに気心がわかっていても、前もって似ていても、そんなことでしあわせが増すってわけのものじゃないわ。

オースティン
『高慢と偏見』(上) 39

＊

818
「二十年は長い年月だが、人間の鼻がわし鼻からしし鼻に変るほど長くはないぜ」
「だがときには、二十年たつと、善人が悪人に変るよな」

『オー・ヘンリー傑作選』
85
「二十年後」

＊

819
もし世の中の人の苦しみに一々足を停めていた日には、人は生

ロマン・ロラン
『魅せられたる魂』(二) 206

きてゆかれないだろう！　どんな幸福も、他の人間の苦悩を食って生きているのだ。

＊

820 菌《きのこ》も同然に、根づいた場所で大きくなって、生きて働いた跡も残さず、そのまま腐って無くなるようでは、なんの人間に生まれた詮《かい》がありましょうか？

ゲーテ
『ヘルマンとドロテーア』 49

＊

821 死刑台はもろもろの革命から転覆されていない唯一の建物である。

ユーゴー
『死刑囚最後の日』 140

＊

822 蝕まれ出した愛情に限って、ことさらわざとらしい儀礼を見せ

シェイクスピア
『ジュリアス・シーザー』 127

はじめるのだ。

＊

823
晩餐《ばんさん》は一日の最後の仕事ゆえ、ゆっくりとちょうだいするがよろしい。会食者はいずれもいっしょに同一の目的地に着くべき旅人同士の心持でなければならぬ。

ブリア＝サヴァラン
『美味礼讃』(上)　244-245

＊

824
あまりうちとけ過ぎる人間は尊敬を失いますし、気やすい人間はばかにされますし、むやみに熱意を見せる人間はいい食いものにされます。

バルザック
『谷間のゆり』　206-207

＊

825
勇気と力だけがあっても、慎重さを欠いていたら、それは無に

ウィンパー
『アルプス登攀記』(下)　247

等しいということを忘れないでいて欲しい。

＊

826

恋は富よりもはるかに強い。恋は財宝よりも富裕よりもはるかに強い。けれど恋はそれらの力を借りねばならないのだ。

アベ・プレヴォ
『マノン・レスコー』 119

＊

827

鳥は卵からむりに出ようとする。卵は世界だ。生まれようとする者は、ひとつの世界を破かいせねばならぬ。

ヘッセ
『デミアン』 122-123

＊

828

信用というものは求められすぎると種切れになってしまうものですよ。

ブレヒト
『ガリレイの生涯』 106

829

不安を知らない精神はわたくしをいらだたせるか、あるいは退屈させる。

アナトール・フランス
『エピクロスの園』 81

＊

830

およそ共感というものは、理解によって限定されるものである。われわれは、われわれの理解できる限度で、他人に共感をもつことができるのである。

ハーン
『心』 18

＊

831

旅行者というものは、みな義務感めいたものをもっていて、訪れる労にあたいするかどうかはまったくわからぬままに、本に書かれているものをすべて見ようとしたがる。

オールコック
『大君の都』(中) 361

*

832

人間は、自分が他人より劣っているのは能力のためではなく運のせいだと思いたがるものなのだ。

プルタルコス
『饒舌について 他五篇』152
「人から憎まれずに自分をほめること」

*

833

できるなら誓約は絶対に拒むがよい。さもなくば、最小限にとどめることだ。

ヒルティ
『幸福論』(第一部) 82

*

834

いっさいの善の始めであり根であるのは、胃袋の快である。知的な善も趣味的な善も、これに帰せられる。

『エピクロス——教説と手紙』119

835

世には、成功を克《か》ち得た発明家と、失敗した発明家とがある。そして人は成功しなかった発明家を偏執病者と呼ぶのである。

クレッチュマー
『天才の心理学』 225

*

836

ときには、敵の方が正しいこともある。というのは、人間のこころは生れつきはなはだ利己的であって、どんな論難攻撃をもすべて自分にたいする侮辱だと感じるからである。

ヒルティ
『眠られぬ夜のために』(第二部) 189

*

837

生きることの最大の障害は期待をもつということであるが、それは明日に依存して今日を失うことである。

セネカ
『人生の短さについて 他二篇』 28
「人生の短さについて」

*

838

君自身が心から感じたことや、しみじみと心を動かされたこと

吉野源三郎
『君たちはどう生きるか』 57

を、くれぐれも大切にしなくてはいけない。それを忘れないようにして、その意味をよく考えてゆくようにしたまえ。

*

839 社会的存在としては可なりのロクでなしでも、口には進歩を唱え又みずからを進歩的だと説明している者なら沢山いるだろう。そこで世間の心ある人達の或る者は、抑々《そもそも》進歩とは何であるかという反省をし始めなければならなくなるのである。

戸坂潤
『日本イデオロギー論』378

*

840 思想は種子《しゅし》なり、脳髄は田地《でんち》なり。

中江兆民
『三酔人経綸問答』197

*

841 善とは一言にていえば人格の実現である。

西田幾多郎
『善の研究』202

842

「いき」の第一の徴表は異性に対する「媚態」である。

九鬼周造
『「いき」の構造 他二篇』 21
「「いき」の構造」

843

金は後世への最大遺物の一つでございますけれども、遺しようが悪いとずいぶん害をなす。

内村鑑三
『後世への最大遺物・デンマルク国の話』 27
「後世への最大遺物」

844

おのれに存する偉大なるものの小を感ずることのできない人は、他人に存する小なるものの偉大を見のがしがちである。

岡倉覚三
『茶の本』 23

845

批評家は自らの「好き嫌い」を「是非曲直」のオブラートに包《くる》

『林達夫評論集』 106
「批評家棄権」

んで差し出すところのインチキ薬剤師である。人が摑まされるのは――中味は要するに彼の「好き嫌い」にすぎない。

*

846 子供のうちは、どんな人でも、地動説ではなく、天動説のような考え方をしている。

吉野源三郎『君たちはどう生きるか』25

*

847 信実と誠実となくしては、礼儀は茶番であり芝居である。

新渡戸稲造『武士道』65

*

848 兵法《へいほう》は人をきるとばかりおもふは、ひがごと也。人をきるにはあらず、悪《あく》をころす也。一人の悪をころして、万人をいかすはかりごと也。

柳生宗矩《やぎゅうむねのり》『兵法家伝書』26

849

＊

射手に放たれた矢はせいぜい一人を殺すか、殺さないかである。しかし、知者により放たれた智謀は、胎内にいる者をも殺すことができる。

カウティリヤ
『実利論』(下) 240

850

＊

この世で、性質が悪く、借金を踏み倒し、密告をし、法廷で偽《ぎ》証《しょう》し、正義を装《よそお》い、邪悪を犯《おか》す最も劣等な人々、——これがなまぐさである。肉食することが〈なまぐさい〉のではない。

『ブッダのことば』 55

851

＊

見てくれがしの体裁ばかり、
慈善行為はお断り。

『コーラン』(下) 306

852

あたかもよくすごした一日が安らかな眠りを与えるように、よく用いられた一生は安らかな死を与える。

『レオナルド・ダ・ヴィンチの手記』(上) 72

＊

853

自分でおこなった貴重な省察は、できるだけ早く書きとめておくべきである。

ショーペンハウエル
『知性について 他四篇』 90
「知性について」

＊

854

不道徳の最たるものは、自分の知らない稼業をすることである。

『ナポレオン言行録』 267

＊

855

高い年齢に達した老人が、長い間生きていたことを証明する証

セネカ
『人生の短さについて 他二篇』 78
「心の平静について」

＊

拠として、年の功以外には何も持っていない例がよくある。

＊

856

書物を買いもとめるのは結構なことであろう。ただしついでにそれを読む時間も、買いもとめることができればである。

ショウペンハウエル
『読書について 他二篇』137
「読書について」

＊

857

私から見れば、四十歳の人間は若い人だし、三十歳の男女は、まだ生きることの意味がよく分っていない未成熟の人間に見える。二十台の男女は子供の幼な顔から抜け出ていないのだ。

伊藤整
『変容』10

＊

858

いったい父親は、いくら勉強したからって、四這《よつんばい》になって股ぐらをくぐっても、熊になってひっくりかえっても、こどもをひ

水上滝太郎
『貝殻追放 抄』382

きつける事にかけては母親の敵でない。

＊

859 我々日本人は特に、他者に害を及ぼさない状態をもって、心の平安を得る形と考えているようである。

伊藤整
『近代日本人の発想の諸形式 他四篇』 140
「近代日本における「愛」の虚偽」

＊

860 怒る時に怒らなければ、人間のかいがありません。

太宰治
『富嶽百景・走れメロス 他八篇』 152
「駈込み訴え」

＊

861 ほんとうにどんなつらいことでも、それがただしいみちを進む中でのできごとなら、峠の上りも下りもみんなほんとうの幸福に近づく一あしずつです。

宮沢賢治
『童話集 銀河鉄道の夜 他十四篇』 277
「銀河鉄道の夜」

862

こころをばなににたとへん
こころはあぢさゐの花
ももいろに咲く日はあれど
うすむらさきの思ひ出ばかりはせんなくて。

『萩原朔太郎詩集』26
「こころ」

*

863

楢《なら》の類だから黄葉する。黄葉するから落葉する。時雨《しぐれ》が私語《ささや》く。凩《こがらし》が叫ぶ。一陣の風小高い丘を襲えば、幾千万の木の葉高く大空に舞うて、小鳥の群れかのごとく遠く飛び去る。

国木田独歩
『武蔵野』11

*

864

秋は来《き》ぬ

『藤村詩抄』60
「秋思」

*

秋は来ぬ
おくれさきだつ秋草も
みな夕霜《ゆうじも》のおきどころ
笑ひの酒を悲みの
盃《さかずき》にこそつぐべけれ

＊

865

世の中に片付くなんてものは殆《ほと》んどありゃしない。一遍起った事は何時までも続くのさ。ただ色々な形に変るから他《ひと》にも自分にも解らなくなるだけの事さ。

夏目漱石
『道草』 286

＊

866

最も賢い生活は一時代の習慣を軽蔑《けいべつ》しながら、しかもそのまた習慣を少しも破らないように暮らすことである。

芥川竜之介
『河童《かっぱ》 他二篇』 45
「河童」

867

*

愛とは何か、本当は私には分りません。愛と言うのは、執着という醜いものにつけた仮りの、美しい嘘の呼び名かと、私はよく思います。

伊藤整
『変容』 135

868

*

されど人生いくばくもあらず。うれしとおもふ一弾指《いちだんし》の間に、口張りあけて笑はずば、後にくやしくおもふ日あらむ。

森鷗外
『舞姫・うたかたの記 他三篇』 60
「うたかたの記」

869

*

こどもが生れた
わたしによく似てゐる
どこかが似てゐる

『室生犀星詩集』 147
「こども」

こゝまで似てゐる
おこると歯がゆさうに顔を振る
そこがよく似てゐる
あまり似てゐるので
長く見詰めてゐられない

＊

870 人の世を作ったものは神でもなければ鬼でもない。やはり向う三軒両隣りにちらちらするただの人である。ただの人が作った人の世が住みにくいからとて、越す国はあるまい。

夏目漱石『草枕』7

＊

871 雲雀はきっと雲の中で死ぬに相違ない。登り詰めた揚句は、流れて雲に入《い》って、漂《ただよ》うているうちに形は消えてなくなって、た

夏目漱石『草枕』10

だ声だけが空の裡《うち》に残るのかも知れない。

*

872

今の政治家実業家などは皆提灯《ちょうちん》を借りて蠟燭《ろうそく》を分捕《ぶんど》りする方の側だ。尤《もっと》もづうづうしいやつは提灯ぐるみに取つてしまつて平気で居るやつもある。

正岡子規
『墨汁一滴』 128

*

873

国家とは、ある一定の領域の内部で――この「領域」という点が特徴なのだが――正当な物理的暴力行使の独占を(実効的に)要求する人間共同体である。

ヴェーバー
『職業としての政治』 9

*

874

およそ戦争は、盲目的な激情に基づく行為ではない、戦争を支

クラウゼヴィッツ
『戦争論』(上) 67

配するものは政治的目的である。

*

875 人間性は、模型に従って作り上げられ、あらかじめ指定された仕事を正確にやらされる機械ではなくて、自らを生命体となしている内的諸力の傾向に従って、あらゆる方向に伸び拡がらねばならない樹木のようなものである。

J・S・ミル
『自由論』 120

*

876 人間というものは、幼いときから労せずしてえた栄誉をもっていると、成長するにつれてかならずそれを自慢したくなるものである。

J・S・ミル
『女性の解放』 161

人間にふさわしい態度——

877
人間にふさわしい態度は、死にたいして無関心であるのでもなく、烈しい気持をいだくのでもなく、侮蔑するのでもなく、自然の働きの一つとしてこれを待つことである。

マルクス・アウレーリウス
『自省録』146

*

878
大切なのは普通の語で非凡なことを言うことである。

ショウペンハウエル
『読書について 他二篇』「著作と文体」69

*

879
もっとも長生きした人とは、もっとも多くの歳月を生きた人ではなく、もっともよく人生を体験した人だ。

ルソー
『エミール』(上) 33

*

880

君はいつでも好きなときに自分自身の内にひきこもることが出来るのである。実際いかなる所といえども、自分自身の魂の中にまさる平和な閑寂な隠家《かくれが》を見出すことはできないであろう。

マルクス・アウレーリウス
『自省録』 42-43

＊

881

高く登ろうと思うなら、自分の脚を使うことだ！　高いところへは、他人によって運ばれてはならない。ひとの背中や頭に乗ってはならない！

ニーチェ
『ツァラトゥストラはこう言った』(下) 262

＊

882

知識においての真理は直《ただち》に実践上の真理であり、実践上の真理は直に知識においての真理でなければならぬ。

西田幾多郎
『善の研究』 59

＊

883
「道にきいて、途《みち》に説く」ようななまかじりの知識をもつと、すぐに自分こそ「天下第一」とうぬぼれるが、これはその身のほど知らずをよく示すにすぎない。

毛沢東
『実践論・矛盾論』「実践論」 15

＊

884
才不才に惑うなどは二次的である。才なくとも才なきままに救われる道が確約されているのである。この世の多くの優れた作品が、一文不知の名もなき工人たちによって作られている事実を、どうすることも出来ぬ。

柳宗悦
『民藝四十年』 278

＊

885
ひと指《ゆび》をもて月《つき》をおしふ、もてわれを示教《じけう》す。指《ゆび》を看視《かんし》して、しかも月《つき》をみざるがごとし。ひとかたりていはん、われ指《ゆび》をもて月《つき》をおしふ。なんぢをしてこれをしらしむ。なんぢなんぞ指《ゆび》

親鸞
『教行信証』 371

をみてしかも月《つき》をみざると。

＊

886 人は常に、浄頗離《じやうはり》の鏡に日夜の振舞ひのうつる事を思ふべし。是は陰《かく》れたる所なれば、是は心中に窃《ひそか》に思へば、人知らじと思ふべからず。曇り陰れなく彼《か》の鏡にうつる、恥がましき事なり。

『明恵上人集』206
「栂尾明恵上人遺訓」

＊

887 わがこゝろのよくてころさぬにはあらず。また害せじとおもふとも、百人千人をころすこともあるべし。

唯円《ゆいえん》
『歎異抄』66

＊

888 古いものを喜んではならない。また新しいものに魅惑《みわく》されてはならない。滅びゆくものを悲しんではならない。牽引《けんいん》する者

『ブッダのことば』204

（妄執）にとらわれてはならない。

＊

889
ただ、返すぐ〻、初心を忘《わす》るべからず。

世阿弥
『風姿花伝』101

＊

890
世には教育万能論者があって、何か社会におもしろくない事が起こると、すぐに教育者を責めるけれども、教育の力にもおのずから限りがある。

河上肇
『貧乏物語』44

＊

891
奇妙なことかも知れぬが、腕のとれた彫刻などでも、あまりに近くへよると、不思議な生気を感じて、思わずたじたじとすることがある。

和辻哲郎
『古寺巡礼』78

892

偉大な古作品は一つとして鑑賞品ではなく、実用品であったということを胸に明記する必要がある。いたずらに器を美のために作るなら、用にも堪えず、美にも堪えぬ。

柳宗悦
『民藝四十年』104

*

893

働きのよろこびは、自分でよく考え、実際に経験することからしか生まれない。それは教訓からも、また、残念ながら、毎日証明されるように、実例からも、決して生まれはしない。

ヒルティ
『幸福論』(第一部) 15

*

894

読書で生涯をすごし、さまざまな本から知恵をくみとった人は、旅行案内書をいく冊も読んで、ある土地に精通した人のような

ショウペンハウエル
『読書について 他二篇』13
「思索」

ものである。

＊

895 ほめれば間違いだし、そしればなおわるい、君がそのことをよく理解していないときには。

『レオナルド・ダ・ヴィンチの手記』(上) 35

＊

896 人を不安にするものは、事柄そのものではなく、むしろそれに関する人の考えである。

ヒルティ『幸福論』(第一部) 49

＊

897 理性、判断力はゆっくりと歩いてくるが、偏見は群れをなして走ってくる。

ルソー『エミール』(上) 297

898

人間は自由なものとして生まれた、しかもいたるところで鎖につながれている。自分が他人の主人であると思っているようなものも、実はその人々以上にドレイなのだ。

ルソー『社会契約論』15

＊

899

自慢する人間は賢明な人間のあざけりの的、愚かな者の感嘆の的、取り巻きどもの偶像、自分自身の高言の奴隷である。

『ベーコン随想集』230

＊

900

食欲なくして食べることが健康に害あるごとく、欲望を伴わぬ勉強は記憶をそこない、記憶したことを保存しない。

『レオナルド・ダ・ヴィンチの手記』(上) 35

＊

901

学を扱ってきた人々は、経験派の人か合理派の人かの何れかであった。経験派は蟻《あり》の流儀でただ集めては使用する。合理派は蜘蛛《くも》のやり方で、自らのうちから出して網を作る。

ベーコン
『ノヴム・オルガヌム』
154

＊

902

もし事物の現象形態と本質とが直接に一致するならば一切の科学は不要であろう。

マルクス
『資本論』(九)
12

＊

903

秤を伴わない剣は裸の実力を、剣を伴わない秤は権利＝法の無力を意味する。

イェーリング
『権利のための闘争』
29

＊

904 われわれは短い人生を受けているのではなく、われわれがそれを短くしているのである。

セネカ
『人生の短さについて 他二篇』 10
「人生の短さについて」

＊

905 人びとからよい目でみられることにいかに強い欲望をもつか、人間性のうちでこの欲望ほど顕著なものはない。

ジェームズ・ミル
『教育論・政府論』 108
「教育論」

＊

906 仏《ほとけ》も昔《むかし》は人なりき、我等《われら》も終《つゐ》には仏なり、三身仏性具《ぐ》せる身《み》と、知《し》らざりけるこそあはれなれ。

『梁塵秘抄』 47

＊

907
万《よろづ》の咎《とが》は、馴《な》れたるさまに上手《じやうず》めき、所得《ところえ》たる気色《けしき》して、人をないがしろにするにあり。

兼好法師
『新訂 徒然草』 387

*

908
されば才のともしきや、学ぶ事の晩《オソ》きや、暇《イトマ》のなきやによりて、思ひくづをれて、止《ヤム》ることなかれ。とてもかくても、つとめだにすれば、出来るものと心得べし。

本居宣長
『うひ山ふみ・鈴屋答問録』 15-16
「うひ山ふみ」

*

909
世の中になほいと心憂《う》きものは、人ににくまれんことこそあるべけれ。

清少納言
『枕草子』 285

*

910
父のいかり給ふ声の細《ほそ》り、うたてきありさまなれ、よべは父の

『一茶 父の終焉日記・おらが春 他一篇』 15
「父の終焉日記」

911
長《なが》の別れと思ひけんに、今朝は父のせつかんにあふ事のうれしさは、盲亀《もうき》のうき木にあへりしも是《これ》にはいかで増《まさ》るべき。

『タゴール詩集』 11

*

912
わが頭《かうべ》 垂れさせたまへ 君が
み足の 塵のもと
わが高慢《たかぶり》は 残りなく
沈めよ 涙に

ロマン・ロラン
『ジャン・クリストフ』(一) 496

*

913
魂の致命的な敵は、毎日の消耗である。

スタンダール
『赤と黒』(下) 213

*

さて、諸君、小説というものは大道に沿うてもち歩かれる鏡のようなものだ。諸君の眼に青空を反映することもあれば、また道の水溜りの泥濘を反映することもあろう。

＊

914 自分の生命《いのち》を愛しても憎んでもいけない。だが生きている限りは生命を大切にするがよい。長く生きるか短命に終るかは、天に委せるがよい。

ミルトン『失楽園』(下) 249

＊

915 言葉は人の耳を喜ばすようなものではなく、世の人から尊ばれるような人間になる道理を教えるものでなくてはなりません。

エウリーピデース『ヒッポリュトス』 37

＊

916 人は望むとおりのことができるものではない。望む、また生き

ロマン・ロラン『ジャン・クリストフ』(一) 537

る、それは別々だ。くよくよするもんじゃない。肝腎《かんじん》なことは、ねえ、望んだり生きたりするのに飽きないことだ。

＊

917
時のすぎるのが早いか遅いか、それに気づくこともないような時期に、人はとりわけて幸福なのである。

ツルゲーネフ
『父と子』148

＊

918
知恵の最後の結論はこういうことになる、自由も生活も、日毎《ひごと》にこれを闘い取ってこそ、これを享受するに価《あたい》する人間といえるのだ、と。

ゲーテ
『ファウスト』(第二部)
462

＊

919
負《お》いかた一つで重荷も軽い。

フィールディング
『トム・ジョウンズ』(一)
74

920

＊

真理を知らないものはただの馬鹿者です。だが、真理を知っていながらそれを虚偽というものは犯罪人だ！

ブレヒト
『ガリレイの生涯』 123

921

＊

高い志にもかかわらず、自分でも嫌っている殺戮と惨禍をひき起こすのは、いつでもこういう純粋な信念の人、宗教的で夢中になる人、世界を変革し改善しようとする人であろう。

ツワイク
『ジョゼフ・フーシェ』 53

922

＊

人生とは、病人の一人一人が寝台を変えたいという欲望に取り憑かれている、一個の病院である。

ボードレール
『パリの憂愁』 130

923

主《しゅ》が、人間に将来のことまでわかるようにさせてくださるであろうその日まで、人間の慧智はすべて次の言葉に尽きることをお忘れにならずに。待て、しかして希望せよ！

デュマ『モンテ・クリスト伯』(七) 364

＊

924

人生はただ影法師の歩みだ。哀れな役者が短い持ち時間を舞台の上で派手に動いて声張り上げて、あとは誰ひとり知る者もない。

シェイクスピア『マクベス』 131

＊

925

自分自身の体験と思索によって到達した考えは、たいがいの場合われわれはおだやかにつつしみ深く口にするものである。

カロッサ『美しき惑いの年』 160

＊

926

アリストテレスがなんと言おうと、哲学が束《たば》になってかかってこようと、煙草にまさるものはあるまい。

モリエール
『ドン・ジュアン』 5

＊

927

男のかたって本当におかしいのねえ！　一週間もたてば忘れてしまうにきまってるたった一言のために、切り合いをしたり、命ばかりか、良心までも犠牲になさろうとするのね。

プーシキン
『大尉の娘』 58

＊

928

生活というものは早晩、落ち着くところへ落ち着くものなのだ。どんな衝撃を受けても、人はその日のうちか、たかだか翌日には——失礼な言い方で恐縮だが——もう飯を食う、そしてそれ

ツルゲーネフ
『ルーヂン』 168

＊

がまた初の気休めともなるものなのである。

*

929

経験は生きてゆくための肥料《こやし》だ。経験は人をかえる。砂漠で牡《ぼ》丹《たん》は育たない。

老舎
『駱駝祥子《ロートシアンツ》』 343

*

930

論議するだけなら
議員は大勢いる。
実行が問題になると
だれもいなくなる。

ラ・フォンテーヌ
『寓話』(上) 117

*

931

野ずえにのこる遅咲きの花は

『プーシキン詩集』 97
「野ずえにのこる遅咲きの花は」

あでやかな初花よりも愛《めず》らしく
かなしい夢のようすがともなる。
ひとのわかれのときもまた
あまい出会いのときよりふかく
こころにのこることもある。

*

932
詩は裸身にて理論の至り得ぬ堺を探り来る。
そのこと決死のわざなり。
『宮沢賢治詩集』 357

*

933
今のお前は自由だ。自由はどこまで行っても幸福なものだ。その代りどこまで行っても片付かないものだ、だから物足りないものだ。
夏目漱石
『明暗』 528

934

日が落ちる、野は風が強く吹く、林は鳴る、武蔵野は暮れんとする、寒さが身にしむ、その時は路をいそぎたまえ、顧みて思わず新月が枯れ林の梢《こずえ》の横に寒い光を放っているのを見る。

国木田独歩
『武蔵野』 19

*

935

頭のいい人には恋ができない。恋は盲目である。科学者になるには自然を恋人としなければならない。自然はやはりその恋人にのみ真心を打ち明けるものである。

『寺田寅彦随筆集』㈣ 204
「科学者とあたま」

*

936

人生における経験の浅い時代には、見るもの聞くものが珍しく、新しい事物はみんな栄養となって肉となり、血となるが、その

水上滝太郎
『貝殻追放 抄』 294

消化力はいつまでも続きはしない。

＊

937

わきめもふらで急ぎ行く
君の行衛《ゆくえ》はいづこぞや
琴花酒《ことはなさけ》のあるものを
とゞまりたまへ旅人よ

『藤村詩抄』 55
「酔歌」

＊

938

私は冷《ひや》やかな頭で新らしい事を口にするよりも、熱した舌で平凡な説を述べる方が生きていると信じています。血の力で体《たい》が動くからです。

夏目漱石
『こころ』 161

＊

939

いや、議論を吹ッかける場合には、わざとスキマを拵《こしら》えて置く方がいいんです、そうしないと敵が乗って来ないんです。

『谷崎潤一郎随筆集』281「文壇昔ばなし」

*

940

つまり、あなたのような人が幸福なんです。あなたのように、そうゴマカして安心して行ける人が……

"ISIKAWA TAKUBOKU ROMA-ZI NIKKI"(啄木・ローマ字日記) 217

*

941

病気というものは決して学校の行軍《こうぐん》のように弱いそれに堪えることの出来ない人間をその行軍から除外してくれるものではなく、最後の死のゴールへ行くまではどんな豪傑でも弱虫でもみんな同列にならばして否応《いやおう》なしに引《ひ》き摺《ず》ってゆく。

梶井基次郎『檸檬《レモン》・冬の日 他九篇』151「のんきな患者」

*

942
おまえは歌うな
おまえは赤ままの花やとんぼの羽根《はね》を歌うな
風のささやきや女の髪の毛の匂いを歌うな

『中野重治詩集』74
「歌」

＊

943
人生は一箱のマッチに似ている。重大に扱うのはばかばかしい。重大に扱わなければ危険である。

芥川竜之介
『侏儒の言葉』22

＊

944
各方面における看過されたる者、忘れられたる者の中から、真に価値あるものを発見することは、多くの人々によって常に企てられなければならぬ仕事の一であろうと思われる。

柴田宵曲《しょうきょく》
『古句を観る』3

＊

945
英雄豪傑、名匠大家となるには、多少の狂気なくて愜《かな》はぬことは、ゼネカが論をも、シエエクスピアが言《げん》をも待たず。

森鷗外
『舞姫・うたかたの記 他三篇』56「うたかたの記」

＊

946
他をあざけるものは同時にまた他にあざけられることを恐れるものである。

芥川竜之介
『侏儒の言葉』93

＊

947
「愛嬌というのはね、——自分より強いものを斃《たお》す柔かい武器だよ」
「それじゃ無愛想《ぶあいそ》は自分より弱いものを、扱《こ》き使う鋭利なる武器だろう」

夏目漱石
『虞美人草』17

幸福とは愛すること――

948

幸福とは愛することであり、また愛する対象へ、時としてわずかに心もとなく近づいてゆく機会をとらえることである。

トオマス・マン
『トニオ・クレエゲル』26

＊

949

歌をうたって誰かを眠らせてやりたい。
誰かのそばに坐っていたい。
うたいながらあなたを揺《ゆす》ってそっと眠らせてあげたい。

『リルケ詩集』107-108
「眠りを誘う歌」

＊

950

おろしたてから着物を惜《お》しめ、若いうちから名は惜しめ。

プーシキン
『大尉の娘』17

＊

951 流行におくれまいとしたり、隣人をおどかそうとしたり、いや自分で自分を偉い者と思いたいために本を買う人がいることを忘れてはならない。

ギッシング
『ヘンリ・ライクロフトの私記』 77

*

952 富は一つの才能であり、貧しさも同様に一つの才能である。金持になった貧乏人は、贅沢《ぜいたく》な貧しさをひけらかすであろう。

コクトー
『恐るべき子供たち』 67

*

953 人生《じんせい》　離別《りべつ》無《な》くんば
誰《たれ》か恩愛《おんあい》の重《おも》きを知《し》らん

『蘇東坡《そとうば》詩選』 73
「潁州初別子由　其二」(潁州にて初めて子由に別る　其の二)

*

954 一個の人間にとってもっとも恐ろしいのは、気がつかないとい

郭沫若《かくまつじゃく》
『歴史小品』 100

うことです。気がついてしまえば、救う方法はあるものです。

*

955

美よりも先に、平和よりも先に、戦争よりも先に、人類の未来よりも先に、口があるのだ。その口は餓えて、開いている……それを沈黙させろ！　それを養え！

ロマン・ロラン
『魅せられたる魂』㈢　386

*

956

どんなに仲のよい、美しい打ちとけた関係であっても、阿諛《あゆ》とか賞讃とかいうものは、車輪の進行に油の必要なように、ぜひなくてはならないものである。

トルストイ
『戦争と平和』㈠　58

*

957

身分不相応な幸運や正当な理由のない授かりものなどいうもの

洪自誠《こうじせい》
『菜根譚』　357

は、天が人を釣り上げる甘い餌《えさ》であるか、さもなければ人の世の落し穴である。

*

958
酒をのめ、こう悲しみの多い人生は
眠るか酔うかしてすごしたがよかろう!

オマル・ハイヤーム
『ルバイヤート』 106

*

959
世の中のいざこざの因《もと》になるのは、奸策や悪意よりも、むしろ誤解や怠慢だね。

ゲーテ
『若きウェルテルの悩み』 10

*

960
お前が誰といっしょにいるか言ってみな、そうしたらお前がどんな人間か言ってやる。

セルバンテス
『ドン・キホーテ』後篇(一) 160

961
ああ、馬鹿ですか。馬鹿にもさまざまな種類の馬鹿があって、利口なのも馬鹿のうちのあまり感心しない一種であるようです。
トーマス・マン
『魔の山』(下) 415

*

962
他人から意見を求められることは、きわめて少ないが、信じられることは、もっと少ない。
モンテーニュ
『エセー』(五) 53

*

963
真実《まこと》の友を捨て去るのは、ひとが最もいつくしむ、われとわが命を投げすてるにも等しきわざと、申さねばならぬ。
ソポクレス
『オイディプス王』 64

*

964
時がたつのが早いと思うようになるのはわれわれが人生に慣れ親しんだ結果である。子供の場合のように、毎日が未知な世界への一歩であれば、日々は経験の集積で長いものとなる。

ギッシング
『ヘンリ・ライクロフトの私記』 278

*

965
仕事が楽しみなら、人生は極楽だ！
仕事が義務なら、人生は地獄だ！

ゴーリキイ
『どん底』 29

*

966
世界は粥《かゆ》で造られてはゐない。
君等は懶《なま》けてぐづぐづするな、
堅いものは嚙《か》まねばならない。
喉がつまるか消化するか、二つに一つだ。

『ゲーテ詩集』㈢ 201
「格言抄」

967

「なんでもない事が楽しいようでなくてはいけない」というのが父の気持だった。ところが子供の私にそんな事が解るはずはなかった。

小堀杏奴《あんぬ》『晩年の父』 14

*

968

僕が死んだら道端か原の真中に葬って土饅頭を築いて野茨《のいばら》を植えてもらいたい。石を建てるのはいやだがやむなくば沢庵石のようなごろごろした白い石を三つか四つかころがして置くばかりにしてもらおう。

正岡子規『飯待《めしま》つ間《ま》』 83

*

969

好人物は何よりも先に天上の神に似たものである。第一に歓喜

芥川竜之介『侏儒の言葉』 57

ても いないでもよい。

を語るのによい。第二に不平を訴えるのによい。第三に——い

*

970

「風流」といい「さび」というのも畢竟《ひっきょう》は自己を反省し批評することによってのみ獲得し得られる「心の自由」があって、はじめて達し得られる境地であろうと思われる。

『寺田寅彦随筆集』㈤ 286
「俳句の精神」

*

971

セクスピヤも千古万古《ばんこ》セクスピヤではつまらない。偶《たま》には股倉から『ハムレット』を見て、君こりゃ駄目だよ位にいう者がないと、文界も進歩しないだろう。

夏目漱石
『吾輩は猫である』 248

*

972

いいえ昨日はありません
今日を打つのは今日の時計
昨日の時計はありません
今日を打つのは今日の時計

『三好達治詩集』 74
「昨日はどこにもありません」

*

973

冬陽《ふゆび》は郵便受のなかへまで射しこむ。路上のどんな小さな石粒も一つ一つ影を持っていて、見ていると、それがみな埃及《エジプト》のピラミッドのような巨大《コロッサール》な悲しみを浮べている。

梶井基次郎
『檸檬《レモン》・冬の日 他九篇』 67
「冬の日」

*

974

彼は門を通る人ではなかった。また門を通らないで済む人でもなかった。要するに、彼は門の下に立ち竦《すく》んで、日の暮れるのを待つべき不幸な人であった。

夏目漱石
『門』 224

975

ふらんすへ行きたしと思へども
ふらんすはあまりに遠し
せめては新しき背広をきて
きままなる旅にいでてみん。

『萩原朔太郎詩集』31
「旅上」

*

976

人間の不安は科学の発展から来る。進んで止《とど》まる事を知らない科学は、かつて我々に止まる事を許してくれた事がない。

夏目漱石
『行人』354

*

977

そもそも手が機械と異る点は、それがいつも直接に心と繋《つな》がれていることであります。機械には心がありません。これが手仕

柳宗悦
『手仕事の日本』14

事に不思議な働きを起させる所以《ゆえん》だと思います。

*

978

家《いへ》は十坪《つぼ》に過《す》ぎず、庭《には》は唯《ただ》三坪《つぼ》。誰《たれ》か云《い》ふ、狭《せま》くして且陋《かつろう》なりと。家陋《いへろう》なりと雖《いへ》ども、膝《ひざ》を容《い》る可《べ》く、庭狭《にはせま》きも碧空仰《へきくうあを》ぐ可《べ》く、歩《ほ》して永遠《えいえん》を思《おも》ふに足《た》る。

徳冨蘆花《ろか》
『自然と人生』 119

*

979

五月のキュウリの青みには、胸がカラッポになるような、うずくような、くすぐったいような悲しさがある。

太宰治
『富嶽百景・走れメロス 他八篇』 84
「女生徒」

*

980

諸君、謀叛《むほん》を恐れてはならぬ。謀叛人を恐れてはならぬ。自ら謀叛人となるを恐れてはならぬ。新しいものは常に謀叛である。

徳冨健次郎
『謀叛論』 23

981
君は山を呼び寄せる男だ。呼び寄せて来ないと怒る男だ。地団《じだん》太《だ》を踏んで口惜《くや》しがる男だ。そうして山を悪く批判する事だけを考える男だ。何故山の方へ歩いて行かない。

夏目漱石『行人』372

*

982
左様《さう》です、人生の不可解が若し自殺の原因たるべき価値あるならば、地球は忽ち自殺者の屍骸《しがい》を以て蔽はれねばなりませんよ、人生の不可解は人間が墓に行く迄、片手に提《さ》げてる継続問題じやありませんか。

木下尚江『火の柱』75

*

983
おれは弱すぎる。なぜこう人を求めるのか。あとで必ず後悔す

長与善郎『青銅の基督《キリスト》』18

*

ることがわかっているくせに。

*

984
もし君の愛が愛として相手の愛を生みださなければ、もし君が愛しつつある人間としての君の生命発現を通じて、自分を愛されている人間としないならば、そのとき君の愛は無力であり、一つの不幸である。

マルクス
『経済学・哲学草稿』187

*

985
ヘーゲルはどこかでのべている、すべての世界史的な大事件や大人物はいわば二度あらわれるものだ、と。一度目は悲劇として、二度目は茶番《ファルス》として、と、かれは、つけくわえるのをわすれたのだ。

マルクス
『ルイ・ボナパルトのブリュメール十八日』17

986

＊

学問上の「達成」はつねに新しい「問題提出」を意味する。それは他の仕事によって「打ち破られ」、時代遅れとなることをみずから欲するのである。学問に生きるものはこのことに甘んじなければならない。

ウェーバー
『職業としての学問』30

987

＊

政治とは、情熱と判断力の二つを駆使しながら、堅い板に力をこめてじわっじわっと穴をくり貫《ぬ》いていく作業である。

ヴェーバー
『職業としての政治』105

988

＊

死期《しご》は序《ついで》を待たず。死は、前よりしも来《きた》らず、かねて後《うしろ》に迫《せま》れり。人皆死《し》ある事を知りて、待つことしかも急《きふ》ならざるに、覚《おぼ》

兼好法師
『新訂 徒然草』268

えずして来《きた》る。

*

989

あれ数《かぞ》ふれば暁《あかつき》の。七つの時が六つなりて残《のこ》る一つが今生《こんじやう》の。
鐘《かね》の響《ひゞき》の聞納《きゝをさ》め。寂滅為楽《じやくめつゐらく》と響《ひゞ》くなり。

近松門左衛門『曾根崎心中・冥途の飛脚 他五篇』43「曾根崎心中」

*

990

ありがたきもの　舅《しうと》にほめらるる婿《むこ》。また、姑《しうとめ》に思《おも》はるる嫁《よめ》の
君。毛《け》のよく抜《ぬ》くるしろがねの毛抜《けぬき》。主《しゆう》そしらぬ従者《ずさ》。

清少納言『枕草子』95

*

991

星は　すばる。ひこぼし。ゆふづつ。よばひ星《ぼし》、すこしをかし。
尾《を》だになからましかば、まいて。

清少納言『枕草子』279

992

生《しやう》ぜしをりも一人きたりき、去りてゆかんをりも、又しかなり。あひあふ者はかならずわかれ、生ずる者は、死《しに》かならずいたる。

後深草院二条《ごふかくさいんのにじよう》
『問わず語り』 209

*

993

人《ひと》、世間の愛欲の中に在りて、独り生れ、独り死し、独り去り、独り来る。

『浄土三部経』(上) 205

*

994

癖《へき》のない人間とはつき合えない。彼らには深情がないからだ。疵《きず》のない人間とはつき合えない。彼らには真気がないからだ。

張岱《ちようたい》
『陶庵夢憶《とうあんむおく》』 179

*

995
学道の人《ひと》、世間の人に智者もの知りとしられては無用《むよう》なり。

懐奘《えじょう》
『正法眼蔵随聞記』 54

*

996
無理に強いられた学習というものは、何ひとつ魂のなかに残りはしない。

プラトン
『国家』(下) 154

*

997
あなたがたの実力以上に有徳であろうとするな！ できそうもないことをおのれに要求するな！

ニーチェ
『ツァラトゥストラはこう言った』(下) 264

*

998
一般に、青年の主張するところは正しくない。しかし、それを彼らが主張するということは正しい。

ジンメル
『愛の断想・日々の断想』 107
「日々の断想」

999

自殺を想うことは強い慰藉剤である。これによって数々の悪夜が楽に過ごされる。

＊

ニーチェ
『善悪の彼岸』 123

1000

高貴と自由や、微賤と卑屈や、思慮とたしなみや、傲慢とぶしつけもまた、顔によって、たとえ人間が静止していようが、動いていようが、現われて来るものである。

＊

クセノフォーン
『ソークラテースの思い出』 157

1001

人生というものは、通例、裏切られた希望、挫折させられた目論見《もくろみ》、それと気づいたときにはもう遅すぎる過ち、の連続にほかならない。

＊

ショウペンハウエル
『自殺について 他四篇』 98
「生きんとする意志の肯定と否定に関する教説によせる補遺」

1002

人間は他人の嘘にはたやすく気づくものであって、ただその嘘が自分におもねるときか、あるいはちょうど都合のよいときだけ、それを信じるのである。

ヒルティ
『眠られぬ夜のために』(第一部) 75

*

1003

知恵を求めることは、人間の最高の目的であり、人間の自己決定の最高の行為である。

フレーベル
『人間の教育』(上) 14

*

1004

ある真実を教えることよりも、いつも真実をみいだすにはどうしなければならないかを教えることが問題なのだ。

ルソー
『エミール』(上) 370

*

1005 ほかの人から学ぶ場合には、自分自身で発見する場合ほどはっきりものを捉えることができず、またそれを自分のものとすることができない。

デカルト
『方法序説』 91

＊

1006 一人は米を食べる人、いま一人は米を作る人、食べる人は抽象的になり易く、作る人はいつも具体の事実に即して生きる。

鈴木大拙
『日本的霊性』 131

＊

1007 学道勤労《ごんらう》の志《こころざ》しあらば時光《じくわう》を惜《をしみ》て学道すべし。何の暇《いと》ありてか人と諍論《じやうろん》すべき。

懐奘《えじよう》
『正法眼蔵随聞記』 112

＊

1008

経書を読むの第一義は、聖賢に阿《おも》ねらぬこと要なり。若し少しにても阿る所あれば、道明ならず、学ぶとも益なくして害あり。

吉田松陰
『講孟余話』 15

＊

1009

学《がく》は道《みち》にいたる門なり。此門をとをりて道にいたる也。しかれば学は門也、家にあらず。門を見て家也とおもふ事なかれ。家は門をとをり過ぎて、おくにある物也。

柳生宗矩《やぎゅうむねのり》
『兵法家伝書』 27

＊

1010

優れた歌人の歌一首がよく一巻の哲学書や一篇の小説にも勝る深い感動を以て人に迫ることとあるは、私の屢〻《しばしば》経験したところである。

南原繁
『歌集 形相』 224

＊

1011

酒は天の美禄、百薬の長。原始時代から人間に恵まれた最上の飲物である。

青木正児《まさる》
『華国風味』 114

＊

1012

実に多くの職人たちは、その名を留《とど》めずにこの世を去ってゆきます。しかし彼らが親切に拵《こしら》えた品物の中に、彼らがこの世に活きていた意味が宿ります。

柳宗悦
『手仕事の日本』 229

＊

1013

ただむつかしいのみで、無内容なものならば、読む必要もないが、自分の思想が及ばないのでむつかしいのなら、何処までもぶつかって行くべきでないか。

西田幾多郎
『続思索と体験・『続思索と体験』以後』 246
「『続思索と体験』以後」

＊

1014

目に見えるものでも、見えないものでも、遠くに住むものでも、近くに住むものでも、すでに生まれたものでも、これから生まれようと欲するものでも、一切の生きとし生けるものは、幸せであれ。

『ブッダのことば』37

*

1015

だから、あしたのことを心配するな。あしたはあしたが自分で心配する。一日の苦労はその日の分で沢山《たくさん》である。

『新約聖書 福音書』86

*

1016

最も激しい争闘中にも温和であり、悪人の間にあっても善良であり、戦いの最中にも平静でありたいものである。

『新版 きけわだつみのこえ』242
中村徳郎

*

1017

＊

世間には、悪い人ではないが、弱いばかりに、自分にも他人にも余計な不幸を招いている人が決して少なくない。

吉野源三郎『君たちはどう生きるか』195

1018

＊

尽《ことごと》く書《しょ》を信ずれば、則ち書《しょ》なきに如《し》かず。

『孟子』386

盛年　重ねて来らず——

1019

盛年《せいねん》　重《かさ》ねて来《きた》らず、
一日《いちじつ》　再《ふたた》び晨《あした》なり難《がた》し。
時《とき》に及《およ》んで当《まさ》に勉励《べんれい》すべし、
歳月《さいげつ》は人《ひと》を待《ま》たず。

『中国名詩選』(中)　87
陶淵明
「雑詩」

*

1020

人間は自分じしんの歴史をつくる。だが、思う儘《まま》にではない。自分でえらんだ環境のもとでではなくて、すぐ目の前にある、あたえられ、持越されてきた環境のもとでつくるのである。

マルクス
『ルイ・ボナパルトのブリュメール十八日』　17

*

1021

重ねていうが、わが国の独立と安全を守るために、軍備の拡張

『石橋湛山評論集』　282
「日本防衛論」

という国力を消耗するような考えでいったら、国防を全うすることができないばかりでなく、国を滅ぼす。したがって、そういう考え方をもった政治家に政治を託するわけにはいかない。

*

1022
何の苦労もなしに手に入った法などというものは、鸛《こうのとり》が持ってきた赤ん坊のようなものだ。

イェーリング
『権利のための闘争』41

*

1023
注意すべきは、憎しみを招く元が善行でもあることだ、悪行に劣らずに。

マキアヴェッリ
『君主論』145

*

1024
一般に、すべて他人の不幸というものは、いかなる場合でも、

ドストエフスキー
『悪霊』(上) 575

傍観者の目をたのしませるようなものを含んでいる、傍観者が誰であろうと例外にはならぬ。

＊

1025 今私の一番好きな仕事といえば、夜星空を眺めることです。なぜといって、この地上から、また人生から眼をそらすのに、これほど好い方法があるでしょうか。

『トオマス・マン短篇集』14「幻滅」

＊

1026 お前はなにか願いごとをするのを忘れないでちょうだいね、マルテ。願いごとするのをやめてはだめよ。かなえられることはないと思うけれどもね。

リルケ『マルテの手記』89

＊

1027

人々は、お金では貴いものは買えないという。そういうきまり文句こそ、貧乏を経験したことのないなによりの証拠なのだ。

ギッシング
『ヘンリ・ライクロフトの私記』 27

＊

1028

春かぜに
花ひらく、
かの人の来《きた》るらし。

春かぜに
花ぞ散る、
かの人の去りゆくらし。

『朝鮮詩集』 22-23
金億
「花の訓へ」

＊

1029

何一つ　この世で　当《あて》になるものはない、

ボオドレール
『悪の華』 146

人間の利己主義は　どれほどに気をつかって表面を
飾つてみても、いつも本心が洩れてくる。

＊

1030
人生は山の登りのようなものさ。登っている間は、ひとは頂きを見ている。そして自分をしあわせだと感じる。が、上に着いたが最後、たちまち、下りが見える。終りが、死である終りが、見える。

モーパッサン
『ベラミ』(上)　209

＊

1031
阿呆に限って、駄洒落《だじゃれ》だけは妙に達者ときやがる！

シェイクスピア
『ヴェニスの商人』　121

＊

1032
年寄りになったからって、賢くなるもんじゃありませんよ。用

ヘミングウェイ
『武器よさらば』(下)　134

心深くなるだけですな。

＊

1033 もし自由になんらかの意味があるとするならば、それは相手が聞きたがらないことを相手に告げる権利をさすのである。

『オーウェル評論集』361
「出版の自由」

＊

1034 没落してゆく民族がまず最初に失うものは節度である。

シュティフター
『水晶 他三篇』288
「『石さまざま』の序」

＊

1035 運命というものは、人をいかなる災難にあわせても、必ず一方の戸口をあけておいて、そこから救いの手を差しのべてくれるものよ。

セルバンテス
『ドン・キホーテ』前篇(一)
271

1036

＊

自分にへつらう者にたいして我々は好んで耳をかす。そして自分はその賞讃に当らないと反対し、またさかしき恥らいの色で面を染めながら、内心ではその賞讃にたいして喜んでいる。

『アベラールとエロイーズ』124

1037

＊

真実というものは、いつも人間の病気にきくわけじゃない……真実さえあれば、いつでも魂の療治ができるというもんじゃあない……

ゴーリキイ
『どん底』105

1038

＊

民衆の中には忍耐強い無言の悲しみがある。

ドストエフスキー
『カラマーゾフの兄弟』(一) 110

1039

たとえば雲丹《うに》とか2の平方根といった問題なら客観的になれるのに、自分の収入の問題となったら精神分裂症的になる人はいくらでもいる。

『オーウェル評論集』274
「英国におけるユダヤ人差別」

*

1040

いつの世にも、他人の目から見ればいっこう重要でもなんでもない地位を自分ではさもたいそうらしく思いこんでいる連中があるものである。

ゴーゴリ
『外套・鼻』42
「外套」

*

1041

才能とは天から与えられた使命だ。自分に対していっさいの空間が開かれるような方向がひとつはあるものだ。

『エマソン論文集』(上) 292
「霊の法則」

*

1042

生れてから死ぬまで、人間ってものは、醒めてるかぎり、たえずなんらかの教育を受けてるわけだよ。そしてその教育者の中でも第一番は、いわゆる人間関係って奴だな。

マーク・トウェイン
『人間とは何か』 71

＊

1043

青年時代は知恵をみがく時であり、老年はそれを実践する時である。

ルソー
『孤独な散歩者の夢想』 35

＊

1044

由来、人間というものは、自分の姿が見えないので、得てして他人の心の中に理想の姿を持ちやすい。

シューマン
『音楽と音楽家』 87

＊

1045

＊

たとひ、一子たりと云ふとも、無器量《ぶきりやう》の者には伝《つた》ふべからず。「家、家にあらず。次《つ》ぐをもて家とす。人、人にあらず。知るをもて人とす」と云《い》へり。

世阿弥
『風姿花伝』 110

1046

＊

六道輪回《ろくどうりんね》の間には　ともなふ人もなかりけり
独《ひとり》むまれて独死《ひとりし》す　生死《しようじ》の道こそかなしけれ

『一遍上人語録』 12

1047

＊

これらの者共は死罪にも申しつくべき程の不届に候へども、斯様の悪事致し候者共は、器量これなくては相成り申さず候故、其の器量を使ひ候へば、一かど御用にも相立ち候ものに御座候。

恩田木工《おんだたくみ》
『日暮硯』 54

1048 ＊

「あなたは無心になろうと努めている。つまりあなたは故意に無心なのである。それではこれ以上進むはずはない」――こう言って先生は私を戒《いまし》めた。

ヘリゲル『日本の弓術』 36

1049 ＊

約束を守る最上の手段は決して約束をしないことである。

『ナポレオン言行録』 264

1050 ＊

一日のはじまる早朝、清新の気がみなぎって、自分の力も曙光と共にかがやいているのに、本を読むこと――それをわたしは悪徳と呼ぶ！

ニーチェ『この人を見よ』 66

1051

沈黙を学べ、ああ、わが友よ！　言葉は銀にも等しい、だが時にかなった沈黙は純金だ。

ベートーヴェン
『音楽ノート』18

＊

1052

一番美しい絵は寝床のなかでパイプをくゆらしながら夢みて、決して実現しない画だ。

『ゴッホの手紙』(上) 112

＊

1053

幾つかの偉大な思想だけは本当に自分のものにしておかなければいけない。明るくなるなどとは思いも及ばなかった遠いところまで、それが光を投げてくれるから。

ジンメル
『愛の断想・日々の断想』88
「日々の断想」

＊

1054

作戦計画を立てることは誰にもできる、しかし戦争をすることのできる者は少ない。

『ナポレオン言行録』251

*

1055

これを知るをこれを知ると為《な》し、知らざるを知らずと為せ。是れ知るなり。

『論語』43

*

1056

可愛い我が子に旅させ親御憂いも辛いも旅で知る

というのが臼挽《うすひき》歌の中にあるけれども、旅は小学校令の発布になる以前の最も重要な教育であった。

宮本常一『家郷《かきょう》の訓《おしえ》』97

1057

剣をふるって風を斬れば、剣がいかに鋭くても、ふうわりとした風はどうにもならない。私たちは風になろうではありませんか。

中江兆民
『三酔人経綸問答』 14

*

1058

日本人の死は日本人だけが悲しむ。外国人の死は外国人のみが悲しむ。どうしてこうなければならぬのであろうか。なぜ人間は人間で共に悲しみ喜ぶようにならないのか。

『新版 きけわだつみのこえ』 275
岩ヶ谷治禄

*

1059

文明は蒸汽にあらず、電気にあらず、憲法にあらず、科学にあらず、哲学にあらず、文学にあらず、演劇にあらず、美術にあ

『内村鑑三所感集』 259
「文明の解」

らず、人の心の状態なり。

＊

1060 まあ、茶でも一口すすろうではないか。明るい午後の日は竹林にはえ、泉水はうれしげな音をたて、松籟《しょうらい》はわが茶釜《ちゃがま》に聞こえている。はかないことを夢に見て、美しい取りとめのないことをあれやこれやと考えようではないか。

岡倉覚三『茶の本』30

＊

1061 沢べの野生の雉《きじ》は、十歩あゆんで〔やっと〕わずかの餌《えさ》にありつき、百歩あゆんで〔やっと〕わずかの水を飲むのだが、それでも籠の中で養われることを求めはしない。

『荘子』㈠ 97

＊

1062

独立の気力なき者は必ず人に依頼す、人に依頼する者は必ず人を恐る、人を恐るる者は必ず人に諛《へつら》うものなり。

福沢諭吉
『学問のすゝめ』 32

*

1063

ナニ、誰を味方にしようなどというから、間違うのだ。みンな、敵がいい。敵がないと、事が出来ぬ。国家というものは、みンながワイワイ反対して、それでいいのだ。

『新訂 海舟座談』 61

*

1064

いつも母から「道はアングリアングリあるくものではない」と言われた。道のシャンと歩けぬようなものは、人の上にたてぬ。道を歩いている姿が一番人の眼につくものである。

宮本常一
『家郷《かきょう》の訓《おしえ》』 30

*

1065

百姓が芋ばかり食って芋掘りができるものか。米を腹一杯食わなきゃ芋掘る力は出ねえよ。

山川菊栄
『わが住む村』 182

*

1066

熟慮を重ねることによってのみ、読まれたものは、真に読者のものとなる。食物は食べることによってではなく、消化によって我々を養うのである。

ショウペンハウエル
『読書について 他二篇』
128-129
「読書について」

*

1067

大きな恩恵は、感謝を生みださない。むしろ相手の心に復讐の念を萌《きざ》させる。また小さな恩恵が気になって忘れられないとき、それは呵責《かしやく》の虫となって嚙む。

ニーチェ
『ツァラトゥストラはこう言った』(上) 147

*

1068 万物をつくる者の手をはなれるときすべてはよいものであるが、人間の手にうつるとすべてが悪くなる。

ルソー
『エミール』(上) 23

*

1069 富を軽蔑するように見える人々を余り信用しないがよい。富を得る望みのない人々が、それを軽蔑するからである。

『ベーコン随想集』 160

*

1070 交《まじ》わりをしたならば愛情が生ずる。愛情にしたがってこの苦しみが起る。愛情から禍《わざわ》いの生ずることを観察して、犀《さい》の角《つの》のようにただ独り歩め。

『ブッダのことば』 17

*

1071 夕映えが美しいように、老人の場所から見た世界は美しいので

伊藤整
『変容』 283

す。

＊

1072 五月の朝の新緑と薫風は私の生活を貴族にする。

『萩原朔太郎詩集』 93
「雲雀料理」扉

＊

1073 春は眠くなる。猫は鼠を捕《と》る事を忘れ、人間は借金のある事を忘れる。時には自分の魂の居所《いどころ》さえ忘れて正体なくなる。

夏目漱石
『草枕』 10

＊

1074 パチッと目がさめるなんて、あれはうそだ。濁って濁って、そのうちに、だんだん澱粉《でんぷん》が下に沈み、少しずつ上澄《うわずみ》ができて、やっと疲れて目がさめる。

太宰治
『富嶽百景・走れメロス 他八篇』 78
「女生徒」

1075

＊

忘却のお蔭で悪というものがいつまでも生きのびるってこともあるんだ。この戦争でどんな悪いことをした奴でも、忘却のお蔭で救われる人間がきっと出てくるよ。

木下順二
『オットーと呼ばれる日本人 他一篇』 343
「神と人とのあいだ」

1076

＊

陰口きくのはたのしいものだ。人の噂が出ると、話ははずむものである。みんな知らず知らずに鬼になる。よほど、批評はしたいものらしい。

『小林秀雄初期文芸論集』 123
「批評家失格 I」

1077

＊

創造は過去と現在とを材料としながら新しい未来を発明する能力です。

『与謝野晶子評論集』 255
「婦人も参政権を要求す」

1078
感ずる心がなければ言葉は符牒《ふちょう》に過ぎない。路傍の瓦礫《がれき》の中から黄金をひろい出すというよりも、むしろ瓦礫そのものが黄金の仮装であった事を見破る者は詩人である。

高村光太郎
『芸術論集 緑色の太陽』 248
「生きた言葉」

*

1079
他者を自己のように愛することはできない。我らの為し得る最善のことは、他者に対する冷酷さを抑制することである。

伊藤整
『近代日本人の発想の諸形式 他四篇』 140
「近代日本における「愛」の虚偽」

*

1080
誰しも「怠け者」といわれて名誉に思う者はないが、しかしその一面において、年中あくせくと働く者を冷笑し、時には俗物扱いにする考は、今日といえども絶無ではない。

『谷崎潤一郎随筆集』 17
「懶惰の説」

1081

＊

忍耐は意志に属しているように普通は言われ、また考えられているようだけれども、そうではないわ。忍耐は感情に属しているのよ。だから忍耐は悲しいものだし、苦しいものなの。

野間宏
『青年の環』㈤ 293

1082

＊

吾胸の底のこゝには
言ひがたき秘密《ひめごと》住めり
身をあげて活《い》ける牲《にえ》とは
君ならで誰かしらまし

『藤村詩抄』 186
「吾胸の底のこゝには」

1083

＊

一度とにかく顔を合わせて、ある程度まで心を触れ合ったどう

有島武郎
『小さき者へ・生まれいずる悩み』 28
「生まれいずる悩み」

しが、いったん別れたが最後、同じこの地球の上に呼吸しながら、未来永劫《えいごう》またと邂逅《めぐりあ》わない……それはなんという不思議な、さびしい、恐ろしい事だ。

*

1084

寂しがらないやつは、神経の鈍いやつか、そうでなければ、神経をぼかして世を渡っているやつだ。酒。骨牌《かるた》。女。Haschisch《ハッシッシュ》.

森鷗外
『青年』166

*

1085

人が気に喰わん、喧嘩をする、先方が閉口しない、法庭《ほうてい》へ訴える、法庭で勝つ、それで落着と思うのは間違さ。心の落着は死ぬまで焦《あせ》ったって片付く事があるものか。

夏目漱石
『吾輩は猫である』326

1086

＊

日常の瑣事にいのちあれ
生活のくまぐまに緻密なる光彩あれ
われらのすべてに溢れこぼるるものあれ
われらつねにみちよ

『高村光太郎詩集』207
「晩餐」

1087

＊

いかなる女《をんな》なりとも、明暮《あけくれ》添ひ見んには、いと心づきなく、憎《にく》かりなん。

兼好法師
『新訂 徒然草』324

1088

＊

世の中のおとろふると申は、日月《ひつき》の光《ひかり》のかはるにもあらず、草《くさ》木《き》の色のあらたまるにもあらじ。人の心のあしくなり行《ゆく》を末世《まつせ》

北畠親房《きたばたけちかふさ》
『神皇正統記』182

とはいへるにや。

*

1089 心凄《こゝろすご》きもの、夜《よ》道船道旅《みちふなみちたび》の空《そら》、旅《たび》の宿《やど》、木闇《こぐら》き山寺《やまでら》の経の声《こゑ》、思《おも》ふや仲《なか》らひの飽《あ》かで退《の》く。

『梁塵秘抄』 75

*

1090 草木のさやぎにも神の声が聞かれた遠い古《いにしえ》の代から、歌は神や人とともにあった。

風巻景次郎『中世の文学伝統』 13

*

1091 力をも入れずして天地《あめつち》を動かし、目に見えぬ鬼神をもあはれと思はせ、男女《をとこ》のなかをもやはらげ、猛《たけ》き武士《ものゝふ》の心をもなぐさむるは、歌なり。

『古今和歌集』 9–10

1092

梅は匂《にほひ》よ桜は花よ　人は心よ振《ふり》いらぬ

*

『山家鳥虫歌』46

あの姿がどこに行ってもつきまとう——

1093

あの姿がどこに行ってもつきまとう。夢にも、現《うつつ》にも、魂の隅々《すみずみ》まで充たしている！ 目をとじると、ここの額《ひたい》の中に、内なる視力が集まるあたりに、あのひとの黒い瞳があらわれる。

ゲーテ
『若きウェルテルの悩み』
130

*

1094

アントニー　勘定《かんじょう》が出来るような愛情なら、貧しいものさ。
クレオパトラ　どれくらい愛されるものか、その限度が知りたいの。
アントニー　それには、新しい天と地を見つけなくちゃなるまいよ。

シェイクスピア
『アントニーとクレオパトラ』　9–10

*

1095

男は恋をささやくときは四月みたいだけれど、結婚してしまえば、十二月よ。娘も、娘のころは五月だけれど、人妻になると、空模様は変ってしまう。

シェイクスピア
『お気に召すまま』125

＊

1096

私の手には他のどんな名もうまく書けない、
私の紙には何一つちりばめられない、
私の筆に描かれるあなたの美をほかにしては。

『ロンサール詩集』39
「カッサンドルへのソネット」

＊

1097

ぼくが、長生きしたがっているかだと？　いったい、君が亡くなって、ぼくにどんな生活があるというのか——おお神さま！　自分の魂を墓へ持ってゆかれた後でも、人は生きのこっておれるものでしょうか！

エミリ・ブロンテ
『嵐が丘』(上) 263

1098

自分の身がたとえどうなろうと、ぼくは、この女性がこの世にいると知り、かの女の声を飲み、かの女の近さを呼吸するのが、うれしくてたまらなかった。かの女がぼくのために、母親になろうと、恋人になろうと、女神になろうと、それはかまわない。そこにいてくれさえすればいいのだ。

ヘルマン・ヘッセ
『デミアン』190

*

1099

突き刺さってくるような、異様に明るい青い瞳、これが少年からうけた彼女の第一印象だった。額《ひたい》が年齢のわりには秀《ひい》でていて、黒いまつ毛が濃く長いものだから、その奥の瞳がまるで巣の中できらきら輝いている鳥の卵のように見える。

『20世紀イギリス短篇選』(上) 268
H・E・ベイツ
「単純な生活」

*

1100

＊

恋人はいずれか一方がいなくては生くることも、死ぬこともできなかった。別れていることはそれは生でもなく、死でもなく、生と死とのかたまりであった。

『トリスタン・イズー物語』194

1101

＊

逢《あ》ひた見たさは飛び立つ如《ごと》く　籠《かご》の鳥かや恨めしや

『山家鳥虫歌』124

1102

＊

薄暮《くれがた》か、
日のあさあけか、
昼か、はた、
ゆめの夜半《よは》にか。

『白秋詩抄』158
「接吻の時」

そはえもわかね、燃《も》えわたる若き命《いのち》の眩暈《めくるめき》
赤き震慄《おびえ》の接吻《くちつけ》にひたと身顫《みふる》ふ一刹那《いっせつな》。

*

1103

風にふかれる葦のやうに
私の心は弱弱しく　いつも恐れにふるへてゐる
女よ
おまへの美しい精悍の右腕で
私のからだをがつしりと抱いてくれ
このふるへる病気の心を　しづかにしづかになだめてくれ

『萩原朔太郎詩集』「強い腕に抱かる」199

*

1104

男の恋を女の恋と同じだと思ってはなりません。男も同じ陶酔

ラクロ
『危険な関係』(下) 163-164

を感じはします。女よりもっと逆上することさえよくあります。しかし女ごころの尽きぬ優しい苦労のもととなり、しかも一途《いちず》に、愛する人のためにするあの気のもみよう、細かい心づかいを男は知らないのです。

*

1105

エンマの方は、レオンを愛しているのかどうか考えようともしなかった。恋愛は電光雷鳴とともに突如として来たるもの、生活の上に落ち来たってこれをくつがえし、意志を木の葉のようにもぎ取り、心全体を深淵に運び去る大空の大旋風であるとエンマは信じていた。

フローベール
『ボヴァリー夫人』(上) 122

*

1106

女というものはね、男にだまされたって時には我慢することも

デュマ・フィス
『椿姫』 170

あるけれど、踏みつけにされちゃ黙っていないわ。

＊

1107 あたしはもうそんなに年をとって、醜くなったのでしょうか、あたしに向って、遠慮もせずほかの女のことを話せるほどに？

チェーホフ『かもめ』73

＊

1108 何が残酷といって、相手を愛しているのに相手からは愛してもらえない男には、女心ほど残酷なものはない。

モーム『月と六ペンス』170

＊

1109 十人十色というからには、心の数だけ恋の種類もあっていいんじゃないかしら。

トルストイ『アンナ・カレーニナ』(上) 256

1110

*

できるだけ早く結婚をするのが、女の仕事で、できるだけ永く結婚しまいとするのが、男の仕事なのだ。

バーナド・ショー
『人と超人』 100-101

1111

*

心から愛する恋人のどんな気まぐれにも、眼をつぶって飛び込んでしまうのが恋する人の常である。そうでない人がもしあったら私はお目にかかる。

アベ・プレヴォ
『マノン・レスコー』 144

1112

*

恋というものは、人の心のもっとも高貴な、さらには天与の情熱の発露であるがゆえに、生きることのすべての満ちたりた喜びをこれに帰するのは当然というべきであろう。

アフラ・ベイン
『オルノーコ・美しい浮気女』 6
「美しい浮気女」

1113

美人は二人で分けるわけにいかない。美人を独占したものは、共有をいとうあまりに、かえって殺してしまうものです。

ゲーテ
『ファウスト』(第二部)
297

＊

1114

愛する人間への関係の中には、たくさんの問いが考えつくされぬままにのこるものだ。共同の生活はそのような問いが考えつくされるのを待たずに、問いを乗り越えて、築きあげられなくてはならない。

ムージル
『愛の完成・静かなヴェロニカの誘惑』
「愛の完成」
25

＊

1115

人は、恋をしてはじめてすべての子供らしさから脱皮する。この革命がなければ、気取りや芝居気がいつまでもぬけないだ

スタンダール
『恋愛論』(上)
143-144

＊

ろう。

＊

1116

女のいちばんよい香りは、何も匂いのしないことだ。ちょうど、女の行為の最良の香りは、人に気づかれず、音を立てないことだと言われるように。

モンテーニュ
『エセー』(二) 191

＊

1117

恋がたきに関しては、中庸を得るということはない。彼とはできるだけくつろいで冗談口をたたくか、それとも恐れさせるかのいずれかである。

スタンダール
『恋愛論』(上) 164

＊

1118

真のやきもち焼きの男には、すべてが嫉妬を起こさせ、すべて

アナトール・フランス
『エピクロスの園』 34

が不安の種である。そうした男にとっては、女は生きていて、呼吸しているというだけの理由で、すでに男を裏切るものなのである。

*

1119
一度妻の不行跡を知ってしまえば、もはや如何なる医者の手にかかっても、癒《いや》されることはない。

『結婚十五の歓び』 28

*

1120
無邪気な娘などどこにいるというのか、
産着《うぶぎ》を脱ぎすてたときから娘は誰しも、
美しく装い男を惹きつける術《すべ》や、惹きつけながら
殺す術を学んでいるし、どの武器が傷を負わせ、
どれが死をもたらし、どれが傷を癒して命を蘇らせるのかも

タッソ
『愛神の戯れ』 82

知りぬいているのだ！

＊

1121 世の夫婦のかたがたに忠告する。夫婦たるものはたがいに仇敵のようにいがみあってはならぬのはいうまでもないが、さればといってあまり情が深すぎるのもよくない。

沈復《しんふく》『浮生六記』134

＊

1122 恋愛のある男女が一つ家に住むということほど当前のことはなく、ふたりの間にさえ極められてあれば形式的な結婚などはどうでもかまうまいと思います。ましてその結婚が女にとって極めて不利な権利義務の規定である以上なおさらです。

『平塚らいてう評論集』56
「独立するについて両親に」

＊

1123
貧乏とか恋愛《エロース》とかなどの苦しみをのがれて死につくごときは勇敢なひとのなすことでなく、それはむしろ怯懦《きょうだ》なひとに属する。

アリストテレス
『ニコマコス倫理学』(上)
112

＊

1124
虚栄心の強い、お洒落《しゃれ》で享楽好きな女を養うために、一生あくせく苦労したがる者が実際あるだろうか、それと同じだけの金があれば、はるかに快適な生活が送れるのに。これが今や一般に、およそ犠牲心など持ち合わせない若い紳士諸君の間にひろがっている合言葉《モットー》である。

ヒルティ
『幸福論』(第二部)
143

＊

1125
恋する男にとっては、相手がどんな身なりをしていても、そんなことはどうでもいい、相手もかれのことを考えていることがわかればいいのだ。

ルソー
『エミール』(下)
135

1126

＊

夫が妻を愛し、彼女の生命を自己の現存の中に宿そうとするとき、彼女の眼に宿る〈なんじ〉に、永遠の〈なんじ〉の光が映るのを見出すであろう。これに反して、〈たえず新たな女性の征服〉を望む貪欲なる者が、どうして女性の中に永遠なる存在者の幻を期待できよう。

マルティン・ブーバー
『我と汝・対話』133
「我と汝」

1127

＊

愛のなかには、つねにいくぶんかの狂気がある。しかし狂気のなかにはつねにまた、いくぶんかの理性がある。

ニーチェ
『ツァラトゥストラはこう言った』(上) 64

1128

＊

もっとも美しい思想でも、書きとどめておかなければ完全に忘

ショウペンハウエル
『読書について 他二篇』21
「思索」

れられて再現不能となるおそれがあり、最愛の恋人も結婚によってつなぎとめなければ、我々を避けてゆくえも知れず遠ざかる危険がある。

＊

1129

愛情にもとづく婚姻だけが道徳的であるのならば、同様にまた愛情がつづく婚姻だけが道徳的である。しかし、個人的性愛の激発の期間は、個人によって、とくに男性のばあいには、ひじょうに異なる。

エンゲルス『家族・私有財産・国家の起源』168

＊

1130

恋愛は人世の秘鑰《ひやく》なり、恋愛ありて後人世《のちじんせい》あり、恋愛を抽《ぬ》き去りたらむには人生何の色味かあらむ。

『北村透谷選集』81「厭世詩家《えんせいしか》と女性」

1131

相思の情を遂げたとか恋の満足を得たとかいう意味の恋はそもそも恋の浅薄なるものである。恋の悲しみを知らぬ人には恋の味は話せない。

伊藤左千夫
『野菊の墓 他四篇』 140
「春の潮」

*

1132

恋愛。好色の念を文化的に新しく言いつくろいしもの。すなわち、性欲衝動に基づく男女間の激情。具体的には、一個または数個の異性と一体になろうとあがく特殊な性的煩悶。色欲のWarming-upとでも称すべきか。

太宰治
『ヴィヨンの妻・桜桃 他八篇』 92
「チャンス」

*

1133

結婚するものに精神の勇気を要するならば、別れるものに取っ

『藤村随筆集』 105
「二人の男」

ては猶更《なおさら》精神の勇気を要する。

＊

1134
若い者は女を欲求することと恋とを一つに見ている。女の運命を第一に気にするのが恋で、自分の欲望を満たそうとばかりするのが肉欲だ。

武者小路実篤
『友情』 29

＊

1135
自分は女の容貌《ようぼう》に満足する人を見ると羨《うらや》ましい。女の肉に満足する人を見ても羨ましい。自分はどうあっても女の霊というか魂というか、いわゆるスピリットを攫《つか》まなければ満足が出来ない。

夏目漱石
『行人』 129

＊

1136
老齢の好色と言われているものこそ、残った命への抑圧の排除の願いであり、また命への讃歌である。

伊藤整
『変容』 369

*

1137
男のよは蔵《ざう》は、女の身にしては、かなしき物ぞかし。

井原西鶴
『好色一代女』 39

*

1138
心のみかは手も足も
吾身はすべて火炎《ほのお》なり
思ひ乱れて嗚呼《ああ》恋の
千筋《ちすじ》の髪の波に流るゝ

『藤村詩抄』 47
「おくめ」

*

1139
もとより我等のかたらひは

『萩原朔太郎詩集』 43
「緑蔭」

いとうすきびいどろの玉をなづるがごとし
この白き鋪石をぬらしつつ
みどり葉のそよげる影をみつめゐれば
君やわれや
さびしくもふたりの涙はながれ出でにけり。

*

1140

三千代以外には、父も兄も社会も人間も悉《ことごと》く敵であった。彼らは赫々《かくかく》たる炎火の裡《うち》に、二人を包んで焼き殺そうとしている。代助は無言のまま、三千代と抱き合って、この欲《ほのお》の風に早く己《おの》れを焼き尽すのを、この上もない本望とした。

夏目漱石『それから』298

*

1141

昨日の歌はどこへ行つたか？　思出は帰つてこない！　昨日の

『三好達治詩集』「僕は」49–50

1142

恋はどこへ行つたか？　やさしい少女は帰つてこない！　彼女はどこへ行つたか？　昨日の雲は帰つてこない！　ああ、いづこの街の黄昏《たそがれ》に、やさしい彼女の会話があるか、彼女の窓の黄昏に、いかなる会話の微笑があるか、僕は、僕はもう知らない

＊

昔私は思つてゐたものだつた
恋愛詩なぞ愚劣なものだと

けれどもいまでは恋愛を
ゆめみるほかに能がない

『中原中也詩集』131
「憔悴」

恋愛で第一に大事なことは——

1143

恋愛で第一に大事なことは何かと聞かれたら、私は、好機をとらえることと答えるだろう。第二も同じ、第三もやはりそれだ。

モンテーニュ
『エセー』(五) 146

*

1144

愛の願望はただちに生ずるが、愛というものは、しかし、そうはゆかない。

アリストテレス
『ニコマコス倫理学』(下) 74

*

1145

愛想のいい女性はすべての人に愛想よくすればいつもそれで十分ということになるのだが、男をひきつけようとする女は、そういう一様なまずいやりかたをすれば、すぐに支配力を失ってしまうにちがいないのだ。すべての恋人に親切にしようとして

ルソー
『エミール』(下) 63

いたら、すべての恋人を失望させてしまうだろう。

*

1146

この世のなかで何が悪いと言って、不仕合せな妻がただひとり、昼も夜も彼女に価いしない夫を思って憂うる家庭より、悪いものはありません。そういう家庭では、わびしげな夫が、妻の値打ちは認めながら(と同時に運命を呪いつつ)、いつも眉根を寄せ、黙りこくり、ぷりぷりして、冷やかな、嫉妬深い気持でいるのが常なのです。

プーシキン『オネーギン』99

*

1147

何れにせよ、愛を知る人にならないのは、諸事節約して家庭を守る人、専門的職業人、ヒポコンデリの人。

ジンメル『愛の断想・日々の断想』16「愛の断想」

1148

*

恋をし結婚をして以後の自分の観《み》る世界は処女の時に比べて非常に潤《ひろ》い快活なものとなった。娘の頃の自分の心持には僻《ひが》んだり、偏したり、暗かったりした事の多かったのに気が附いた。結婚をせねば領解の出来ない事柄の多いことも知った。

『与謝野晶子評論集』86
「私の貞操観」

1149

*

私がその初めにおいて私の恋愛を肯定したのは、私にとってはそれが自我の主張であり、発展であったことはいうまでもないことでした。しかるにこの自我の主張であり、発展であった恋愛は実は人生の一面である他愛的生活に通ずる一つの門戸であったのです。

『平塚らいてう評論集』104
「母としての一年間」

1150

私の経験が私に告げる所によれば、愛は与える本能である代りに奪う本能であり、放射するエネルギーである代りに吸引するエネルギーである。

有島武郎
『惜みなく愛は奪う』　74

＊

1151

結婚は顔を赤くするほど嬉しいものでもなければ、恥ずかしいものでもないよ。それどころか、結婚をして一人の人間が二人になると、一人でいた時よりも人間の品格が堕落する場合が多い。

夏目漱石
『行人』　201

＊

1152

多情の女は男狂いの果てに尼になり、のぼせやすい男は思いつ

洪《こう》自《じ》誠《せい》
『菜根譚《さいこんたん》』　360

めて仏道にはいる。かくして神聖なるべき寺院が、いつもみだらな女やよこしまな男どもの集まる巣窟《そうくつ》となる。

＊

1153

人生はチャンスだ。結婚もチャンスだ。恋愛もチャンスだ。としたり顔して教える苦労人が多いけれども、私は、そうでないと思う。私は別段、れいの唯物論的弁証法にこびるわけではないが、少なくとも恋愛は、チャンスでないと思う。私はそれを、意志だと思う。

太宰治
『ヴィヨンの妻・桜桃 他八篇』90
「チャンス」

＊

1154

最初のろうそくはある時に燃え尽くされるかもしれない。しかしその前に二人の間には第二のろうそくが準備される。第三、第四、第五、前のが尽きる前にあとあとと次がれて行くのだ。

志賀直哉
『暗夜行路』(前編) 46

1155

愛し方は変化して行っても互いに愛し合う気持ちは変わらない。
ろうそくは変わっても、その火は常燈明《じょうとうみょう》のように続いて行く。

『萩原朔太郎詩集』 316

*

恋びとよ
物言はぬ夢のなかなるまづしい乙女よ
いつもふたりでぴつたりとかたく寄りそひながら
おまへのふしぎな麝香のにほひを感じながら
さうして霧のふかい谷間の墓をたづねて行かうね。

「灰色の道」

*

1156

何も閨房《けいぼう》の語らいばかりが夫婦を成り立たせているのではない。

谷崎潤一郎
『蓼喰《たでく》う虫』 14

*

1157

さて何《なん》とせうぞ　一目《ひとめ》見し面影《おもかげ》が　身を離れぬ

『新訂 閑吟集』 51

*

1158

ぼくはおまえが好きだった　そしていまでも好きなんだ
たとえ世界が木《こ》っ葉《ぱ》微《み》塵《じん》になったとて
その残骸《ざんがい》の破片から
炎となって恋の想いは燃えあがる

ハイネ
『歌の本』(上) 204
「ぼくはおまえが」

*

1159

俺の名を呼んでいるのは俺の魂、俺の恋人だ。
恋をしている人の声は、夜にはこんなにも銀鈴の響を出すものか！
甘い柔らかな楽の音《ね》のように俺の耳に響いてくる！

シェイクスピア
『ロミオとジュリエット』 81

1160

恋するとは、我々を愛している愛すべき相手を、あらゆる感覚をもって、できる限りそば近く見て、触れて、感じてたのしむことである。

スタンダール
『恋愛論』(上) 38

1161

こひ人よ、おまへがやさしくしてくれるのに、
私は強情だ。ゆうべもおまへと別れてのち、
酒をのみ、弱い人に毒づいた。今朝
目が覚めて、おまへのやさしさを思ひ出しながら
私は私のけがらはしさを歎いてゐる。そして
正体もなく、今茲《ここ》に告白をする、恥もなく、
品位もなく、かといつて正直さもなく

『中原中也詩集』 90
「無題」

私は私の幻想に駆られて、狂ひ廻る。

＊

1162

私は女の足もとに身を投げ出しました。女の手をとり、自分の涙でそれをぬらしました。一緒に過した幸福の日の数々を、一つ一つ、思い出させようとしました。お前の気がすむならば、いつまでも山賊でいよう、とさえ言いました。すべてを、そうです、すべてを、私はこの女にすべてを提供しました。ただ一つ、これからも私を愛してくれるならば！

メリメ
『カルメン』89

＊

1163

もしも　私に羽があり
かわいい小鳥になれるなら
飛んで行きたい　あなたのもとへ

『マンスフィールド短篇集幸福・園遊会 他十七篇』58
「子供らしいが とても自然な」

でも　これは　はかない思い
私は　ここに　じっといる

*

1164

あやうくあのひとの頸をかき抱こうとしたことが、もう百回もあった！　これほどにも親しげな素振《そぶ》りがちらちらと目の前にゆき交《か》うのを見ながら、それを捉えようとする手を抑えていなくてはならない気持は、誰が知ろう。捉えようと手をさしのべるのは、人間のもっとも自然な衝動だ。

ゲーテ
『若きウェルテルの悩み』
118–119

*

1165

わが愛するは昵《なづ》さはる温柔《をんにう》の黒き眼にして、
嬉しげに、優しげに、かはるがはる麗はしく、
閉づれば長く曳《ひ》く睫《まつげ》の影、

『上田敏全訳詩集』235
フェルナン・グレエグ
「われは生きたり」

見開いたる時の愛らしさ。
わが愛するは清き唇、香《にほひ》よき唇、
煙の如く繊《ほそ》やかに吹きまよふ丈長《たけなが》の髪、
珠《たま》ひとつ、にこやかに笑《ゑ》む細き指なり。

*

1166

あたしは徒刑囚の淫売女。ところが、あなたは紳士で、公爵。なにもあたし風情《ふぜい》にかかりあって、身を汚すことなんかないじゃありませんか。さっさと仲間の公爵令嬢かなにかのところへ行くがいいんだ。あたしの値段は赤紙幣《さつ》（十ルーブリ紙幣）一枚なんだよ。

トルストイ『復活』(上) 274

*

1167

私がこれほどにもただあのひとだけを、これほどにも熱く、これほどにも胸いっぱいに愛して、あのひとのほかには何も知ら

ゲーテ『若きウェルテルの悩み』107

ず、何も解せず、何も持ってはいないのに、どうしてほかの男があのひとを愛することができるのだろう？　愛することがゆるされるのだろう？

＊

1168
若い御婦人というものは、はじめて男に求愛されると、心の中では受けいれようと思っていても、一応は拒絶するのが普通なんです。時には、二度も三度も拒絶することがあるものです。

オースティン
『高慢と偏見』(上)　174

＊

1169
邪魔なもの、自分を苦しめるものを殺そうとするのは、女にとってはあたりまえの思いつきだわ、とくに嫉妬する女にとってはね……

コレット
『牝猫《めすねこ》』　177

1170

嫉妬に御用心なさいまし。嫉妬は緑色の目をした怪物で、人の心を餌食《えじき》にしてもてあそびます。

シェイクスピア
『オセロウ』 103

＊

1171

いつもしずめねばならないかすかな疑い、これがあらゆる瞬間の渇きとなり、これが幸福な恋の生命となるのです。

スタンダール
『恋愛論』(上) 157

＊

1172

女の涙は、必ずしもいま口にしている事を理由として流れるものでない。泣こうと思えば、いくらでも女には悲しい経験があって、それが群らがり起ってきて涙を引き出すのだ。

伊藤整
『変容』 270

＊

1173

*

ずっと年をとってからの日のために、雪が降ったから茶でも飲みにお出《いで》下さいと言えるような、そういう老後の友達を三、四人つくって置きたい、男でも女でもいいからそういう友達を三、四人ほしい、それにはお婆さんに成ってしまってからでは遅い、今からそれを心掛けて置きたい。

『藤村随筆集』 159
「身のまわりのこと」(抄)

1174

*

部屋の中見廻しながら、「うちも結婚したら、こんな寝室持ちたいわ」などというたりしました。「あんたやったら、これどころやあるかいな。もっともっとええとこい行けるやないか。」「そやけど、結婚してしもたらどんな寝室に住んでも、綺麗な籠《かご》の中に入れられた鳥のようなもんと違うかしらん？」

谷崎潤一郎
『卍』 34

1175

惚れきっていてしかも疑い、あやしみながらしかも愛さずにおれぬ男はなんという呪われた月日を過ごすことでしょう！

シェイクスピア
『オセロウ』 103

＊

1176

ねえ、お嬢さん！ 恋と安息とが同じ胸のなかに同居ができるでしょうか？ 現代の青年は実に気の毒なもんで、安息なき恋か、恋なき安息かのいずれかをえらばなきゃならないという恐ろしい立場にいるんですよ。

ボーマルシェ
『セヴィラの理髪師』 34

＊

1177

世界はすべてお芝居だ。男と女、とりどりに、すべて役者にすぎぬのだ。

シェイクスピア
『お気に召すまま』 71

＊

1178

恋の奇《く》しき発作《ほっさ》をわれは知りぬ。
恋しる人の耳にのみ、
それが起りしありさまを、
ありのままにぞ告げまほし。

『ワーズワース詩集』33
「ルーシ」

*

1179

御婦人の想像はとても速力がありますからね。あっという間に、賞讃から恋へ、恋から結婚へと飛躍しますんでね。

オースティン
『高慢と偏見』(上) 47

*

1180

まったくこの愛というやつはどんな大きな過ちの言いわけにもなりうるのです。

『セルバンテス短篇集』154
「愚かな物好きの話」

*

1181

血が燃えあがれば、魂もめったやたらと口に誓わせるものなんだ。

シェイクスピア
『ハムレット』 55

＊

1182

世のなかのお嬢さんたちよ、若い男がつるはしかシャベルのように猛烈に働き出すところを見たかったら、あなたの心臓《ハート》はだれかほかの男の墓のなかにはいっているのだと言いさえすればいいのだ。若い男というのはそもそも墓泥棒なのだ。どこの未亡人にでもたずねてみるといい。

『オー・ヘンリー傑作選』
247
「伯爵と結婚式の客」

＊

1183

初恋なんて決してほんとうのものではありませんわ。そんなに

ヘッセ
『青春はうるわし 他三篇』
130
「ラテン語学校生」

若い年ごろには、自分の望みだって、まだ全くわかりはしないんですもの。決してものになりはしないわ。あとになると、そのときは物の見方もすっかり変わって、ほんものでなかったことがわかってくるんですわ。

＊

1184

もしも人から、なぜ彼を愛したのかと問いつめられたら、「それは彼であったから、それは私であったから」と答える以外には、何とも言いようがないように思う。

モンテーニュ
『エセー』(一) 364-365

＊

1185

欲するものを得ないでは生きられず、そのためには、時も快楽も生命も犠牲にする、それが恋なら私は正真正銘恋しているのです。

ラクロ
『危険な関係』(上) 53

1186
幸福になりたいなら、まあ苦労のない生活と、毎日少しばかりの幸福とで満足するんだね。はげしい情熱の富籤《とみくじ》なんか引こうとしないことだよ。

スタンダール
『恋愛論』(上) 145

*

1187
フィービ　ね、お前さん、この若いかたに、恋ってどんなものか教えてあげてよ。
シルヴィアス　それはもう、溜息《ためいき》と涙とでできたもんです。

シェイクスピア
『お気に召すまま』 150

*

1188
いとしいひとよ、日も夜《よる》も、あなたのお気に入ろうとて、思いわずらい、考えつづけ、すべてを忘れ、胸を刺す

『ロンサール詩集』 118
「マドリガル」

*

その美をあがめ、その美にかしずくことのほか、
なんにもしようと思わない、それが恋するということならば、

＊

1189 男にして女の誘惑よりつつがなく身を脱するは、まことにこの世のただ一つの奇蹟たるべし。

『完訳 千一夜物語』(一) 15
「シャハリヤール王と弟シャハザマーン王との物語」

＊

1190 殿方って、お言葉はみんな似たり寄ったりで、実際になさることを見なければ、その違いがわかるもんじゃありませんわ。

モリエール
『守銭奴』 6

＊

1191 どんなに頭の明晰な人でも、恋におわりのあることは理解しえても、それを実感することはできない。

モーム
『月と六ペンス』 168

恋は甘い花である。しかし——

1192
恋は甘い花である。しかしそれをつむには、おそろしい断崖のはしまで行く勇気がなければならない。

スタンダール
『恋愛論』(上) 207

＊

1193
愛することを学びたいのなら
遠慮は棄てなければいけない。勇気を出して求め、強引に迫って、最後には自分のものにするのよ。
それがうまくいかなければ、奪い取っても構わないわ。

タッソ
『愛神の戯れ』 90

＊

1194
恋に悩む者なら誰でも、言葉が追いつかないほどの真情を吐露するものですよ。

『セルバンテス短篇集』 132
「愚かな物好きの話」

1195

＊

おまえの胸に寄り添うと
天国へでも行ったよう
あなた好きよと言われると
もう泣かずにゃあいられない

ハイネ
『歌の本』(上) 160
「おまえの瞳を」

1196

＊

あたしがもし器量よしだったら、自分がこれならと思う人にだけ、器量よしで、可愛らしくなりたいと思うわ。

ジョルジュ・サンド
『愛の妖精』 138

1197

＊

いまでも愛とはすべてのものが
小羊のやうに

『小熊秀雄詩集』 265
「白樺の樹の幹を巡つた頃」

寄り添ふことではないのかと思つてゐる

*

1198

私は彼を深く愛している、だから一緒ならどんな死にも堪えられる、しかし、一緒でなければ、たとえ生きていても生きていることにはならない！

ミルトン
『失楽園』(下) 131

*

1199

ゆうべ、床に入り、あなたは眼に誓った、
けさは私よりも早くめざめると。
だがやさしい乙女たちを守る「夜明け」の眠りは、
まだあなたのまなこを熟睡《うまい》にとざしている。
いざ、いざ、その眼に、あなたの美しい乳房に、

『ロンサール詩集』79
「マリーへのソネット」

百もくちづけて、朝だ起きよと教えよう。

＊

1200 ロッテは私を愛している！　私を愛している！——あのひとが私を愛してから、自分が自分にとってどれほど価値あるものとなったことだろう。

ゲーテ
『若きウェルテルの悩み』
50

＊

1201 恋よ、恋よ、お前は永久に智慧《ちえ》とは融和しないのだろうか。

アベ・プレヴォ
『マノン・レスコー』181

＊

1202 傷ついた、僕の心から
棘《とげ》を抜いてくれたのは　おまへの心の
あどけない　ほほゑみだ　そして

『立原道造詩集』104
「朝に」

他愛もない　おまへの心の　おしゃべりだ

*

1203

あんたの目をごらんよ！　あたしがほしくて、燃えてるじゃないか！　それに、そのくちびるったら！　あたしにキッスしたくて震えてるし、歯だってあたしにかみつきたがってるじゃないか！

オニール
『楡の木陰の欲望』86

*

1204

蘇りを忘れぬ春よ、三つの宝をあなたはきちんと届けてくれる、
年ごとに咲くライラックと西空に沈む星と、
そしてわたしの愛するあの人の思い出を。

ホイットマン
『草の葉』(中) 345
「先頃ライラックが前庭に咲いたとき」

1205

*

最も多く愛する者は、常に敗者であり、常に悩まねばならぬ。

トオマス・マン
『トニオ・クレエゲル』 6

1206

*

草うるはしき岸の上に、いと美《うる》はしき君が面《おも》、
われは横《よこた》へ、その髪を二つにわけてひろぐれば、
うら若草のはつ花も、はな白《じろ》みてや、黄金《こがね》なす
みぐしの間《ひま》のこゝかしこ、面映《おもはゆ》げにも覗《のぞ》くらむ。

『上田敏全訳詩集』 86
ダンテ・ゲブリエル・ロセッティ
「春の貢」

1207

*

この世のなかで、愛の対象がなんであろうと、そんなことはたいした問題ではないと思いますわ。しかし、何かは愛さなければならないでしょう。

『マンスフィールド短篇集 幸福・園遊会 他十七篇』 388
「カナリヤ」

1208
もう一度お逢いして、その時、いやならハッキリ言って下さい。私のこの胸の炎は、あなたが点火したのですから、あなたが消して行って下さい。私ひとりの力では、とても消す事が出来ないのです。

太宰治
『斜陽 他一篇』 101
「斜陽」

＊

1209
ほかの目的のためになされたとしたら、臆病の標識として非難されたでもあろうような行為——平伏とか、誓言とか、切願とか、奴隷じみた振舞いとか、そういったものも、恋する者にとっては、恥とはならず、むしろ彼はそのためになお賞讃を博するのである。

トオマス・マン
『ヴェニスに死す』 116

＊

1210

すばらしい雄弁家は、つまったら、唾液を吐く。恋人が――神よ、困ったことでございます――いう種がなくなれば、まず接吻して場をふさぐのが、いちばんうまいやり方。

シェイクスピア
『お気に召すまま』 121

＊

1211

異性の人に崇拝しられるより同性の人に崇拝しられる時が、自分は一番誇り感じる。何でやいうたら、男の人が女の姿見て綺《き》麗《れい》思うのん当り前や、女で女を迷わすこと出来る思うと、自分がそないまで綺麗のんかいなあいう気イして、嬉《うれ》してたまらん。

谷崎潤一郎
『卍』 100

＊

1212

夫婦の仲はあまりつづけて一緒にいると、冷めやすいし、くっ

モンテーニュ
『エセー』(五) 355

＊

ついてばかりいると損なわれやすい。知らない女性はどれも愛想がよく見える。

*

1213

人はなさけの深みにどうしても蹤《つ》いてゆかねばならないように出来ていて、それを逸《そ》らすことができないようになっているものでございます。それを逸らせるためにはあなたさまの御無事のお便りをいただかなければなりません。ただ、一枚の紙きれのお文《ふみ》でたくさんにございます。早く早く、一日も早く、なにとぞ、なにとぞお便りをしていただきとうぞんじます。

『犀星王朝小品集』72-73
「津の国人」

*

1214

せめてなごりのくちづけを浜へ出てみて送りませう。
いや、いや、浜風、むかひ風、くちづけなんぞは吹きはらふ。

『上田敏全訳詩集』243
ポオル・フォオル
「別離」

せめてわかれのしるしにと、この手拭《ハンケチ》をふりませう。
いや、いや、浜風、むかひ風、手拭《ハンケチ》なんぞは飛んでしまふ。

*

1215
愛も信仰も同じように、日々のささやかな勤行《ごんぎょう》によって維持される。

ローデンバック
『死都ブリュージュ』 74

*

1216
花の蕾《つぼみ》を
おさへるやうに
私は　おまへの
掌《て》を　おさへる
とぢられた　おまへの
瞼《まぶた》は　かすかにふるへてゐる

『立原道造詩集』 278
「地のをはりの」

——私はなにをきいてゐる？

＊

1217
接吻とは、そもそも何んでしょう？　顔と顔とを打寄せて解けじと結ぶ誓《ちかい》です。忘れぬ為の約束です。将《は》た又固《またかた》めを願う標《しるし》です。恋と言う字の上に打つささやかな紅《くれない》の一点です。

エドモン・ロスタン
『シラノ・ド・ベルジュラック』 176

＊

1218
ああわたしはしつかりとお前の乳房を抱きしめる、
お前はお前で力いつぱいに私のからだを押へつける。
さうしてこの人気のない野原の中で、
わたしたちは蛇のやうなあそびをしよう、

『萩原朔太郎詩集』 141
「愛憐」

＊

1219

恋は燃える火と同じで、絶えずかき立てられていないと持続できない。だから希望を持ったり不安になったりすることがなくなると、たちまち恋は息絶えるのである。

『ラ・ロシュフコー箴言集』31

＊

1220

一体女は何事によらず決心するまでには気の毒なほど迷って、とつおいつするくせに、すでに決心したとなると、男のように左顧右眄《さこゆうべん》しないで oeillères《オヨイエール》 を装われた馬のように、向こうばかり見て猛進するものである。

森鷗外
『雁』115-116

＊

1221

男にあっては一つの弱さである嫉妬も、女にあっては一つの力なので、女を駆って数々の企《たくら》みへと走らせる。女は嫉妬に嫌悪をおぼえるよりも、嫉妬から大胆なことをやってのけるのであ

アナトール・フランス
『エピクロスの園』35

る。

1222

＊

天国にはそんなに美しい天女がいるのか？
酒の泉や蜜《みつ》の池があふれてるというのか？
この世の恋と美酒《うまざけ》を選んだわれらに、
天国もやっぱりそんなものにすぎないのか？

オマル・ハイヤーム
『ルバイヤート』72
「ままよ、どうあろうと」

1223

＊

濡れた真珠のような涙が、
　柔らかな頰の上を
まぶたを黒く染めた目から
　別れのときにこぼれた。

アブー・ヌワース
『アラブ飲酒詩選』
113-114
「涙」

恋する者の秘めた思いは
　旅立ちのときにぞ現れる。

＊

1224

儂《われ》は北辰星《ほくしんせい》と作《な》り、
千年《せんねん》、転移《てんい》する無《な》し。
歓《かん》は白日《はくじつ》の心《こころ》を行《おこな》い、
朝《あした》は東《ひがし》　暮《くれ》には還《ま》た西《にし》。

（わたしは北極星よ。千年も動きはしないわ。それなのに、あなたの態度はまるでお日さまね。朝は東、暮れには西と気が多い。）

『中国名詩選』㊥　170
無名氏
「子夜《しやか》歌」

＊

1225
我が恋は　水に燃えたつ蛍々《ほたるほたる》　物言《もの》はで笑止《しょうし》の蛍

『新訂 閑吟集』 66

＊

1226
万《よろづ》にいみじくとも、色好《いろこの》まざらん男は、いとさうぐしく、玉の巵《さかづき》の当《そこ》なき心地《こゝち》ぞすべき。

兼好法師
『新訂 徒然草』 22

＊

1227
どんな人の所へ行こうと、嫁に行けば、女は夫のために邪《よこしま》になるのだ。そういう僕が既に僕の妻《さい》をどの位悪くしたか分らない。自分が悪くした妻から、幸福を求めるのは押《おし》が強過ぎるじゃないか。

夏目漱石
『行人』 399

＊

1228
浮気な男の皮肉な心は捨てられた恋の怨《うら》みをも、時さえたてば

永井荷風
『すみだ川・新橋夜話 他一篇』 253
「新橋夜話」

嬉《うれ》しい記憶の夢に数え、また自分から振捨《ふりす》てた恋までをも、或《ある》時はかえって捨てられたもののように、わざわざ自分の運命を物哀れに造りなして、悲哀の快味に酔《え》おうと企てる事すらある。

*

1229

女という白い肉体を持った生命が私のまわりに動き、私にたわむれ、私をくすぐり、困惑させたり、喜ばせたりするのを、私はできるだけつっぱねて、長持ちさせたいのである。

伊藤整
『変容』264

*

1230

恋するとき人間の心は不思議に純になるのだ。人生のかなしみがわかるのだ。地上の運命に触れるのだ。

倉田百三
『出家とその弟子』71

*

1231

結婚？　私はそれをそれ自体で考えたことはなかった。永遠に愛せる女《ひと》を見つけたいと夢みたことはあったが、結婚のための結婚は考えたことがないのだ。

ニム・ウェールズ、キム・サン『アリランの歌』 349

＊

1232

愛というものと、一夫一婦という堅い形式との間には、明らかに、幸福な偶然によってのみ解決するような矛盾がある。

ジンメル『愛の断想・日々の断想』37「愛の断想」

＊

1233

男性の幸福は「われは欲する」である。女性の幸福は「かれが欲する」である。

ニーチェ『ツァラトゥストラはこう言った』(上) 111

＊

1234

恋とは、恋する人々をして、ことがうまく運ばぬときには、ほ

プラトン『パイドロス』 23

かの人には苦しみならぬものごとをも、心の傷手《いたで》と感じさせるが、ことがうまく運んでいるときには、よろこぶ値打ちのないことまでをも、よしと思わせるようにする。

＊

1235 恋愛に於ては、ドイツ人も、イギリス人も、相当良い胃腑をもっている。感情の細かいところも幾らかあるが、それ以上に健全で、粗い趣味をもつ。イタリヤ人は、此点《この》で考え過ぎ、スペイン人は空想的で、フランス人はうまいもの好きである。

カント
『美と崇高との感情性に関する観察』 69

＊

1236 女の愛は食欲に似ている。深い心の働きからではなく、口淋しいだけのことだ。満腹すれば、すぐいやになり、吐気を催す。

シェイクスピア
『十二夜』 57

1237 *

愛または憎みと共演しないとき、女は凡庸な役者だ。

ニーチェ
『善悪の彼岸』 113

1238 *

愛にまったく征服された憎しみは愛に変ずる。そしてこの場合、愛は、憎しみが先立たなかった場合よりもより大である。

スピノザ
『エチカ』(上) 215

1239 *

恋を汚すものは、逸楽でもなければ、自然でもなく、官能でもない。それは社会がわれわれに覚えさせる打算と、経験から生まれる熟慮反省とである。

コンスタン
『アドルフ』 50

1240

またあなたの愛情の発作をも警戒するがいい！　孤独な人間は、たまたま出会った者に、すぐ握手を求めるようになる。

ニーチェ
『ツァラトゥストラはこう言った』(上)　107

愛を知る人——

1241

愛を知る人というのは、取ることと与えることとが一つであるような人間、取ることによって与え、与えることによって取るような人間なのであろう。

ジンメル
『愛の断想・日々の断想』
14
「愛の断想」

*

1242

恋は、人間を何ほどか自己以上のものにし、同時に、何ほどか自己以下のものにする。

モーム
『月と六ペンス』 168

*

1243

自分は愛されている、と思っている女はいつも魅力があるものだ。

伊藤整
『変容』 334

1244

恋愛の徴候の一つは彼女に似た顔を発見することに極度に鋭敏になることである。

芥川竜之介
『侏儒の言葉』 70

＊

1245

愛は男や女を臆病者にはしないわ。むしろ勇敢に、意志堅固にするものよ。

ニム・ウェールズ、キム・サン
『アリランの歌』 246

＊

1246

私にはあなたがある
あなたがある
そしてあなたの内には大きな愛の世界があります

『高村光太郎詩集』
201-202
「人類の泉」

＊

1247

おまえはわしのシャロンの野花だ！　ああ、美《うる》わしきかな。おまえの目は鳩《はと》の目だ。くちびるは紅色《くれない》、二つの乳房は子鹿のごとく、臍《ほぞ》は丸き盃《さかずき》のごとし。

オニール『楡の木陰の欲望』70

*

1248

この恋の蕾が夏の息吹きに育てられ、
今度お逢いするときまでには美しい花となっておりますように！

シェイクスピア『ロミオとジューリエット』78

*

1249

恋の思いを免れよう者、
不死なる神にも一人もあるまい、

ソポクレース『アンティゴネー』54-55

またははかない人間とても同じこと、
とりつかれれば、ただに狂い立つ。

*

1250

ねえ　きみ　きみは恋をしている
でも打ち明けようとはしないのだ
ぼくには見える　胸の火が
きみのチョッキを焦《こ》がすのが

ハイネ
『歌の本』(下) 81
「ねえ　きみ　きみは」

*

1251

窈窕《ようちょう》たる淑女《しゅくじょ》は、
寤《さ》めても寐《い》ねても之《こ》れを求《もと》む。
之《こ》れを求《もと》むれども得《え》ざれば、
寤《さ》めても寐《い》ねても思服《しふく》す。

『中国名詩選』(上) 26
「關雎《かんしょ》」

悠《ゆう》なる哉《かな》、悠《ゆう》なる哉《かな》、
輾転反側《てんてんはんそく》す。

（たおやかなよき乙女を、立派な男子は寝ても覚めてもさがし求める。求めても得られないと、寝ても覚めても思いこがれる。どこまでも思いつづけて、夜もすがらしきりに寝返りをうつ。）

＊

1252

美女打見《びんでうちみ》れば、一本葛《ひともとかづら》ともなりなばやとぞ思ふ、本《もと》より末《すゑ》まで
縒《よ》られればや、斬《き》るとも刻《きざ》むとも、離《はな》れ難《がた》きはわが宿世《すくせ》。

『梁塵秘抄』63

＊

1253

君を千里に置いて　今日《きょう》も酒を飲みて　独《ひと》り心を慰めん

『新訂 閑吟集』148

1254

＊

その日は　明るい野の花であつた
まつむし草　桔梗《ききやう》　ぎぼうしゆ　をみなへしと
名を呼びながら摘んでゐた
私たちの大きな腕の輪に

また或るときは名を知らない花ばかりの
花束を私はおまへにつくつてあげた
それが何かのしるしのやうに
おまへはそれを胸に抱いた

『立原道造詩集』80
「甘たるく感傷的な歌」

1255

＊

どうしたの？　来ないのね、一週間も！　七日七晩よ！　百六

シェイクスピア
『オセロウ』133

十と八時間だわ！　恋人を待ちこがれる胸の時計では、その百六十倍にも思えるわよ。いやだわね、数えるだけでうんざりしちゃう。

*

1256

あなたに電話を掛けないのは、たいへんな努力だったのよ。電話のそばに座ってて、受話器を取ってあなたのさいしょのほうの番号を回したところでやめちゃ、あきらめるの。置いてみると受話器が汗をかいていたわ。

『20世紀イギリス短篇選』(下)　259
マーガレット・ドラブル
「再会」

*

1257

わがこころはいま大風の如く君に向へり
そは地の底より湧きいづる貴くやはらかき温泉《いでゆ》にして
君が清き肌のくまぐまを残りなくひたすなり

『高村光太郎詩集』　195
「郊外の人に」

わがこころは君の動くがままに
はね　をどり　飛びさわげども
つねに君をまもることを忘れず

＊

1258

どんな女でもいいです。心底《しんそこ》から私を有頂天にさせてくれる、身も世も忘れさしてくれるような女なら、どんな女でもいいです。若くっても婆《ばばあ》でも美人でも醜婦でも、何でもいいです。とにかく、その女に捨てられたという時には、多少なりと精神上に傷害を残す位な濃艶《のうえん》に狂激な女が欲しいのです。

永井荷風
『すみだ川・新橋夜話 他一篇』 226

＊

1259

私《わし》が榾《ほだ》を焚《た》いて、婦人《おんな》が鍋《なべ》をかけて、私《わし》が木《こ》の実《み》を拾つて、婦人《おんな》が皮《かわ》を剝《む》いて、それから障子《しょうじ》の内と外で、話をしたり、笑

泉鏡花
『高野聖《こうやひじり》・眉かくしの霊』 73
「高野聖」

ったり、それから谷川で二人して、その時の婦人《おんな》が裸体《はだか》になって私《わし》が背中《せなか》へ呼吸《いき》が通《かよ》って、微妙な薫《かおり》の花びらに暖《あたたか》に包まれたら、そのまま命が失《う》せても可《い》い！

*

1260 緑濃き黒髪を婆娑《ばさ》とさばいて春風に織る羅《うすもの》を、蜘蛛《くも》の囲《い》と五彩の軒に懸けて、自《みずか》らと引き掛《かか》る男を待つ。引き掛った男は夜光の璧《たま》を迷宮に尋ねて、紫に輝やく糸の十字万字に、魂を逆《さかしま》にして、後の世までの心を乱す。

夏目漱石
『虞美人草』196

*

1261 たとえ遊女でも純粋な恋をすれば、その恋は無垢《むく》な清いものです。世の中には卑しい、汚れた恋をするお嬢さんがいくらあるか知れません。

倉田百三
『出家とその弟子』128

1262

＊

朝起きるときは「きょうも会えまい」と思い、寝るときは「会えなかった」と思うのです。長い長い毎日に、幸福な時は片ときもありません。すべては物足りなさ、すべては悔恨、すべては絶望です。

ラクロ
『危険な関係』(上) 250

1263

＊

若い娘は幾たびも軽はずみな夢想を変えて行くのです、春のめぐり来るたびに若木が青葉をつけ変えるように。それが天の定めです。ゆくゆくあなたはまた恋をなさることでしょう。しかし……自分を抑える術《すべ》を学びなさい。みんながみんな、僕みたいにあなたのお気持を理解するとは限りません。無経験はわざわいの種になるのです。

プーシキン
『オネーギン』 66-67

1264

革命も恋も、実はこの世で最もよくて、おいしい事で、あまりいい事だから、おとなのひとたちは意地わるく私たちに青い葡《ぶ》萄《どう》だと嘘ついて教えていたのに違いない。

太宰治
『斜陽 他一篇』 118
「斜陽」

＊

1265

ヘルメル　愛するもののためにだって、自分の名誉を犠牲にする者なんかいやしないんだ。
ノーラ　何万、何十万という女はそうしてきたわ。

イプセン
『人形の家』 169

＊

1266

良人《おっと》というものは、ただ妻の情愛を吸い込むためにのみ生存《せいそん》する海綿《かいめん》に過ぎないのだろうか。

夏目漱石
『明暗』 131

＊

1267

女は常に好人物を夫《おっと》に持ちたがるものではない。しかし男は好人物を常に友だちに持ちたがるものである。

芥川竜之介
『侏儒の言葉』 57

*

1268

何故世の多くの婦人たちには女は一度は必ず結婚すべきものだということに、結婚が女の唯一の生きる道だということに、すべての女は良妻たり、賢母たるべきものだということに、これが女の生活のすべてであるということにもっと根本的な疑問が起って来ないのでしょう。

『平塚らいてう評論集』 26
「世の婦人たちに」

*

1269

母上様。恋のよろこびが結局かなしみを齎《もたら》すということは、

『ニーベルンゲンの歌』(前編) 11

*

もう、いろいろの女の例で、はっきりしているのですもの。私は恋も悩みも両方捨てますから、悪い事も起こりますまい。

*

1270 愛とは、人間という謎にみちた独特の存在が、ふしぎに融けあっていくことなのだね。

ノヴァーリス
『青い花』 194

*

1271 恋の測りがたさにくらべれば、死の測りがたさなど、なにほどのことでもあるまいに。恋だけを、人は一途に想うてをればよいものを。

ワイルド
『サロメ』 87

*

1272 恋愛はただ性欲の詩的表現を受けたものである。少なくとも詩

芥川竜之介
『侏儒の言葉』 91

的表現を受けない性欲は恋愛と呼ぶに価しない。

＊

1273

「ところで、性愛の快楽よりも大きくてはげしい快楽を、君は何か挙げることができるかね？」

「できません」と彼は言った、「またそれ以上に気違いじみた快楽も」

プラトン
『国家』(上) 221-222

＊

1274

肉的愛、言いかえれば外的美から生ずる生殖欲、また一般的には精神の自由以外の他の原因を持つすべての愛は容易に憎しみに移行する。

スピノザ
『エチカ』(下) 90

＊

1275 愛したい思いを抑えるために自分の心に加える強制は、しばしば、愛するひとのつれなさよりも辛《つら》いものである。

『ラ・ロシュフコー箴言集』109

＊

1276 真剣に恋をしたら、自分が身も心もささげつくそうという相手の女をきっと、世の中から孤立させてしまいたいという気持ちになるでしょう。たとえどんなに彼女が周囲のものに無関心でも、愛する女に人が触れ、物がさわれば、その香《かお》りと純一さが失われるような気がするものです。

デュマ・フィス
『椿姫』190

＊

1277 復讐と恋愛においては、女は男よりも野蛮である。

ニーチェ
『善悪の彼岸』119

＊

1278
片想いの愛は、愛する人を不幸にするけれども、愛そのものに不幸があるのではない。愛が「不幸」になるのは、愛が、愛に値しないと判っている対象に向けられる時、つまり、その対象に向って、遠慮、無関心、いや、嫌悪が、愛と一緒に、というより、愛の深い底で働いている時である。

ジンメル
『愛の断想・日々の断想』
40-41
「愛の断想」

*

1279
ある人たちは失恋すると、その傷ついた胸を直ちに乞食の腐爛《ふらん》した太ももみたいに、血膿《ちうみ》だらけで公開展示して、同情を博したり、あるいは適当に間を置いて、戦士の名誉の負傷みたいに、肌ぬぎして見せびらかし、人を驚嘆させる。

銭鍾書《せんしょうしょ》
『結婚狂詩曲』(上) 189

*

1280
愛されるとは燃え上がることである。愛するとは尽きない油で

リルケ
『マルテの手記』 246

照り輝くことである。愛されるとは亡《ほろ》びることで、愛するとは亡びないことである。

＊

1281

当人が偉大になればいい。そうすれば恋のほうから必ずあとについてくる。

『エマソン論文集』(上) 303
「霊の法則」

＊

1282

美貌や愛欲によって結ばれた結婚ほど早く紛争を起こして失敗するものはない。結婚にはもっと堅実で恒常な土台ともっと慎重な行動が要る。沸き立つような歓喜は何の役にも立たない。

モンテーニュ
『エセー』(五) 119

＊

1283

だれしも離別は悲しいものにきまっている。それは相手が何者

谷崎潤一郎
『蓼喰《たでく》う虫』 77

であろうとも、離別ということ自身のうちに悲しみがあるのである。

『ラ・ロシュフコー箴言集』30

＊

1284 愛し合わなくなった時に、愛し合ったことを恥ずかしく思わない人は、めったにいない。

スタンダール『恋愛論』(上) 140

＊

1285 恋をすると、すぐ身近かに、しかしいくら願っても手のとどかない巨大な幸福があるような気がする。しかもその幸福は、ただ一つの言葉、一つの微笑にのみ左右される。

ラクロ『危険な関係』(下) 75

＊

1286 わかっているでしょうが、手紙を書くのは相手に書くので自分に書くのじゃありません。だから自分の考えていることを言うよりは、なるべく相手を喜ばせることを書くようになさい。

＊

1287 恋というやつは待つことを知らないもので、これがいったん若い男女の血の中にはいったが最後、はたのものが許してくれるまで待つなんてことがあったら、それこそ奇蹟というものだ。

ジョルジュ・サンド『愛の妖精』179

＊

1288 音楽が恋の滋養になるのなら、続けてくれ、堪能《たんのう》するまで食べてみれば、飽きがきて、食欲も衰えやがては消えてしまうように。

シェイクスピア『十二夜』7

＊

1289

好奇心と自尊心の満足だけを生命とするような恋愛が、はたして長つづきするものかどうか。

スタンダール
『赤と黒』(上) 154

*

1290

恋愛は、ほんのわずかの実質に、多くの空虚とのぼせた夢想をまぜる情熱である。だからこれにはそのつもりで支払い、仕えなければならない。

モンテーニュ
『エセー』(五) 173

恋の至極は忍恋《しのぶこい》——

1291

恋の至極《しごく》は忍恋《しのぶこい》と見立て候、逢《あ》ひてからは恋のたけが低し、一生忍んで思ひ死《じに》する事こそ恋の本意なれ。

山本常朝
『葉隠』(上) 91

*

1292

恋しとよ君《きみ》恋しとよ床《ゆか》しとよ、逢《あ》はばや見ばや見ばや見えばや。

『梁塵秘抄』 81

*

1293

夜《よる》　相思《あいおも》う、
風吹《かぜふ》いて窓簾動《そうれんうご》く、
言《い》う　是《こ》れ所歓《しょかん》の来《きた》れるかと。

(夜なかにあなたのことを思っていると、風が吹いてきて窓のすだれが動いた。はっとして、恋しいあ

無名氏
「華山畿《かざんき》」
『中国名詩選』(中) 180

なたがいらしたのかと思いました。）

＊

1294

かのひとの来たるは日毎わが望み
かのひと去りゆけばわが心苦しむ。
かのひとの足とどむることあらば
わがことごとくの血管凍りぬ。

シャーロット・ブロンテ
『ジェイン・エア』㊦　64

＊

1295

私の願いよ、私はあなたへの愛に生まれてきた。
　しかし私の星は不運だった。
そら、彼女から私に吹く風は冷たく、
　私の前にある緑をすべて枯れさす。

アブー・ヌワース
『アラブ飲酒詩選』　107
「あるいは」

1296

＊

愛をもとめる心は、かなしい孤独の長い長いつかれの後にきたる、
それはなつかしい、おほきな海のやうな感情である。

『萩原朔太郎詩集』153
「青樹の梢をあふぎて」

1297

＊

力《ちから》　山《やま》を抜《ぬ》き　気　世《よ》を蓋《おお》う、
時《とき》　利《り》あらず　騅《すい》　逝《ゆ》かず。
騅《すい》の逝《ゆ》かざる　奈何《いかん》すべき、
虞《ぐ》や　虞《ぐ》や　若《なんじ》を奈何《いかん》せん。

（わが力は山をも引き抜き、わが気魄は天下を圧するに足る。だが時勢は我に味方せず、愛馬の騅《すい》も進まない。騅よ、おまえが進まねば、はて、どうした

『中国名詩選』(上) 144
項羽《こうう》
「垓下歌」（垓下《がいか》の歌《うた》）

らいいんだ。そして虞よ、虞よ、おまえをどうすればいいのか。)

＊

1298
おとよさんは少し化粧をしたと見え、えもいわれないよい香《かお》りがする。平生《へいぜい》白い顔が夜目に見るせいか、匂《にお》いのかたまりかと思われるほど美しい。かすかにおとよさんの呼吸《いき》の音《ね》の聞き取れた時、省作はなんだかにわかに腹のどこかへ焼金《やきがね》を刺されたようにじりじりっと胸に響いた。

伊藤左千夫
『野菊の墓 他四篇』 108
「隣の嫁」

＊

1299
いやなんです
あなたのいつてしまふのが——
おまけにお嫁にゆくなんて

『高村光太郎詩集』
193-194
「人に」

よその男のこころのままになるなんて

*

1300 ウィルヘルムよ、もし恋なかりせば、この世はわれらの心にと
ってなんであろうか?

ゲーテ
『若きウェルテルの悩み』
52

*

1301 恋の翼をかりてこの壁を飛び越えてきました、
石の壁なんかに恋を閉め出す力はありません、
恋は、やってやれるものならすべてをやろうとするもの。

シェイクスピア
『ロミオとジューリエット』
74

*

1302 身をうたかたとおもふとも
うたかたならじわが思ひ。

『春夫詩抄』 34
「水邊月夜の歌」

げにいやしかるわれながら
うれひは清し　君ゆゑに。

*

1303
事情が変れば

おのれも変るような愛、相手が心を移せばおのれも心を移そうとする愛、そんな愛は愛ではない。とんでもない。愛は嵐を見つめながら、揺るぎもせず、いつまでも、しっかと立ち続ける燈台なのだ。すべてのさまよう小舟をみちびく星なのだ。その高さは測れようとも、その力を知ることはできない。

シェイクスピア
『ソネット集』　160

*

1304
求愛の日々をできるだけ大事にしな、若者たちよ、そして、そ

『ローソン短篇集』　181
「ジョウ・ウィルソンの求婚」

れらの日々を汚れのないようにすることだ。なんといっても、この人生の中に詩とか美といったものがはいりこんでくる望みのある時期といったら、それらの日々を除いてほかにないといってもいいんだからな。

＊

1305

しりたまはずやわがこひは
雄々《おお》しき君の手に触れて
嗚呼《ああ》口紅《くちべに》をその口に
君にうつさでやむべきや

『藤村詩抄』47
「おくめ」

＊

1306

島村は退屈まぎれに左手の人さし指をいろいろに動かしてながめては、結局この指だけが、これから会いに行く女をなまなま

川端康成
『雪国』8

しく覚えている、はっきり思い出そうとあせればあせるほど、つかみどころなくぼやけてゆく記憶のたよりなさのうちに、この指だけは女の触感で今もぬれていて、自分を遠くの女へ引き寄せるかのようだと、不思議に思いながら、鼻につけてにおいをかいでみたりしていた。

*

1307

彼女の呼吸をたしかめようと、だんだんに低くからだをかがめてゆくうちに、僕はついにはその唇の美しさと魅力に堪えられなくなり、唇をそっと触れてみた。この甘美なかぐわしい唇に一度触れてしまうと、もうどうしても幾度も幾度もくり返しキスせざるをえなくなってしまった。

ハドソン『緑の館』287

*

1308

いざ寐《ね》なむ夜《よ》も明方《あけがた》に成《な》りにけり、鐘《かね》も打つ、宵《よひ》より寐《ね》たるだにも、飽《あ》かぬ心を、や、如何《いか》にせむ。

『梁塵秘抄』 81

*

1309

僕の存在には貴方が必要だ。どうしても必要だ。

夏目漱石
『それから』 244

*

1310

人生最上の幸福は、愛せられているという確信にある。

ユーゴー
『レ・ミゼラブル』(一) 296

*

1311

高い操の女は、吝嗇漢《けちんぼ》と同じで、あばら屋に住んでるものですよ。真珠が汚ない蠣《かき》のなかにかくれているようにね。

シェイクスピア
『お気に召すまま』 159

*

1312

わたしはイングラム嬢に求婚するふりをしたのです。というのは、わたしがあなたを、心が狂わしいほど愛しているのと同じように、あなたにもさせたかったからなんだ。わたしは、この目的を促進させるのに、嫉妬心が、わたしの求め得る最善の味方であることを知っていたからだ。

シャーロット・ブロンテ
『ジェイン・エア』(下)
46-47

＊

1313

下らん男だって恋をすれば生まれつきより高尚になるって言うからね。

シェイクスピア
『オセロウ』 62

＊

1314

はづかしきもの　色このむ男の心の内。

清少納言
『枕草子』 174

＊

1315
愛する技術は、その時その時の陶酔の程度につれて、その時の気持を正確にいうこと、いいかえれば、自分の心に耳を傾けることだと思う。これがそんなに容易なことだと思ってはならない。真に恋する男は、恋人からなにかとうれしいことをいわれると、もう口をきく力を失ってしまう。

スタンダール
『恋愛論』(上) 151

*

1316
恋をしながら、不可抗力でしばられないうちに、攻撃をあきらめたものこそ、軽蔑にあたいする。

スタンダール
『カストロの尼 他二篇』 126
「カストロの尼」

*

1317
愛は愛せらるる資格ありとの自信に基いて起る。ただし愛せらるるの資格ありと自信して、愛するの資格なきに気の付かぬものがある。

夏目漱石
『虞美人草』 196

1318

恋はその作用の大部分から判断すると、友情よりも憎悪に似ている。

『ラ・ロシュフコー箴言集』30

＊

1319

女は、常に最初の結婚によって青春の最も華やかな日を失い、離婚によってばか者どもに何かと悪口を吐く口実をあたえる。

スタンダール『恋愛論』(下) 76

＊

1320

結婚というものは、男子の魅力がどうのこうのといったことよりは、男子の思慮分別の有る無しのほうが、ずっと大事な問題なのよ。

マリヴォー『愛と偶然との戯れ』9

＊

*

1321

悪い夫を手に入れる女性は大概結婚を急ぎ過ぎた人です。よい夫を得られるならいくら結婚が遅れてもおそ過ぎることはありません。

デフォー『モル・フランダーズ』(上) 119

*

1322

そう、君らにはわかるまいが、五十六十の堂々たる紳士で、女房がおそろしくて、うちへ帰れないで、夜なかにそとをさまよってるのは、いくらもいるんだよ。

川端康成『山の音』 81

*

1323

愛して愛されないのは恐ろしい不幸である。しかしもはや愛していない女から熱烈に愛されることは実に大きな不幸である。

コンスタン『アドルフ』 68

1324

本当に、その道の大先生方が、欲情を抑えるには、求める相手の身体をくまなく見よと教え、恋愛を冷ますには、愛するものをじろじろ見さえすればよいと教えていることも、一考に値する。

モンテーニュ
『エセー』(三) 85

*

1325

なんとなく好きで、その時は好きだとも言わなかった人のほうが、いつまでもなつかしいのね。忘れないのね。別れたあとってそうらしいわ。

川端康成
『雪国』 22

*

1326

女というのは、美しければなおさらのこと、いくら貞淑な女で

セルバンテス
『ドン・キホーテ』前篇(二)
337

あろうと、綺羅《きら》を飾って人前に出たがるものだからね。

*

1327 子の曰わく、吾れ未だ徳を好むこと色を好むが如くする者を見ざるなり。

『論語』 177

*

1328 女は顔を上げた。蒼白《あおしろ》き頬《ほお》の締れるに、薄き化粧をほのかに浮かせるは、一重の底に、余れる何物かを蔵《かく》せるが如く、蔵せるものを見極わめんとあせる男は悉《ことごと》く虜《とりこ》となる。

夏目漱石
『虞美人草』 24

*

1329 愛というものは、愛されることによりも、むしろ愛することに存すると考えられる。

アリストテレス
『ニコマコス倫理学』(下) 87

1330

どんな恋愛関係にあっても、関係はできたが実現の見込みはないという場合には、思いやりが最大の侮辱である。

キルケゴール
『反復』 29

＊

1331

或る人々から見れば、愛は、存在するもの、動かぬもの、絶対のものであるが、他の人々から見れば、絶えず生成するもの、休みなき発展、変化するもの、新しく獲得して行くものである。日々、愛を獲得して行かねばならぬ人だけが、「自由や生命」を得るのみならず、愛をも得る。

ジンメル
『愛の断想・日々の断想』 49
「愛の断想」

＊

1332

彼らに取って絶対に必要なものは御互だけで、その御互だけが、

夏目漱石
『門』 149

＊

彼らにはまた充分であった。彼らは山の中にいる心を抱《いだ》いて、都会に住んでいた。

1333
共通の過去を持ち、何でも話し合い、何でもすることができて、しかも、いつでも他人でいられる男と女って、まれにしかあるものでない。

伊藤整
『変容』 422

＊

1334
放縦で露骨なのよりも、内部に抑えつけられた愛情が、包もうとしても包み切れないで、ときどき無意識に、言葉づかいやしぐさの端に現れるのが、一層男の心を惹《ひ》いた。色気というのは蓋《けだ》しそういう愛情のニュアンスである。

『谷崎潤一郎随筆集』 75
「恋愛及び色情」

＊

1335

われわれを恋愛から救うものは理性よりもむしろ多忙である。恋愛もまた完全に行なわれるためには何よりも時間を持たなければならぬ。

芥川竜之介
『侏儒の言葉』 71-72

＊

1336

愛を優しい力と見くびった所から生活の誤謬《ごびゅう》は始《はじま》る。

有島武郎
『惜みなく愛は奪う』 99

＊

1337

教養と人格を持った女性の性感こそ本当の性感であり、そのつつしみ、その恥らい、その抑制と秘匿の努力にもかかわらず洩れ出で、溢《あふ》れ出る感動が最も人間的なのではないか？

伊藤整
『変容』 313

＊

1338

世には情死というと、一概に愚《ぐ》だという者がある。そういう者には、得て情死さえ為《な》し得ぬ薄《うすっ》ぺらな奴が多い。

二葉亭四迷『其面影《そのおもかげ》』193

＊

1339

ある人に恋される資格のある女は唯一でないかもしれない。だが恋してしまったら、その人にとってその女は唯一になるだろう。

武者小路実篤『友情』25

＊

1340

男性は、愛によって、女性全体から一人の女性へという道を見出し、女性は、一人の男性を通って、男性的原理一般へ通じる道を見出す。前者には濃縮が、後者には拡大がある。

ジンメル『愛の断想・日々の断想』29「愛の断想」

＊

世界名言集

2002年 5月20日　第 1 刷発行
2023年10月 5日　第 20 刷発行

編　者　岩波文庫編集部

発行者　坂本政謙

発行所　株式会社　岩波書店
〒101-8002 東京都千代田区一ツ橋 2-5-5
電話案内 03-5210-4000
https://www.iwanami.co.jp/

印刷・三陽社　函印刷・精興社　製本・牧製本

ISBN 978-4-00-023628-7　　Printed in Japan

著作者名索引

末尾の数字は引用句番号を示す．

各著作者についての記述は主として『広辞苑』に拠った．著書は岩波文庫収録の書目を中心に掲げ，書名は岩波文庫の書名にしたがっている．

ア

青木正児(あおきまさる)　1887-1964．中国文学者．京都で小島祐馬らと雑誌『支那学』を発行．中国の文学・戯曲・音楽・書画・飲食物・風俗の研究を紹介，晩年，それらの基礎研究とし「名物学」を提唱した．『華国風味』ほか．　*521, 1011*

芥川竜之介　1892-1927．小説家．洗練された感覚と鋭敏な知性で多くの傑作をのこす．自殺．『羅生門・鼻・芋粥・偸盗』『河童』『歯車』『侏儒の言葉』ほか．　*79, 223, 255, 692, 866, 943, 946, 969, 1244, 1267, 1272, 1335*

有島武郎　1878-1923．小説家．有島生馬・里見弴の兄．雑誌『白樺』同人．自殺．『或る女』『カインの末裔・クララの出家』『小さき者へ・生まれいずる悩み』『惜しみなく愛は奪う』ほか．　*213, 249, 371, 538, 1083, 1150, 1336*

アイスキュロス　Aischylos 前525-前456．古代ギリシアの三大悲劇詩人の1人．その作風は宗教的で壮大・深刻．『縛られたプロメーテウス』『アガメムノン』ほか．　*660*

アウグスティヌス　Augustinus, Aurelius 354-430．初期キリスト教会最大の思想家．初めマニ教を奉じたが，やがて新プラトン哲学に転じ，遂にミラノで洗礼を受けた．『告白』『神の国』ほか．　*636*

アウレーリウス　⇨マルクス・アウレーリウス

ア・ケンピス　⇨トマス・ア・ケンピス

アナトール・フランス　Anatole France 1844-1924．フランスの小説家．軽妙な皮肉と辛辣な諷刺が特色．『少年少女』『神々は渇く』『エピクロス

の園』ほか.　675, 800, 829, 1118, 1221

アブー・ヌワース　Abū Nuwās　8世紀から9世紀にかけて，アッバース朝イスラム帝国の最盛期に活躍．酒の詩人として名高い．『アラブ飲酒詩選』など．　1223, 1295

アベ・プレヴォ　⇨プレヴォ

アミエル　Amiel, Henri Frédéric 1821-81．フランス系スイスの哲学者・文学者．深い省察に満ちた，三十余年にわたる『アミエルの日記』で有名．　789

アリストテレス　Aristotelēs 前384-前322．古代ギリシアの哲学者．プラトンの弟子．自然・社会のあらゆる分野を研究し，その学問は西欧合理主義の礎となった．『形而上学』『ニコマコス倫理学』ほか．　174, 299, 379, 1123, 1144, 1329

アンデルセン　Andersen, Hans Christian 1805-75．デンマークの小説家．150篇を超える童話のほか，『即興詩人』『絵のない絵本』『アンデルセン自伝』などがある．　113, 126, 127, 411, 620, 795

イ

石川淳　1899-1987．小説家．『普賢』で芥川賞を受賞し文壇にデビュー．戦後は太宰治らとともに新戯作派の名で呼ばれ，風俗・世相に対する鋭い諷刺を盛った作品を多く発表．『至福千年』『森鷗外』ほか．　83, 376

石川啄木　1886-1912．歌人・詩人．代表的歌集『一握の砂』は，口語をまじえた三行書き，新鮮・大胆な表現，内容の深刻さなどによって広く知られる．『啄木歌集』『ROMAZI NIKKI』『時代閉塞の現状・食うべき詩』ほか．　80, 220, 373, 940

石黒忠悳(いしぐろ ただのり)　1845-1941．明治時代の軍医．陸軍軍医制度の完成に努めた．『懐旧九十年』ほか．　518

石橋湛山(いしばし たんざん)　1884-1973．政治家．1911年東洋経済新報に入社．急進的自由主義の政治・経済評論で異彩を放つ．戦後，政界入りして，1956-57年首相．日中・日ソの交流に尽力．『石橋湛山評論集』『湛山回想』ほか．　726, 780, 1021

泉鏡花　1873-1939．小説家・劇作家．明治・大正・昭和を通じてロマン主義文学に独自の境地をひらいた．『高野聖・眉かくしの霊』『歌行燈』『夜叉ケ池・天守物語』『草迷宮』『春昼・春昼後刻』ほか．　246, 1259

一遍(いっぺん) 1239-89. 鎌倉中期の僧. 時宗の開祖. 熊野に参籠し霊験を得て念仏弘通の大願を発し，念仏踊を民衆に勧めた. 遊行上人・捨聖ともいわれる.『一遍上人語録』『播州法語集』 *1046*

伊藤左千夫 1864-1913. 歌人. 正岡子規の門に入り，子規没後，雑誌『馬酔木』『アララギ』などを発刊，子規の写生主義を強調. 歌風は万葉風. 写生文の小説にも長じた.『野菊の墓』『左千夫歌集』ほか. *1131, 1298*

伊藤整 1905-69. 小説家・評論家. ジョイスの手法などをとりいれた新心理主義文学を唱え，戦後は私小説的文学伝統・文学精神の理論化・方法化を目ざした.『鳴海仙吉』『変容』『近代日本人の発想の諸形式』ほか. *85, 222, 227, 257, 259, 488, 655, 744, 857, 859, 867, 1071, 1079, 1136, 1172, 1229, 1243, 1333, 1337*

猪俣津南雄(いのまたつなお) 1889-1942. 経済学者. 労農派の論客として野呂栄太郎ら講座派と日本資本主義論争を展開.『踏査報告 窮乏の農村』『現代日本研究』『金の経済学』ほか. *128, 639*

井原西鶴 1642-93. 江戸前期の浮世草子作者・俳人. 従来の物語の伝統を破って，性欲・物欲に支配されていく人間をいきいきとえがく.『日本永代蔵』『好色一代男』『好色五人女』ほか. *239, 434, 435, 493, 625, 805, 1137*

井伏鱒二 1898-1993. 小説家. 庶民生活の哀歓を独得なユーモアとペーソスで綴るが，その底に鋭い人間観察と社会諷刺の目が光る.『山椒魚・遥拝隊長』『多甚古村』『黒い雨』ほか. *82, 511*

斎部広成(いんべのひろなり) 生没年不詳. 平安初期の廷臣. 斎部氏の勢力が衰え，中臣(なかとみ)氏が朝廷の大祀にあずかるに至ったことを慨し，807 年『古語拾遺』を平城天皇に撰上した. *622, 757*

イェーリング Jhering, Rudolf von 1818-92. ドイツの法学者. 法の目的を利益の実現におき，法の発展は相争う諸利益間の闘争に求められるとした.『権利のための闘争』ほか. *120, 161, 415, 582, 750, 903, 1022*

イソップ Aisopos『イソップ寓話集』の作者と伝えられる前 6 世紀頃の古代ギリシアの人. ギリシア語でアイソポス. *813*

イプセン Ibsen, Henrik 1828-1906. ノルウェーの劇作家. 近代劇の祖と称される.『人形の家』『民衆の敵』ほか. *336, 1265*

ウ

上田敏(うえだびん)　1874-1916. 英文学者・詩人. 西欧文学の紹介につとめ，その訳詩は日本の近代詩に多大の影響を与えた.『上田敏全訳詩集』ほか.　*75, 482, 1165, 1206, 1214*

内村鑑三　1861-1930. 宗教家・評論家. 札幌農学校出身. 教会的キリスト教に対して無教会キリスト教を唱え，雑誌『聖書之研究』を創刊.『基督信徒のなぐさめ』『余は如何にして基督信徒となりし乎』『後世への最大遺物・デンマルク国の話』『内村鑑三所感集』ほか.　*720, 843, 1059*

于武陵(うぶりょう)　810-?. 唐代の詩人. 書物と琴をたずさえて天下を放浪した.　*65*

ヴィダル・ドゥ・ラ・ブラーシュ　Vidal de la Blache, Paul 1845-1918. フランスの地理学者. 人文地理学の創始者の1人.『人文地理学原理』ほか.　*701*

ヴィノグラドフ　Vinogradoff, Paul Gavrilovich 1854-1925. ロシア生れのイギリスの歴史学者・法律学者.『法における常識』ほか.　*438*

ウィンパー　Whymper, Edward 1840-1911. イギリスの木版画家・登山家. その著『アルプス登攀記』は登山書の古典として広く世界に知られている.　*825*

ヴェーゲナー　Wegener, Alfred 1880-1930. ドイツの地球物理学者・気象学者. 大陸移動説の提唱者として有名.『大陸と海洋の起源』ほか.　*186, 570*

ヴェーバー　Weber, Max 1864-1920. ドイツの社会学者・経済学者. 経済行為や宗教現象の社会学的理論の分野を開拓. マルクスと並ぶ社会科学の巨人.『プロテスタンティズムの倫理と資本主義の精神』『職業としての学問』『職業としての政治』ほか.　*129, 168, 344, 345, 437, 632, 730, 748, 873, 986, 987*

ウェールズ　⇨ニム・ウェールズ

ヴォルテール　Voltaire 1694-1778. フランスの作家・思想家. 啓蒙主義の代表者. 理性と自由をかかげて封建制と専制政治および信教にたいする不寛容と闘った.『哲学書簡』『ルイ十四世の世紀』『カンディード』ほか.　*561, 674*

エ

懐奘(えじょう) 1198-1280. 鎌倉中期の曹洞宗の僧・永平寺第二世. 師道元の日々の言葉を録して『正法眼蔵随聞記』を編んだ. *20, 364, 728, 778, 995, 1007* ⇨ 道元

袁枚(えんばい) 1716-97. 清の詩人. 号は簡斎・随園. 清新な詩で, 趙翼・蔣士銓とともに乾隆の三大家と称される.『随園食単』『小倉山房集』『随園詩話』ほか. *271, 727, 769*

エウリーピデース Euripides 前480頃-前406. 古代ギリシアの三大悲劇詩人の最後の人. 神話に新解釈をくわえ, 人間的な写実主義を導入した.『メデア』『ヒッポリュトス』『タウリケのイピゲネイア』ほか. *394, 915*

エッカーマン Eckermann, Johann 1792-1854. ドイツの著述家. ゲーテ晩年の弟子. ゲーテの談話を記録した『ゲーテとの対話』によって知られる. *52, 195, 231, 607, 668* ⇨ ゲーテ

エピクテートス Epiktetos 55頃-135頃. ギリシアのストア派哲学者. 初め奴隷, のちネロ帝に解放され, 実践本位の哲学を説く.『人生談義』 *175*

エピクロス Epikuros 前341頃-前270頃. ギリシアの唯物論哲学者. 真の幸福は, 迷信や死の恐怖を脱した平静な心境(アタラクシア)にあるとした.『エピクロス――教説と手紙』 *136, 505, 768, 834*

エマソン Emerson, Ralph Waldo 1803-82. アメリカの思想家. ドイツ観念論, ことにカント哲学の精神をアメリカに移入, 超絶主義を唱えた.『エマソン論文集』 *194, 284, 552, 1041, 1281*

エリオット Eliot, George 1819-80. イギリスの女性作家. 透徹した心理解剖が特色.『サイラス・マーナー』ほか. *282*

エリオット Eliot, Thomas Stearns 1888-1965. イギリスの詩人・批評家. アメリカ生れ. 宗教と伝統を重んじる. 長詩『荒地』は現代詩に大きな影響を与えた.『文芸批評論』ほか. *193, 398*

エンゲルス Engels, Friedrich 1820-95. ドイツの思想家・革命家. 科学的社会主義の創始者マルクスと協力し革命運動・理論活動に献身.『共産党宣言』『ドイツ・イデオロギー』『空想より科学へ』『フォイエルバッハ論』ほか. *123, 166, 418, 440, 1129* ⇨ マルクス

オ

大内兵衛　1888-1980．財政学者．労農派マルクス主義の総帥として社会党(左派)に強い影響力を及ぼした．『財政学大綱』ほか．　267

大杉栄　1885-1923．無政府主義者．東京外国語学校在学中より平民社に出入りして社会主義運動に参加．1923年関東大震災の際，憲兵大尉甘粕正彦に殺害されるまで労働運動の指導者として活躍．『自叙伝・日本脱出記』ほか．　515

岡倉覚三(おかくら かくぞう)　1862-1913．明治期の美術界の指導者．号は天心．東京美術学校長，ボストン美術館東洋部長など歴任．日本美術院を創設．『茶の本』『東邦の理想』『日本の目覚め』ほか．　519, 844, 1060

小熊秀雄　1901-40．詩人．口語・日常語を巧みに生かし諷刺のきいた長詩を多くのこす．『小熊秀雄詩集』『飛ぶ橇』『流民詩集』ほか．　226, 258, 689, 1197

恩田木工(おんだ たくみ)　1717-62．信濃国松代藩家老職の出．財政紊乱を改革して藩政を建て直した．『日暮硯』はその間の事蹟を筆録したもの．　626, 1047

オウィディウス　Ovidius Naso, Publius 前43-後17．ローマの詩人．官能的で優雅な形式美をそなえた詩により名声を得る．晩年は黒海沿岸に追放され客死．『変身物語』ほか．　314, 601

オーウェル　Orwell, George 1903-50．イギリスの小説家・評論家．小説『動物農場』『1984年』などのほか，多くのエッセイ・評論をのこした．『オーウェル評論集』　283, 604, 1033, 1039

オースティン　Austen, Jane 1775-1817．イギリスの女性小説家．地方市民の日常生活を軽い皮肉と哀感をこめて描いた．『高慢と偏見』ほか．　551, 817, 1168, 1179

オー・ヘンリー　O. Henry 1862-1910．アメリカの短篇小説家．ニューヨーク市民の日常生活などをユーモアと哀愁に富んだ筆致で描いた．『オー・ヘンリー傑作選』　285, 451, 818, 1182

オールコック　Alcock, Rutherford 1809-97．イギリスの外交官．日本駐在の総領事・初代公使となり，激動の幕末に活躍．『大君の都――幕末日本滞在記』　13, 546, 634, 831

オニール　O'Neill, Eugene Gladstone 1888-1953．アメリカの劇作家．『楡の

木陰の欲望』『喪服の似合うエレクトラ』『限りなきいのち』ほか. *1203, 1247*
オマル・ハイヤーム 'Umar Khaiyām 1048?-1131?. ペルシアの天文学者・数学者・詩人. 四行詩『ルバイヤート』は世界的に有名. *296, 568, 958, 1222*

カ

貝原益軒 1630-1714. 江戸前期の儒学者・教育家・本草学者. 木下順庵・山崎闇斎らを師とし, 朱子学・陽明学を研究. 教育・経済の分野でも功績を残す.『養生訓・和俗童子訓』ほか. *261, 347, 466*
郭沫若(かくまつじゃく) 1892-1978. 中国の文学者・政治家. 日本の九大医学部出身.『歴史小品』『屈原』『創造十年・続創造十年』ほか. *794, 802, 954*
風巻景次郎 1902-60. 国文学者.『中世の文学伝統』ほか. *1090*
梶井基次郎 1901-32. 小説家. 志賀直哉の影響を受け, 簡潔な描写と詩情豊かな小品を残す.『檸檬(レモン)・冬の日』ほか. *941, 973*
勝海舟 1823-99. 幕末・明治の政治家. 万延元年咸臨丸で太平洋横断. 戊辰戦争に際し西郷隆盛と江戸城無血開城に尽力. 維新後は海軍卿・枢密顧問官などを歴任.『海舟座談』『氷川清話』ほか. *230, 517, 1063*
鴨長明 1155-1216. 鎌倉前期の歌人. 俊恵に和歌を学ぶ. のち出家して日野の外山に方丈の庵を結び,『方丈記』を著わす. ほかに『発心集』『無名抄』など. *155, 235, 715, 756, 806*
河上肇 1879-1946. 経済学者. マルクス主義経済学研究・啓蒙の先駆者であり, 労農党・日本共産党の活動にも従事. 32年テーゼの邦訳などに参画.『貧乏物語』『自叙伝』『資本論入門』ほか. *7, 267, 637, 890*
川端康成 1899-1972. 小説家. 横光利一らと新感覚派運動を展開, やがて独自の地歩を築く. 自殺.『伊豆の踊り子・温泉宿』『雪国』ほか. *746, 1306, 1322, 1325*
カウティリヤ Kauṭilya 前4世紀末-前3世紀. 古代インドの政治家. マウリヤ朝の創始者チャンドラグプタの名宰相で,『実利論』を書いたとされる. 本書に比すればマキアヴェッリの『君主論』など「たわいのないもの」だとヴェーバーは言った. *475, 849*
カエサル Caesar, Gaius Julius 前102頃-前44. ローマの武将・政治家. 卓越した政治手腕と軍事的才能で独裁者の地位に就いたが暗殺された. 文筆

家としてもすぐれ，『ガリア戦記』はラテン文学の雄編．　*30, 598*
カリエール　Callières, François de 1645-1717．フランスのルイ十四世時代の貴族．数々の国際交渉にたずさわった．『外交談判法』ほか．　*782*
ガリレイ　Galilei, Galileo 1564-1642．イタリアの天文学者・物理学者・哲学者．経験的・実証的方法をもちいる近代科学の方法論の端緒を開く．コペルニクスの地動説を是認したため宗教裁判に付された．『新科学対話』『天文対話』『星界の報告』ほか．　*390, 497, 712*
ガルシン　**Гаршин, Всеволод Михаилович** 1855-88．ロシアの小説家．社会的不正にたいする強い抗議と厭世的な色彩を特徴とする．『あかい花』ほか．　*464*
カロッサ　Carossa, Hans 1878-1956．ドイツの詩人・小説家・医師．自伝的作品が多い．『美しき惑いの年』『ルーマニア日記』ほか．　*925*
カント　Kant, Immanuel 1724-1804．ドイツの哲学者．主観が客観に従うのではなく，逆に客観が主観に従うと主張した．いわゆるコペルニクス的転回である．『純粋理性批判』『啓蒙とは何か』『永遠平和のために』『美と崇高との感情性に関する観察』ほか．　*37, 385, 501, 708, 1235*

キ

北畠親房(きたばたけちかふさ)　1293-1354．南北朝時代の廷臣・学者．後醍醐天皇をたすけて南朝をたて，その中心的存在となる．『神皇正統記』『元元集』『職原鈔』ほか．　*1088*
北原白秋　1885-1942．詩人・歌人．雑誌『明星』『スバル』などに作品を発表，詩集『邪宗門』で名声を確立．のち，短歌雑誌『多磨』を主宰．また多くの童謡を作った．『白秋詩抄』『白秋抒情詩抄』『北原白秋歌集』ほか．　*219, 1102*
北村透谷　1868-94．詩人・評論家．近代ロマン主義運動の先駆者．藤村らと雑誌『文学界』を創刊．自殺．『北村透谷選集』ほか．　*72, 1130*
木下順二　1914-2006．劇作家・評論家．多くの民話劇・現代劇を発表．近作に『子午線の祀り』があり，またシェイクスピアの翻訳も多く手がける．『夕鶴・彦市ばなし』『オットーと呼ばれる日本人』ほか．　*87, 656, 1075*
木下尚江　1869-1937．社会思想家・小説家．日露開戦に際し幸徳秋水らとともに非戦論を唱え，反戦小説『火の柱』を発表．『良人の自白』ほか．

982

紀貫之(きのつらゆき)　868?-945?. 平安前期の歌人・歌学者. 三十六歌仙の一. 紀友則らとともに最初の勅選和歌集『古今和歌集』を撰した. 『土左日記』, 家集『貫之集』ほか.　431, 621

ギッシング　Gissing, George 1857-1903. イギリスの小説家. 悲惨な現実描写を特徴とする小説をのこす. 『ヘンリ・ライクロフトの私記』ほか.　47, 815, 951, 964, 1027

キム・サン(金山)　1905-38. 朝鮮の革命家. 1927年の広州コミューンに参加後, 北京を中心に活動し, のち延安へ. 1938年粛清された(1983年名誉回復). 『アリランの歌』ほか.　1231, 1245

キルケゴール　Kierkegaard, Sören 1813-55. デンマークの宗教的思想家. 主観主義・個人主義を提唱, のちの実存哲学・弁証法神学に大きな影響を与えた. 『反復』『不安の概念』『死に至る病』『現代の批判』ほか.　94, 144, 181, 386, 499, 1330

ク

九鬼周造　1888-1941. 哲学者. 実存哲学の立場から, 文芸の哲学的解明に業績を残す. 『「いき」の構造』『偶然性の問題』ほか.　355, 842

国木田独歩　1871-1908. 詩人・小説家. 自然主義文学の先駆者. 『武蔵野』『牛肉と馬鈴薯』『運命』ほか.　214, 684, 863, 934

倉田百三　1891-1943. 劇作家・評論家. 西田幾多郎に傾倒し宗教文学に独自の境地を拓く. 『出家とその弟子』『愛と認識との出発』ほか.　221, 374, 1230, 1261

クセノフォーン　Xenophon 前430頃-前354頃. ギリシアの文筆家・武将. ソクラテスの門人. 『ソークラテースの思い出』ほか.　32, 380, 1000

クラウゼヴィッツ　Clausewitz, Karl von 1780-1831. ドイツの軍人. 当時一流の軍事学者. 主著『戦争論』はエンゲルス, レーニンなどにも大きな影響を与えた.　121, 165, 439, 874

グリム　Grimm, Jacob 1785-1863. ドイツの言語学者・文学者. やはり言語学者・文学者の弟 Wilhelm(1786-1859)と協力して『グリム童話集』を編纂した.　114, 790

グレエグ　Gregh, Fernand 1873-1960. フランスの詩人. 優しい感傷的な作風の詩が多い.　1165

クレッチュマー　Kretschmer, Ernst 1888-1964．ドイツの精神病学者．体格と性格の対応を研究，肥満型・やせ型・強壮型の三型を分類した．『天才の心理学』ほか．　*145, 835*

クロポトキン　**Кропоткин, Пётр Алексеевич** 1842-1921．ロシアの無政府主義者．公爵．『ある革命家の手記』『ロシア文学の理想と現実』ほか．*698*

ケ

兼好法師　1283頃-1350以後．鎌倉末期の歌人．後世，吉田兼好ともいう．歌道に志して藤原為世の門に入り二条派の四天王の一とされた．48, 9歳のころに著述した『徒然草』は『枕草子』『方丈記』とともに三大随筆の一つにあげられる．　*1, 22, 23, 152, 156, 238, 433, 494, 527, 585, 716, 753, 809, 907, 988, 1087, 1226*

ゲーテ　Goethe, Johann Wolfgang von 1749-1832．ドイツの詩人・小説家．疾風怒濤期の旗手として登場，シラーとの交友の中で創作と研究に努め，ドイツ古典主義時代を築く．『若きウェルテルの悩み』『ファウスト』『ヘルマンとドロテーア』ほか．　*51, 52, 101, 146, 195, 231, 320, 400, 453, 555, 606, 607, 667, 668, 811, 814, 820, 918, 959, 966, 1093, 1113, 1164, 1167, 1200, 1300*　⇨エッカーマン

ケルゼン　Kelsen, Hans 1881-1973．オーストリアの法学者．純粋法学の創始者．『純粋法学』『デモクラシーの本質と価値』ほか．　*629*

コ

小泉八雲　⇨ハーン

項羽(こうう)　前232-前202．古代中国の武将．劉邦(漢の高祖)とともに秦を滅ぼして楚王となったが，のち劉邦と覇権を争い，垓下に囲まれ，烏江で自刎した．自決を前にして「垓下歌」を歌ったという．　*1297*

孔子　前551-前479．中国，春秋時代の学者・思想家．儒家の祖．名は丘，字は仲尼．仁を理想の道徳とし，孝悌と忠恕とをもって理想を達成する根底とした．『論語』には，孔子と弟子・時人などとの問答，弟子たちどうしの問答が記録されている．　*270, 360, 523, 777, 1055, 1327*

洪自誠(こうじせい)　生没年不詳．中国，明代末期の人．儒仏道の三教兼修の士といわれる．『菜根譚』　*187, 311, 586, 793, 810, 957, 1152*

幸田文(こうだあや)　1904-90. 小説家・随筆家. 父露伴の思い出を綴ることによって文学的出発をなす. 無駄のない細やかな感覚で綴る文章に特色がある.『みそっかす』『流れる』ほか.　*84, 490, 737*

小林一茶　1763-1827. 江戸後期の俳人. 信濃柏原の人. 俗語・方言をつかいこなし, 不幸な経歴からにじみ出た主観的・個性的な句で知られる.『一茶俳句集』『おらが春・我春集』『父の終焉日記』ほか.　*910*

小林秀雄　1902-83. 文芸評論家. フランス象徴主義の影響をうけた正統芸術派を代表する評論家であり, 近代批評を創造した点で昭和文学史上, 重要な存在.『小林秀雄初期文芸論集』ほか.　*690, 1076*

後深草院二条(ごふかくさいんのにじょう)　1258-?. 鎌倉時代の日記文学作者. 中院大納言源雅忠の娘で, 後深草院に仕えて二条とよばれた. 代々有力な政治家や勅撰歌人がでている伝統の世界に育つが, 西行を慕い旅と信仰に新しい生き方を見出した.『問はず語り』　*992*

小堀杏奴(こぼりあんぬ)　1909-98. 小説家・随筆家. 父鷗外に関する少女時代の思い出をまとめた『晩年の父』が木下杢太郎によって激賞されてひろく文壇に認められる.『森鷗外・妻への手紙』(編)ほか.　*375, 967*

ゴーゴリ　**Гоголь, Николай Васильевич** 1809-52. ロシアの小説家. 鋭い諷刺で社会の諸階層の生活を描く. ロシア・リアリズム文学の父.『死せる魂』『外套・鼻』『検察官』『狂人日記』ほか.　*205, 462, 617, 812, 1040*

ゴーリキイ　**Горький, Максим** 1868-1936. ロシア・プロレタリア文学最大の小説家・劇作家.『母』『どん底』ほか.　*207, 619, 798, 965, 1037*

コクトー　Cocteau, Jean 1889-1963. フランスの作家. 詩・小説・演劇・映画・音楽・舞踊の諸分野で前衛的な試みをした才人. 小説『恐るべき子供たち』, 映画『美女と野獣』ほか.　*952*

ゴッホ　Gogh, Vincent van 1853-90. オランダの画家. 後期印象派に属す. 強烈な色彩と激情的な筆致が特色.『ゴッホの手紙』　*15, 391, 1052*

コペルニクス　Copernicus, Nicolaus 1473-1543. ポーランドの天文学者. 地球その他の惑星は太陽の周囲をめぐるという地動説をとなえ, 当時の定説である地球中心宇宙説に反対して近世世界観の樹立に貢献した.『天体の回転について』ほか.　*569*

コレット　Colette, Sidonie Gabrielle Claudine 1873-1954. フランスの女性小説家. 女性の感性を新鮮・鋭敏な感覚によって大胆に描きだした.『牝

猫』『シェリ』『青い麦』ほか.　*1169*
コンスタン　Constant, Benjamin 1767-1830. フランスの小説家・政治家.『アドルフ』ほか.　*614, 1239, 1323*
コンラッド　Conrad, Joseph 1857-1924. ポーランド生れのイギリスの小説家.『青春』『闇の奥』ほか.　*603*

サ

西行　1118-90. 平安末・鎌倉初期の歌僧. 俗名佐藤義清. 23歳のとき無常を感じて出家, 高野山, 晩年は伊勢を本拠に各地を旅した.『山家集(さんかしゅう)』ほか.　*752*
西郷隆盛　1827-77. 幕末・維新期の政治家. 薩摩藩士. 1868年の戊辰戦争には東征大総督の下に参謀として全軍を指揮, 江戸城無血開城に成功. 西南戦争に敗れ自刃.『西郷南洲遺訓』ほか.　*4, 348, 516*
佐藤春夫　1892-1964. 詩人・小説家. 与謝野鉄幹・永井荷風に師事.『殉情詩集』など古典的な格調の抒情詩で知られたが, のち小説に転じる.『春夫詩抄』『田園の憂鬱』『都会の憂鬱』ほか.　*1302*
サヴァラン　⇨ブリア - サヴァラン
サキ　Saki 1870-1916. イギリスの小説家. 超自然的な, あるいは恐怖を主題とする短篇を得意とした.『サキ傑作集』ほか.　*450*
サトウ　Satow, Ernest Mason 1843-1929. イギリスの外交官・日本学者. 幕末の日本に滞在. 日本文化の研究・紹介に業績を残す.『一外交官の見た明治維新』　*14, 356*
サンド　Sand, George 1804-76. フランスの女性小説家. 初期のロマンティックな個人主義から空想社会主義に傾き, 晩年, 田園小説を書く. ミュッセ, ショパンとの恋愛は有名.『愛の妖精』『フランス田園伝説集』など.　*1196, 1287*

シ

志賀直哉　1883-1971. 小説家. 武者小路実篤らと雑誌『白樺』を創刊. 強靭な個性による簡潔な文体は, 散文表現における一到達点を示す.『暗夜行路』『小僧の神様』ほか.　*250, 372, 1154*
十返舎一九(じっぺんしゃいっく)　1765-1831. 江戸後期の草双紙・滑稽本作者. 駿府生れ. のち大坂に行き近松余七と号して浄瑠璃作者となり, 1794年江戸

に出て戯作に従事，滑稽本を得意とした．『東海道中膝栗毛』ほか． *624*

司馬遷(しばせん)　前145頃-前86頃．中国，前漢の歴史家．武帝の時，父談の職を襲い太史令となり，自ら太史公と称した．宮刑に処せられたが発憤し，父の志をついで『史記』130巻を完成．　*17, 149, 361, 429, 775*

柴田宵曲(しばたしょうきょく)　1897-1966．俳人．俳諧雑誌『谺』を主宰．『子規全集』の刊行に尽力．『古句を観る』『蕉門の人々』ほか．　*944*

渋沢栄一　1840-1931．実業家．尊王倒幕運動に参加，のち幕府に出仕して徳川昭武に随行し渡仏．維新後大蔵省で経済改革に尽力．辞職後は第一国立銀行を経営するなど財界の大御所として活躍．『雨夜譚』ほか． *642*

島崎藤村　1872-1943．詩人・小説家．詩集『若菜集』などでロマン主義的詩風を示す．小説『破戒』により作家の地位を確立，自然主義文学の先駆とされる．『夜明け前』『藤村詩抄』『千曲川のスケッチ』ほか． *73, 216, 245, 370, 536, 731, 864, 937, 1082, 1133, 1138, 1173, 1305*

沈復(しんふく)　1763-?．中国，清時代の人．愛する妻の在りし日の面影をしのんで書いた『浮生六記』1冊で名を残す．　*658, 1121*

親鸞　1173-1262．鎌倉初期の僧．浄土真宗の開祖．その言葉は没後，弟子唯円(ゆいえん)によって『歎異抄』にまとめられた．ほかに『教行信証』『親鸞和讃集』など．　*19, 275, 363, 432, 885, 887*　⇨唯円

ジイド　Gide, André 1869-1932．フランスの小説家．個人主義的立場から既成道徳・宗教・社会制度を批判した．『狭き門』『法王庁の抜け穴』『贋金つくり』ほか．　*461*

シェイクスピア　Shakespeare, William 1564-1616．イギリスの劇作家・詩人．エリザベス朝ルネサンス文学の代表者．『ハムレット』『リア王』『ロミオとジューリエット』『ジュリアス・シーザー』『マクベス』『ヴェニスの商人』など，約37篇の戯曲を創作．ほかにソネット文学の白眉『ソネット集』がある．　*44, 89, 90, 91, 111, 190, 191, 280, 281, 315, 395, 449, 548, 549, 600, 662, 786, 822, 924, 1031, 1094, 1095, 1159, 1170, 1175, 1177, 1181, 1187, 1210, 1236, 1248, 1255, 1288, 1301, 1303, 1311, 1313*

シェンキェーヴィチ　Sienkiewicz, Henryk 1846-1916．ポーランドの小説家．1905年ノーベル文学賞受賞．歴史小説『クオ ワディス』は国際的に有名．　*208, 680*

シューマン　Schumann, Robert Alexander 1810-56. ドイツの作曲家. 歌曲やピアノ曲・交響曲などを作曲. また「音楽新報」を発刊, ロマン派音楽の推進的役割を果す. 『音楽と音楽家』　331, 579, 1044
シュティフター　Stifter, Adalbert 1805-68. オーストリアの小説家. 精細な自然描写を特色とする. 『水晶』『晩夏』ほか.　1034
シュリーマン　Schliemann, Heinrich 1822-90. ドイツの考古学者. トロイアの遺跡をはじめ, ミュケナイ, ティリンスなど古代文化遺跡の発掘・調査に貢献した. 『古代への情熱』ほか.　700
ショウペンハウエル　Schopenhauer, Arthur 1788-1860. ドイツの哲学者. 厭世観を思想の基調とし, カント, ヘーゲルの理性主義に対し, 非理性的な「意志」を正面に打ちだした哲学を展開. 『知性について』『読書について』『自殺について』ほか.　38, 142, 159, 179, 574, 590, 709, 761, 766, 770, 853, 856, 878, 894, 1001, 1066, 1128
ショー　Shaw, George Bernard 1856-1950. イギリスの劇作家・批評家. 辛辣な諷刺と皮肉で有名. 『人と超人』ほか.　318, 1110
ジンメル　Simmel, Georg 1858-1918. ドイツの哲学者・社会学者. 生の哲学に立つ独自な思想家. 形式社会学の祖. 『愛の断想・日々の断想』ほか.　998, 1053, 1147, 1232, 1241, 1278, 1331, 1340

ス

菅原孝標女(すがわらのたかすえのむすめ)　1008-?. 平安後期の日記・物語作者. 『更級日記』をのこす.　151
杉田玄白　1733-1817. 江戸後期の蘭医. 前野良沢らと『ターヘル・アナトミア』(Tabulae Anatomicae)を翻訳し『解体新書』として刊行, 日本医学史上に貢献した. 『蘭学事始』ほか.　10
鈴木大拙(すずきだいせつ)　1870-1966. 仏教学者. 禅と念仏を研究し, 仏教の紹介を通じて東洋的な思想感情を欧米人に理解させることに努めた. 『大乗起信論』の英訳をはじめ多くの英文著作もある. 『日本的霊性』『禅思想史研究』ほか.　476, 1006
鈴木牧之(すずきぼくし)　1770-1842. 江戸後期の文人. 家業の質屋・縮仲買のかたわら, 山東京伝・滝沢馬琴らと広く交友. 『北越雪譜』『秋山紀行』ほか.　26, 754
スウィフト　Swift, Jonathan 1667-1745. イギリスの小説家. 辛辣な諷刺で

文壇・政界に活躍したが，精神錯乱のうちに死去．『ガリヴァー旅行記』は諷刺文学の傑作． *192, 322, 602*

スタインベック　Steinbeck, John 1902-68．アメリカの小説家．貧農の生活などを広い社会的関連で描く．『怒りのぶどう』『二十日鼠と人間たち』ほか． *196*

スタンダール　Stendhal 1783-1842．フランスの小説家．社会批判と心理分析とにすぐれる．『赤と黒』『パルムの僧院』『恋愛論』ほか． *58, 108, 332, 673, 913, 1115, 1117, 1160, 1171, 1186, 1192, 1285, 1289, 1315, 1316, 1319*

スピノザ　Spinoza, Baruch de 1632-77．オランダのユダヤ系哲学者．デカルトの方法をさらに徹底させ，純幾何学形式によって哲学体系を構成．『エチカ』ほか． *176, 704, 1238, 1274*

スミス　Smith, Adam 1723-90．イギリスの経済学者．古典派経済学の始祖．主著『国富論』は，19 世紀の自由主義時代に世界諸国の経済政策の基調となった． *340, 695*

セ

世阿弥　1364?-1443．室町初期の能役者・能作者．足利義満に仕え，能を優雅なものに洗練するとともに，これに芸術論の基礎を与えた．『風姿花伝』(『花伝書』ともいう)『申楽談義』ほか． *2, 260, 513, 889, 1045*

清少納言　生没年不詳．平安中期の歌人・随筆家．和漢の学に通じた才女で，紫式部と並び称せられ，一条天皇の皇后定子に仕えて寵遇を受けた．『枕草子』 *21, 153, 232, 529, 909, 990, 991, 1314*

銭鍾書(せんしょうしょ)　1910-98．現代中国の小説家・文学研究者．小説『結婚狂詩曲(囲城)』のほか，学問的著作に『談芸録』『管錐編』など． *1279*

セネカ　Seneca, Lucius Annaeus 前4頃-後65．ローマのストア派の哲人．皇帝ネロの師．のち不興をこうむり，自決を命じられた．『人生の短さについて』『怒りについて』ほか． *31, 301, 703, 837, 855, 904*

セルバンテス　Cervantes, Miguel de 1547-1616．スペインの小説家．ユーモアと諷刺，悲劇的・喜劇的要素を備え，過渡期の時代をよく描きだした．『ドン・キホーテ(正編)(続編)』ほか． *63, 412, 465, 567, 960, 1035, 1180, 1194, 1326*

ソ

荘子　生没年不詳．中国，戦国時代の思想家・荘周の敬称．孟子と同時代の人物で，老子の思想を受けてこれを哲学的に発展させ，巧みな寓言によって無為自然の道を説く．『荘子』　*273, 428, 474, 729, 1061*

蘇東坡(そとうば)　1036-1101．蘇軾(そしょく)とも．北宋の詩人・文章家．唐宋八家の一．『蘇東坡詩選』ほか．　*953*

孫子　生没年不詳．中国，春秋時代の兵法家・孫武の敬称．兵法をもって呉王闔閭(こうりょ)に仕え，楚を破り，斉・晋を威圧して，闔閭の覇業を助ける．後世，呉起とともに兵法の祖と称される．『孫子』　*524, 643*

ソクラテス　Sokrates 前470-前399．古代ギリシアの哲人．アテナイで活動．問答を通じて相手にその無知を自覚させることから出発し，あいたずさえて徳(実践的能力)に到達しようと努めたがアテナイ市民に容れられず，告発されて死刑に処せられた．その教説は弟子プラトンによって伝えられる．　*381*

ソポクレス　Sophokles 前496頃-前406．古代ギリシア三大悲劇詩人の1人．古典悲劇の最高の完成者といわれる．『オイディプス王』『コロノスのオイディプス』『アンティゴネー』ほか．　*42, 279, 300, 547, 784, 963, 1249*

ソロー　Thoreau, Henry David 1817-62．アメリカの随筆家．みずからの哲学実践のため，故郷のウォールデン池畔に簡易生活を送った．『森の生活』ほか．　*48, 97, 452, 788*

タ

高村光太郎　1883-1956．詩人・彫刻家．雑誌『スバル』同人．耽美的な詩風から理想主義に転じ，『道程』で格調高い口語自由詩を完成．『高村光太郎詩集』『芸術論集 緑色の太陽』ほか．　*251, 652, 687, 1078, 1086, 1246, 1257, 1299*

太宰治　1909-48．小説家．日本浪曼派の作家として出発，戦後は虚無的・退廃的な社会感覚を作品化．入水自殺．『富獄百景・走れメロス』『ヴィヨンの妻・桜桃』『斜陽』ほか．　*88, 489, 736, 860, 979, 1074, 1132, 1153, 1208, 1264*

立原道造　1914-39．詩人．堀辰雄やリルケに傾倒．『四季』同人．繊細・純粋で音楽的な抒情詩を書いた．『立原道造詩集』　*1202, 1216, 1254*

谷崎潤一郎 1886-1965. 小説家. 初期は耽美的作風を示したが, 大正後期から日本的な伝統美に傾倒し, 王朝文学の息吹きを現代に生かした新たな境地を開いた.『蓼喰う虫』『卍』『吉野葛・蘆刈』『盲目物語・春琴抄』『谷崎潤一郎随筆集』ほか. *747, 939, 1080, 1156, 1174, 1211, 1283, 1334*

田山花袋 1871-1930. 小説家. 1907 年,『蒲団』を発表して自然主義文学に一時期を画し, 赤裸々な現実描写を主張した.『蒲団・一兵卒』『田舎教師』『東京の三十年』ほか. *229, 481, 649*

ダーウィン Darwin, Charles Robert 1809-82. イギリスの生物学者. 進化論を首唱し, 生物学のみならず社会科学および一般思想界にも画期的な影響を与えた.『種の起原』『ビーグル号航海記』ほか. *185*

ダ・ヴィンチ ⇨レオナルド・ダ・ヴィンチ

タキトゥス Tacitus, Cornelius 55頃-120頃. ローマ帝政初期の歴史家・雄弁家. 貴族出身で政治の上でも活躍.『ゲルマーニア』『年代記』ほか. *133, 171, 304, 388, 389, 510*

タゴール Tagore, Rabindranath 1861-1941. インドの詩人・思想家. 詩集『ギーターンジャリ』でノーベル賞受賞.『タゴール詩集――ギーターンジャリ』ほか. *911*

タッソ Tasso, Torquato 1544-95. イタリアの詩人. ダンテ, ペトラルカ, ボッカッチョにつづく. 牧歌劇『愛神の戯れ』(原題『アミンタ』)で成功をおさめた. ほかに長篇叙事詩『エルサレムの解放』など. *1120, 1193*

ダヌンチオ D'Annunzio, Gabriele 1863-1938. イタリアの詩人・小説家. *482*

ダンテ Dante Alighieri 1265-1321. イタリアの詩人. 政治活動に加わるが追放, 半生を放浪しながら文学に精進した. 最大傑作は宗教的叙事詩『神曲』. *295, 679*

チ

近松門左衛門 1653-1724. 江戸中期の浄瑠璃・歌舞伎脚本作者. 狂言本二十数篇, 浄瑠璃百数十曲を作り, 義理人情の葛藤を題材に人の心の美しさを描いた.『曾根崎心中・冥途の飛脚』『心中天網島』ほか. *492, 989*

張岱(ちょうたい)　1597-1689．中国，明末清初の文人．陶庵と号す．『陶庵夢憶』ほか．　*994*

知里真志保(ちりましほ)　1909-61．言語学者．アイヌ語学研究に尽力し，説話・神謡・宗教・生活習俗に及ぶ幅広い研究でアイヌ文化研究の水準を高めた．大著『分類アイヌ語辞典』は未完．『アイヌ民譚集』(編訳)ほか．　*444*

チェーホフ　**Чехов, Антон Павлович** 1860-1904．ロシアの小説家・劇作家．抒情豊かな短篇，また微妙な心理の動きを描出する新しい戯曲をのこす．『可愛い女・犬を連れた奥さん』『桜の園』『かもめ』ほか．　*333, 1107*

ツ

辻善之助　1877-1955．歴史学者．日本仏教史研究の権威．東大史料編纂所の充実に力を尽す．『田沼時代』『日本仏教史』『日本文化史』ほか．　*633*

ツルゲーネフ　**Тургенев, Иван Сергеевич** 1818-83．ロシアの小説家．人道主義の立場から社会の重要な問題をとりあげた．『初恋』『父と子』『ルーヂン』ほか．　*62, 293, 917, 928*

ツワイク　Zweig, Stefan 1881-1942．オーストリアのユダヤ系小説家．秀れた評伝・伝記小説を残した．『マリー・アントワネット』『ジョゼフ・フーシェ』ほか．　*323, 401, 801, 921*

テ

寺田寅彦　1878-1935．筆名吉村冬彦，俳号藪柑子．物理学を専門としながら，子規・漱石の影響をうけて，日常の見聞を吟味する眼と感性のあいまった随筆を多く残した．『寺田寅彦随筆集』ほか．　*76, 217, 248, 483, 539, 651, 686, 734, 935, 970*

ディオゲネス・ラエルティオス　Diogenes Laertios 3世紀前半頃．ギリシアの哲学史家．伝記・逸話・思想の集成『ギリシア哲学者列伝』はギリシア哲学史研究上貴重な記録．　*381*

ディドロ　Diderot, Denis 1713-84．フランスの作家・思想家．『百科全書』を編纂・刊行．該博な知識と多方面の才能をもち，小説『ラモーの甥』のほか，哲学・文学・美術・演劇などに関する多くの著作がある．

384

デカルト　Descartes, René 1596-1650. フランスの哲学者. 近代哲学の祖, 解析幾何学の創始者. 一切を疑ったのち, 疑いえぬ真理の基準「考える自己」を見出し, そこから精神と物体を実体とする二元論の哲学体系を樹立.『方法序説』『精神指導の規則』ほか.　*578, 594, 1005*

デフォー　Defoe, Daniel 1660頃-1731. イギリスのジャーナリスト・小説家. 処女作『ロビンソン・クルーソー』によって名声を得る. 当時のイギリス人の人間観・社会観を代表する作家. ほかに『モル・フランダーズ』など.　*448, 1321*

デューイ　Dewey, John 1859-1952. アメリカの哲学者・教育学者. プラグマティズム哲学を発展させ, また児童教育を実践的に指導, 教育界に与えた影響も大きい.『哲学の改造』『学校と社会』『民主主義と教育』ほか.　*40, 307, 498, 711*

デュマ　Dumas, Alexandre 1803-70. フランスの小説家・劇作家. 息子と区別してデュマ・ペール(父)とよばれる.『三銃士』『モンテ・クリスト伯』など.　*923*

デュマ・フィス　Dumas fils, Alexandre 1824-95. フランスの劇作家・小説家. 大デュマの子.『椿姫』で華々しくデビュー. 風俗劇, 社会問題劇を多く残した.　*1106, 1276*

テンニエス　Tönnies, Ferdinand 1855-1936. ドイツの社会学者. 人間社会をゲマインシャフト(共同社会)とゲゼルシャフト(利益社会)との2つの型に区分し, 社会は前者から後者へ移行すると考えた.『ゲマインシャフトとゲゼルシャフト』ほか.　*441, 699*

ト

陶淵明　365-427. 六朝時代の東晋の詩人.「帰去来辞」を賦して故郷の田園に隠棲.　*1019*

道元　1200-53. 鎌倉初期の禅僧. 日本曹洞宗の開祖. 永平寺を開く.『正法眼蔵』『永平広録』などの著がある.『正法眼蔵随聞記』は弟子懐奘(えじょう)が師の日々の言葉を録して成ったもの.　*20, 364, 728, 778, 995, 1007* ⇨ 懐奘

徳富健次郎　⇨ 徳冨蘆花

徳富蘇峰　1863-1957. 評論家. 民友社を設立,『国民之友』『国民新聞』を

発行.『吉田松陰』ほか. *11*

徳冨蘆花　1868-1927. 小説家. 本名健次郎. 徳富蘇峰の弟. トルストイに心酔し，のちキリスト者として田園生活を送る.『不如帰』『自然と人生』『みみずのたはこと』ほか. *244, 369, 537, 978, 980*

戸坂潤　1900-45. 哲学者・評論家. 観念論哲学からマルクス主義哲学に転じた.『日本イデオロギー論』ほか. *352, 425, 839*

トウェイン　⇨マーク・トウェイン

ドストエーフスキイ　**Достоевский, фёдор Михайлович** 1821-81. ロシアの小説家. 人間の内面生活に対する洞察，社会的・人間的調和の探究，鋭い心理描写とヒューマニズムの追求によって今も世界の文学・思想に影響を与えつづけている.『罪と罰』『白痴』『カラマーゾフの兄弟』ほか. *112, 206, 334, 565, 677, 1024, 1038*

トマス・ア・ケンピス　Thomas à Kempis 1380頃-1471. ドイツの宗教家. 著書『キリストにならいて』はキリスト教の古典として聖書についで多く読まれた. *43, 147*

ドラブル　Drabble, Margaret 1939- . イギリスの女性作家.『碾臼』『黄金のイェルサレム』など多くの長篇がある. *1256*

トルストイ　**Толстой, Лев Николаевич** 1828-1910. ロシアの小説家・思想家. 帝政下のロシア社会の矛盾に苦しみ，その改良を試みたが失敗し，宗教に向かう. 一切を投げうって放浪の旅に出，斃死した.『戦争と平和』『アンナ・カレーニナ』『復活』『人生論』ほか. *61, 115, 294, 410, 463, 566, 618, 678, 956, 1109, 1166*

ナ

永井荷風　1879-1959. 小説家. 当代文明への嫌悪を語りながら，江戸戯作の世界に隠れ，花柳界の風俗を描いた.『濹東綺譚』『おかめ笹』『すみだ川』ほか. *218, 650, 745, 1228, 1258*

中江兆民(なかえちょうみん)　1847-1901. 思想家. 1871年渡仏，帰国後民権論を提唱して，自由党の創設に参画. 同党機関紙『自由新聞』の主筆. 第1回総選挙に代議士当選.『三酔人経綸問答』『一年有半・続一年有半』ほか. *6, 467, 721, 840, 1057*

中勘助　1885-1965. 小説家. 夏目漱石に師事,『銀の匙』の清純な詩情で認められた. 詩人・随筆家としても知られ，つねに時流を超越して独自の

芸境をまもった．ほかに『菩提樹の蔭』『犬』『提婆達多(でーばだった)』『中勘助随筆集』など． 540, 735
中田薫　1877-1967．法制史家．日本法制史および比較法制史研究のパイオニア．主要な業績は『法制史論集』に収録されている．『徳川時代の文学に見えたる私法』ほか． 725
長塚節　1879-1915．歌人・小説家．子規に短歌を学び，写生文をよくした．『土』『長塚節歌集』ほか． 77
中野重治　1902-79．小説家・評論家・詩人．プロレタリア文学・戦後民主主義文学の代表的作家．『中野重治詩集』『梨の花』ほか． 942
中原中也　1907-37．詩人．抒情的で透明な独自の詩境をひらいた．『中原中也詩集』 86, 542, 739, 1142, 1161
長与善郎　1888-1961．小説家・戯曲家．『白樺』同人．理想主義的な作風で個性の強い悲劇的な人間の運命を好んで描いた．『青銅の基督』『竹沢先生という人』ほか． 983
夏目漱石　1867-1916．英文学者・小説家．初期の文明批評的・諷刺的作風から，次第に小説的虚構による人間心理の描写へ移行した．鷗外とともに近代日本を代表する作家．『吾輩は猫である』『坊っちゃん』『草枕』『虞美人草』『三四郎』『それから』『門』『彼岸過迄』『行人』『こころ』『硝子戸の中』『道草』『明暗』『思い出す事など』『夢十夜』『漱石文芸評論集』ほか． 67, 68, 210, 211, 241, 367, 368, 477, 512, 534, 646, 647, 681, 682, 733, 738, 740, 743, 865, 870, 871, 933, 938, 947, 971, 974, 976, 981, 1073, 1085, 1135, 1140, 1151, 1227, 1260, 1266, 1309, 1317, 1328, 1332
南原繁　1889-1974．政治学者．戦後東大総長．第 2 次大戦後の講和条約締結にあたり全面講和を唱え吉田茂首相と対立．『国家と宗教』『歌集 形相(けいそう)』ほか． 1010
ナポレオン　Napoléon 1769-1821．フランスの皇帝．コルシカ島の生れ．1804 年帝位につき第一帝政を開いた．『ナポレオン言行録』はかれの手紙・布告・戦報・語録などを年代順に編集したもの． 509, 854, 1049, 1054

ニ

西田幾多郎　1870-1945．哲学者．日本的「無」の哲学を説き，観念論哲学の権威．『善の研究』『思索と体験』『続思索と体験・『続思索と体験』以

後』ほか.　*264, 353, 468, 762, 841, 882, 1013*

新渡戸稲造(にとべいなぞう)　1862-1933. 思想家・農学者. 札幌農学校卒業後, 米・独に留学. 京大教授・一高校長などを歴任. キリスト者として, 国際平和を主張し, 国際連盟事務局次長として活躍.『武士道』『農業本論』ほか.　*422, 847*

ニーチェ　Nietzsche, Friedrich Wilhelm 1844-1900. ドイツの哲学者. 強者の自律的道徳, いわゆる「超人」の思想を説いた.『悲劇の誕生』『ツァラトゥストラはこう言った』『道徳の系譜』『善悪の彼岸』『この人を見よ』ほか.　*39, 143, 180, 306, 571, 572, 589, 771, 881, 997, 999, 1050, 1067, 1127, 1233, 1237, 1240, 1277*

ニム・ウェールズ　Nym Wales 1907-97. アメリカのジャーナリスト. 本名ヘレン・フォスター・スノー. エドガー・スノーとともに中国革命を取材し, 貴重なルポルタージュをのこす.『アリランの歌』ほか.　*1231, 1245*

ヌ

ヌワース　⇨アブー・ヌワース

ノ

野上弥生子　1885-1985. 小説家. 漱石門下の文学的雰囲気の中で小説を書き始め『海神丸』『迷路』『秀吉と利休』など骨太な作品を書き続けた. 自伝的長篇『森』完成を目前に死去.　*78, 485*

野間宏　1915-91. 小説家. 小説のほか芸術方法・理論の追求, 政治的・社会的発言など多岐にわたって活躍.『真空地帯』『青年の環』ほか.　*225, 543, 1081*

ノヴァーリス　Novalis 1772-1801. ドイツ・ロマン派の詩人. 自然および歴史の一切をポエジーにおいて把握しようとした. 未完の小説『青い花』, 抒情詩『夜の讃歌』など.　*1270*

ハ

萩原朔太郎　1886-1942. 詩人. 感情詩社を起し, 口語自由詩を芸術的に完成して新風を樹立. 詩集『月に吠える』『青猫』, 詩論集『新しき欲情』『虚妄の正義』など.『萩原朔太郎詩集』ほか.　*653, 688, 862, 975, 1072,*

1103, 1139, 1155, 1218, 1296

長谷川時雨(はせがわしぐれ)　1879-1941．小説家・劇作家．三上於菟吉の妻．演劇活動のかたわら，『女人芸術』を創刊し，林芙美子らを育てた．『旧聞日本橋』『近代美人伝』ほか．　*228*

服部之総　1901-56．歴史学者．明治維新史の科学的究明を推進．『黒船前後・志士と経済』ほか．　*124, 358*

服部土芳　1657-1730．伊賀蕉門の中心人物．『三冊子』など．　*237, 514*

林達夫　1896-1984．評論家．雑誌『思想』編集者，平凡社『世界大百科事典』編集長など歴任．自由主義的思想家として活発な評論活動を行ない，政治・思想・文化の動向に鋭い批判を加えた．『林達夫評論集』ほか．　*426, 764, 845*

ハーン　Hearn, Lafcadio 1850-1904．文学者．ギリシア生れのイギリス人で，1890 年来日．松江の人，小泉節子と結婚．のち帰化して小泉八雲と名のる．『怪談』『心』ほか．　*403, 484, 830*

ハイネ　Heine, Heinrich 1797-1856．ドイツの抒情詩人・評論家．革命的な活動と鋭い社会批評のためパリに亡命．「ローレライ」を含む『歌の本』のほか，『流刑の神々・精霊物語』『ドイツ古典哲学の本質』『アッタ・トロル』など．　*1158, 1195, 1250*

ハイヤーム　⇨ オマル・ハイヤーム

ハドソン　Hudson, William Henry 1841-1922．イギリスの博物学者・小説家．『ラ・プラタの博物学者』『緑の館』『はるかな国とおい昔』ほか．*1307*

バルザック　Balzac, Honoré de 1799-1850．フランスの小説家．近代リアリズム文学最大の作家．『谷間のゆり』『知られざる傑作』『「絶対」の探求』ほか．　*824*

ヒ

樋口一葉　1872-96．小説家．明治の社会の底辺で生きた女性たちを雅俗折衷の文体で描く．『にごりえ・たけくらべ』『大つごもり・十三夜』ほか．　*74, 685*

平塚らいてう　1886-1971．婦人運動家．本名明子(はるこ)．1911 年雑誌『青鞜』を創刊，女性解放ののろしをあげた．その後は婦人参政権運動等に尽力．戦後は平和運動のシンボル的存在として活躍した．『平塚らいてう

評論集』ほか.　*1122, 1149, 1268*
ヒポクラテス　Hippokrates 前460頃-前375頃．古代ギリシアの医者．医学の祖と称される．『古い医術について』ほか.　*184*
ヒルティ　Hilty, Carl 1833-1909．スイスの哲学者・公法学者・政治家．プロテスタントの立場からの倫理的・道徳的著作『幸福論』『眠られぬ夜のために』で著名.　*710, 773, 833, 836, 893, 896, 1002, 1124*

フ

馮夢竜(ふうむりゅう)　1574-1645．筆名墨憨斎．中国，明末俗文学の大御所．『笑府』『古今小説』40巻ほか.　*66*
福沢諭吉　1835-1901．思想家・教育家．蘭学・英学を研修，幕府使節に随行して3回欧米に渡る．慶応義塾大学，時事新報社を創立．独立自尊・経済実学を鼓吹した．『文明論之概略』『福翁自伝』『学問のすゝめ』ほか.　*5, 262, 263, 350, 351, 421, 1062*
二葉亭四迷　1864-1909．小説家．明治20年『浮雲』を書き，言文一致体の文章と優れた心理描写とで近代文学に新生面を開いた．『其面影』『平凡』『あひゞき・片恋・奇遇』ほか.　*1338*
フィールディング　Fielding, Henry 1707-54．イギリスの作家・判事．「イギリス小説の父」と称される．『トム・ジョウンズ』ほか.　*919*
プーシキン　Пушкин, Александр Сергеевич 1799-1837．ロシアの詩人・小説家．ロシア国民文学の確立者．決闘で横死した．『スペードの女王・ベールキン物語』『大尉の娘』『プーシキン詩集』ほか.　*329, 409, 927, 931, 950, 1146, 1263*
ブーバー　Buber, Martin 1878-1965．オーストリアに生れたユダヤ系の哲学者．『我と汝・対話』ほか.　*182, 1126*
フォオル　Fort, Paul 1872-1960．フランスの詩人．早くから象徴派の運動に加わり，季刊誌『詩と散文』を創刊するなど，近代フランス文学の興隆に寄与した.　*1214*
ブッセ　Busse, Karl 1872-1918．ドイツの詩人．「山のあなたの空遠く」で始まる詩は上田敏の訳詩集『海潮音』に収められて著名.　*75*
ブッダ　Buddha, Gautama 前564頃-前484頃．生没年に多くの異説がある．仏教の開祖．その教説は仏典の形で伝えられている．『ブッダのことば』『ブッダの真理のことば・感興のことば』ほか.　*18, 274, 362, 525, 644,*

850, 888, 1014, 1070
ブラーシュ　⇨ヴィダル・ドゥ・ラ・ブラーシュ
プラトン　Platon 前427-前347．古代ギリシアの哲学者．ソクラテスの弟子．イデア(普遍者)こそが真の実在だと説いた．『国家』『饗宴』『ソクラテスの弁明・クリトン』『テアイテトス』など約30の対話篇がある．
135, 173, 298, 506, 577, 596, 702, 758, 996, 1234, 1273
フランクリン　Franklin, Benjamin 1706-90．アメリカの政治家・科学者．独立宣言起草委員の1人で，憲法制定会議にも参与．『フランクリン自伝』ほか．　*50, 96, 99, 664*
フランス　⇨アナトール・フランス
ブリア-サヴァラン　Brillat-Savarin, Jean Anthelme 1755-1826．フランスの政治家．食通として知られる．『美味礼讃』ほか．　*272, 406, 459, 823*
プルターク　⇨プルタルコス
プルタルコス　Plutarchos 46頃-125頃．古代ギリシアの哲学者・著述家．『英雄伝』のほか，厖大な量にのぼる随筆がある．『饒舌について』はその一つ．　*116, 832*
フレイザー　Frazer, James George 1854-1941．イギリスの人類学者・民族学者．未開民族の信仰や習俗の比較研究を行なった．『金枝篇』ほか．
130, 443
プレヴォ　Prévost, Antoine François 1697-1763．通称アベ・プレヴォ(プレヴォ師)．フランスの小説家．自伝的小説『マノン・レスコー』は近代恋愛小説の先駆．　*202, 826, 1111, 1201*
フレーベル　Fröbel, Friedrich Wilhelm August 1782-1852．ドイツの教育家．1837年世界最初の幼稚園を創設．主著『人間の教育』．ほかに『フレーベル自伝』．　*1003*
プレハーノフ　Плеханов, Георгий Валентинович 1856-1918．ロシアにおけるマルクス主義の先駆者．『史的一元論』『歴史における個人の役割』ほか．　*508*
ブレヒト　Brecht, Bertolt 1898-1956．ドイツの劇作家．ナチス時代アメリカなどに亡命し，戦後東ドイツで活躍．『三文オペラ』『ガリレイの生涯』ほか．　*102, 103, 198, 287, 455, 610, 828, 920*
フローベール　Flaubert, Gustave 1821-80．フランスの写実主義文学の巨匠．自然主義文学の先駆者．『ボヴァリー夫人』『感情教育』『ブヴァー

ルとペキュシェ』『三つの物語』ほか. 204, 335, 615, 1105
ブロンテ(エミリ) Brontë, Emily 1818-48. イギリスの女性詩人・小説家. シャーロットの妹. 荒涼たるヨークシャー州の丘陵地帯を背景に, 二家族の親子二代にわたる愛憎の悲劇をえがく『嵐が丘』は彼女の唯一の小説. 1097
ブロンテ(シャーロット) Brontë, Charlotte 1816-55. イギリスの女性小説家. 貧困の中で妹たちと助けあって作家になる. 虐げられた女の恋愛をえがく『ジェイン・エア』で有名. 1294, 1312

へ

ベイツ Bates, H. E. 1905-74. イギリスの小説家. 庶民生活の哀歓を描いた作品が多く, 短篇の名手として知られる. 短篇集『サイラス伯父さん』など. 1099
ペイン Paine, Thomas 1737-1809. イギリス生れの著述家・革命思想家. 『コモン・センス』『人間の権利』ほか. 162, 341, 414, 584
ベイン Behn, Aphra 1640-89. イギリス最初の女性職業作家. 黒人奴隷を主人公にした小説『オルノーコ』は夏目漱石が『三四郎』の中で言及していることでも知られる. 1112
ヘーゲル Hegel, Georg Wilhelm Friedrich 1770-1831. ドイツ古典哲学の最大の代表者. 世界を絶対的イデーの弁証法的発展としてとらえた. 『精神現象学』『歴史哲学』『小論理学』ほか. 308, 573
ベーコン Bacon, Francis 1561-1626. イギリス・ルネサンス期の政治家・哲学者. 経験論の祖. 『ノヴム・オルガヌム』『学問の進歩』『ベーコン随想集』ほか. 35, 36, 138, 139, 140, 177, 303, 305, 382, 383, 503, 504, 576, 593, 705, 706, 899, 901, 1069
ベートーヴェン Beethoven, Ludwig van 1770-1827. ドイツの作曲家. 古典派の終末期に出てロマン派音楽の先駆となり, 数々の不朽の名作をのこした. 『ベートーヴェンの手紙』は厳選されたかれの書簡と懇切な解説から成る. ほかに『音楽ノート』. 609, 1051
ヘシオドス Hesiodos 前8世紀頃. ホメロスとならぶ古代ギリシアの叙事詩人. 『仕事と日々』『神統記』ほか. 447
ベッカリーア Beccaria, Cesare Bonesana 1738-94. イタリアの刑法学者・思想家. 封建的刑罰制度の残酷さを批判. 『犯罪と刑罰』ほか. 164,

628
ベック　Beckh, Hermann 1875-1937. ドイツのインド学者.『仏教』ほか.　276
ヘッセ　Hesse, Hermann 1877-1962. ドイツの詩人・小説家.『青春彷徨』『車輪の下』『漂泊の魂』『デミアン』ほか.　54, 104, 827, 1098, 1183
ヘディン　Hedin, Sven 1865-1952. スウェーデンの地理学者・探検家. 中央アジアを踏査して, 楼蘭遺跡の発見, ロプ・ノールの周期的移動の確認などの成果をあげた.『シルクロード』『さまよえる湖』ほか.　522
ヘミングウェイ　Hemingway, Ernest 1899-1961. アメリカの小説家. ロスト・ジェネレーションの代表者.『日はまた昇る』『武器よさらば』ほか.　100, 399, 1032
ヘリゲル　Herrigel, Eugen 1884-1955. ドイツの哲学者. 来日して東北帝国大学教授を5年間勤める. 西南ドイツ学派の思想, 特にラスクの学説を発展させた.『日本の弓術』ほか.　1048
ベルナール　Bernard, Claude 1813-78. フランスの生理学者. 生物体が諸物質によって構成されていることを示し実験生理学を樹立. 主著『実験医学序説』.　781
ペロー　Perrault, Charles 1628-1703. フランスの作家. 民間説話に取材した『ペロー童話集』で知られる.　201, 407, 797
ヘロドトス　Herodotos 前484頃-前425頃. 古代ギリシアの歴史家.「歴史の父」と呼ばれる.『歴史』　131, 132, 170, 597

ホ

穂積陳重(ほづみのぶしげ)　1855-1926. 法学者. 民法・戸籍法などの立法事業に貢献.『法窓夜話』『続法窓夜話』『復讐と法律』ほか.　34
細井和喜蔵　1897-1925. 小説家. 小学校中退で紡績工場で働く. 1920年上京, 労働運動に参加. 紡績業を底辺で支えた女子労働者の生活を記録した『女工哀史』は好評を博したが, まもなく病没.　424
堀辰雄　1904-53. 小説家. 芥川竜之介・室生犀星に師事, 日本的風土に近代フランスの知性を定着させ, 独自の作風を造型した.『風立ちぬ・美しい村』『幼年時代』『菜穂子』ほか.　691
ポアンカレ　Poincaré, Henri 1854-1912. フランスの数学者.『科学と仮説』『科学と方法』ほか.　41, 148

ホイットマン　Whitman, Walt 1819-92. アメリカの詩人. 自由な形式で, 自然や民衆の生活, また民主主義・平和・進歩を歌い, アメリカ民主主義の代表的詩人とされる.『草の葉』ほか.　*666, 1204*

ホーソーン　Hawthorne, Nathaniel 1804-64. アメリカの小説家. ニューイングランド清教徒社会に取材, 象徴・怪奇・寓意に富む作品を残す.『緋文字』ほか.　*397*

ボオドレール　Baudelaire, Charles 1821-67. フランスの詩人. 象徴派の先駆.『悪の華』『パリの憂愁』ほか.　*109, 460, 922, 1029*

ボーマルシェ　Beaumarchais, Pierre Augustin Caron de 1732-99. フランスの劇作家. 才気, 諧謔, 諷刺的内容, 奔放な作劇術により, 大成功をおさめた.『フィガロの結婚』『セヴィラの理髪師』ほか.　*1176*

ホッブズ　Hobbes, Thomas 1588-1679. ベーコンとロックの中間に位置するイギリスの経験論哲学者.『リヴァイアサン』ほか.　*119, 338, 413, 693*

ホフマン　Hoffman, E. T. A. 1776-1822. ドイツの小説家・司法官. 作風は夢幻的・怪奇的要素が濃い. 絵画・音楽にも長じ, 多才な活動でロマン主義に強い影響を残した.『黄金の壺』『ホフマン短篇集』ほか.　*402, 554*

ホメロス　Homeros　前 9 世紀のギリシアの詩人. 英雄叙事詩『イリアス』『オデュッセイア』の作者とされる.　*189, 313, 599*

マ

正岡子規　1867-1902. 俳人・歌人. 雑誌『ホトトギス』によって写生俳句・写生文を提唱, また『歌よみに与ふる書』を発表して短歌革新を試みた. 卓抜な随筆を数多くのこす.『子規句集』『子規歌集』『仰臥漫録』『墨汁一滴』『病牀六尺』『松蘿玉液』『筆まかせ抄』『飯待つ間』『俳諧大要』ほか.　*70, 71, 212, 215, 242, 243, 247, 366, 479, 480, 535, 648, 683, 732, 872, 968*

松尾芭蕉　1644-94. 江戸前期の俳人. 談林の俳風を超えて俳諧に高い文芸性を賦与し蕉風を創始.『おくのほそ道』『芭蕉俳句集』『芭蕉七部集』『芭蕉紀行文集』ほか.　*27, 717*

マーク・トウェイン　Mark Twain 1835-1910. アメリカの小説家. 口語を文学に導入, 機知とユーモア, 鋭い諷刺に富む散文を創始. 晩年は厭世的になった.『ハックルベリー・フィンの冒険』『不思議な少年』『人間

とは何か』ほか. *553, 787, 1042*

マキアヴェッリ　Machiavelli, Niccolò 1469-1527. イタリアの思想家・歴史家. 政治を倫理や宗教と分離して考察した.『君主論』『ローマ史論』ほか. *117, 163, 337, 442, 627, 749, 1023*

マリヴォー　Marivaux, Pierre de 1688-1763. フランスの小説家.『愛と偶然との戯れ』ほか. *327, 1320*

マルクス　Marx, Karl 1818-83. ドイツの経済学者・哲学者・革命家. エンゲルスとともに科学的社会主義を創始, 資本主義体制に根本的批判をくわえた.『資本論』『共産党宣言』『ドイツ・イデオロギー』『ルイ・ボナパルトのブリュメール十八日』ほか. *123, 166, 343, 418, 440, 631, 697, 902, 984, 985, 1020*

マルクス・アウレーリウス　Marcus Aurelius 121-180. 古代ローマの皇帝. ストア派哲学者として『自省録』をのこす. *33, 137, 302, 595, 877, 880*

マルサス　Malthus, Thomas Robert 1766-1834. イギリスの経済学者.『人口の原理』で人口と食糧との関係に関する理論を発表し, 社会に大きな衝動を与えた. *630*

マン　Mann, Thomas 1875-1955. ドイツの小説家. ナチス時代アメリカ, スイスに亡命.『ブッデンブローク家の人びと』『魔の山』『トニオ・クレエゲル』『トオマス・マン短篇集』ほか. *53, 197, 286, 556, 608, 669, 948, 961, 1025, 1205, 1209*

マンスフィールド　Mansfield, Katherine 1888-1923. イギリスの女性作家. 繊細な感覚と優雅な文体とで多くの短篇小説を書いた.『幸福・園遊会』ほか. *1163, 1207*

ミ

三浦周行(みうらひろゆき)　1871-1931. 国史学者. 日本法制史・社会経済史・中世史に精密な実証的研究をすすめた近代史学の先達であり,『堺市史』で地方史研究にも新生面を開いた.『日本史の研究』『法制史の研究』『大阪と堺』ほか. *427*

水上滝太郎(みなかみたきたろう)　1887-1940. 小説家・実業家. 本名阿部章蔵.『三田文学』で活躍.『貝殻追放 抄』『大阪の宿』ほか. *858, 936*

宮沢賢治　1896-1933. 詩人・童話作家. 創作のかたわら農村指導者として献身.『宮沢賢治詩集』『童話集 銀河鉄道の夜』ほか. *81, 254, 487,*

861, 932

宮本常一(みやもとつねいち) 1907-81. 民俗学者. 小学校の教師などを経て，渋沢敬三主宰のアチックミューゼアムに入所，全国各地の民俗調査に従事. すぐれた民俗誌・生活誌を多数のこす.『忘れられた日本人』『家郷の訓』ほか. 472, 641, 1056, 1064

宮本武蔵 1584-1645. 江戸初期の剣客. 武道修行のため諸国を遍歴して二刀流を案出した. 二天流剣法の祖. 水墨画もよくした. 佐々木巌流との試合が名高い.『五輪書』ほか. 436, 718

明恵(みようえ) 1173-1232. 鎌倉時代の華厳宗の僧. 栂尾に高山寺を営み，華厳宗中興の道場とした. また，宋より将来した茶樹を栽培. 旧仏教の立場から法然を批判し『摧邪輪』を書く.『明恵上人集』 623, 886

三好達治 1900-64. 詩人・随筆家. 堀辰雄らと『四季』を創刊. 知性と感性の調和した抒情詩を完成.『三好達治詩集』ほか. 224, 256, 377, 972, 1141

ミシュレ Michelet, Jules 1798-1874. フランスの歴史家.『フランス史』『魔女』ほか. 57

ミル Mill, James 1773-1836. イギリスの哲学者・経済学者. J. S. ミルの父.『教育論・政府論』ほか. 905

ミル Mill, John Stuart 1806-73. イギリスの哲学者・経済学者. 功利主義の中で成長したが，のちその批判が学問の基盤となる.『経済学原理』『自由論』『ミル自伝』『女性の解放』ほか. 122, 167, 342, 417, 583, 696, 875, 876

ミルトン Milton, John 1608-74. イギリスの詩人. 清教徒革命に参加して自由と民主主義のために戦った. 王政復古後は失意のうちに失明したが，『失楽園』を完成. 他に『言論の自由』など. 46, 92, 316, 396, 914, 1198

ム

武者小路実篤 1885-1976. 小説家. 志賀直哉らと雑誌『白樺』を創刊.「新しき村」をつくり，人生肯定・人間信頼を唱えた.『友情』ほか. 252, 1134, 1339

陸奥宗光(むつむねみつ) 1844-97. 政治家. 幕末，坂本竜馬の海援隊に参加. 維新後，地租改正局長等を歴任するが，西南戦争の際挙兵を企てたとして

1878 年下獄. 1892 年第 2 次伊藤内閣の外相になり，条約改正や日清戦争外交に活躍.『蹇蹇録』ほか.　*635*
紫式部　978 頃-1014 頃. 平安中期の物語作者. 上東門院(中宮彰子)に仕え，その間，藤原道長ほか殿上人から重んじられた.『源氏物語』『紫式部日記』『紫式部集』　*24, 714*
室生犀星　1889-1962. 詩人・小説家. 抒情詩人として知られ，のち小説に転じ，野性的な人間追求と感覚的描写で一家を成す.『室生犀星詩集』『或る少女の死まで』『犀星王朝小品集』ほか.　*253, 486, 541, 869, 1213*
ムージル　Musil, Robert 1880-1942. オーストリアの小説家. ナチス時代にスイスに亡命，客死. 長篇小説『特性のない男』は伝統的な小説形式を破る心理主義的な未完の大作.『愛の完成・静かなヴェロニカの誘惑』ほか.　*1114*

メ

メリメ　Mérimé, Prosper 1803-70. フランスの小説家. 歴史学・考古学・言語学にも学殖が深く，野性的・情熱的事件を簡潔な文体で描いた.『コロンバ』『カルメン』『エトルリアの壺』など.　*1162*
メルヴィル　Melville, Herman 1819-91. アメリカの小説家.『白鯨』『ビリー・バッド』『幽霊船』ほか.　*319, 605*

モ

孟子　前 372-前 289. 中国，戦国時代の哲学者. 孔子の意を祖述して『孟子』7 篇を作る.　*16, 1018*
毛沢東　1893-1976. 中国の政治家・思想家. 1921 年中国共産党創立に参加. 49 年中華人民共和国を建設，国家主席となった. 66 年文化大革命を指導し死後その誤りを批判された.『実践論・矛盾論』ほか.　*883*
本居宣長　1730-1801. 江戸中期の国学者. 儒仏を排して古道に帰れと説き，また「もののあはれ」の文学論を展開する. 30 年をついやして完成した『古事記伝』のほか『うひ山ふみ・鈴屋答問録』など.　*158, 808, 908*
森鷗外　1862-1922. 小説家・評論家. 創作のかたわら西欧文学の紹介・翻訳，文芸批評を行なった. 明治文壇の重鎮.『ウィタ・セクスアリス』『青年』『雁』『阿部一族』『山椒大夫・高瀬舟』『舞姫・うたかたの記』,

翻訳『アンデルセン即興詩人』ほか.　69, 209, 240, 478, 533, 645, 741, 742, 868, 945, 1084, 1220

モア　More, Thomas 1478-1535. イギリスの政治家・思想家. エラスムスと交わり, 古典および法律を研究. 主著『ユートピア』で, 理想社会を描きつつイギリス社会を痛烈に批判した.　661

モース　Morse, Edward Sylvester 1838-1925. アメリカの動物学者. 明治10年来日し生物学を教授. 大森貝塚の発見, 古墳の発掘などにより, 日本の考古学・人類学確立への道を拓いた.『大森貝塚』ほか.　378

モーツァルト　Mozart, Wolfgang Amadeus 1756-91. オーストリアの作曲家. 短い生涯に600以上の作品を書いた.『モーツァルトの手紙』からその人となりを知ることができる.　172, 657, 759

モーパッサン　Maupassant, Guy de 1850-93. フランスの小説家. 短篇小説に長じ, ゾラとともに自然主義を代表する.『脂肪の塊』『女の一生』ほか.　292, 1030

モーム　Maugham, William Somerset 1874-1965. イギリスの小説家・劇作家. 物語性に富む多くの作品を書いた.『月と六ペンス』『人間の絆』ほか.　93, 317, 550, 665, 1108, 1191, 1242

モリエール　Molière 1622-73. フランス古典喜劇の完成者. みずから舞台に立ち, 舞台で死んだ.『ドン・ジュアン』『守銭奴』『タルチュフ』『病は気から』ほか.　106, 326, 560, 804, 926, 1190

モンテーニュ　Montaigne, Michel de 1533-92. フランス・ルネサンス期の思想家. モラリストの代表者. 古今にわたる読書体験と鋭利な内省にもとづいて人間性に深い洞察を加えた.『エセー』ほか.　49, 105, 199, 200, 288, 289, 324, 325, 405, 456, 457, 558, 559, 611, 612, 671, 672, 792, 962, 1116, 1143, 1184, 1212, 1282, 1290, 1324

ヤ

柳生宗矩(やぎゅうむねのり)　1571-1646. 将軍秀忠・家光の兵法師範. 新陰流の技法・理論を集大成した『兵法家伝書』は, 宮本武蔵『五輪書』とともに近代武道書の二大巨峰.　848, 1009

柳宗悦(やなぎむねよし)　1889-1961. 民藝研究家・宗教哲学者. 雑誌『白樺』創刊に加わり, のち民藝運動を提唱. 日本民藝館を設立.『民藝四十年』『手仕事の日本』『工藝文化』『南無阿弥陀仏』ほか.　473, 765, 884, 892, 977,

1012

柳田国男(やなぎたくにお)　1875-1962. 民俗学者. 貴族院書記官長をへて朝日新聞社に入社, のち民間にあって民俗学研究に専念.『遠野物語・山の人生』『青年と学問』『木綿以前の事』『こども風土記・母の手毬歌』『不幸なる芸術・笑の本願』『海上の道』『蝸牛考』ほか.　8, 266, 354, 469, 520, 640, 722

山川菊栄　1890-1980. 婦人運動家. 山川均と結婚, 伊藤野枝らと赤瀾会を結成し, 婦人解放運動で活躍. 戦後, 労働省婦人局長となる.『武家の女性』『わが住む村』『覚書 幕末の水戸藩』『山川菊栄女性解放論集』ほか.　12, 423, 1065

山崎今朝弥(やまざきけさや)　1877-1954. 弁護士. 日本社会主義同盟・自由法曹団の結成に参加. 社会主義者・労働運動家に対する弾圧事件を数多く弁護. 奇文・奇言・奇行の人としても知られる.『地震・憲兵・火事・巡査』『弁護士大安売』ほか.　359, 638

山本常朝(やまもとつねとも)　1659-1719. 江戸中期の学者. 学識高くまた和歌に長じた.『葉隠』は常朝の口述を田代又左衛門陳基が筆録した鍋島藩の記録.　3, 346, 1291

ユ

唯円(ゆいえん)　鎌倉中期の僧. 親鸞の弟子.『歎異抄』は師の言葉を唯円が編集したもの.　19, 275, 363, 887　⇨ 親鸞

兪鎮午(ユジノ)　1906-87. 韓国の小説家・法学者. 解放後は高麗大学総長, 国会議員などを歴任.　393

ユーゴー　Hugo, Victor 1802-85. フランスの詩人・小説家・劇作家.『レ・ミゼラブル』『死刑囚最後の日』『ライン河幻想紀行』ほか.　59, 203, 291, 416, 562, 821, 1310

ヨ

横光利一　1898-1947. 小説家. 川端康成とともに新感覚派運動を展開し, ついで新心理主義文学に移った.『日輪・春は馬車に乗って』『旅愁』ほか.　654

与謝野晶子　1878-1942. 歌人.『明星』で活躍. 清新な格調, 大胆奔放な内容の短歌で近代日本を代表する歌人の一人. 大正期に多彩な評論活動を

なす．『与謝野晶子歌集』『与謝野晶子評論集』ほか．　*1077, 1148*
吉川幸次郎　1904-80．中国文学者．中国古典文学の研究に優れた業績をあげる．『元雑劇研究』『阮籍の「詠懐詩」について』ほか．　*269*
吉田兼好　⇨ 兼好法師
吉田松陰　1830-59．幕末の志士．江戸に出て佐久間象山に洋学を学ぶ．常に海外事情に意を用い，1854 年密航を企て捕えられた．松下村塾を開き子弟を薫陶．幕府の条約調印に関して閣老の要撃を謀って捕えられ，翌年斬．『講孟余話』『吉田松陰書簡集』ほか．　*1008*
吉野源三郎　1899-1981．ジャーナリスト．雑誌『世界』を創刊，平和問題談話会を推進した一人．『君たちはどう生きるか』『同時代のこと』ほか．　*471, 838, 846, 1017*

ラ

頼山陽　1780-1832．江戸後期の儒学者・史家．詩・書もよくした．『日本外史』『日本政記』ほか．　*349*
ラーゲルレーヴ　Lagerlöf, Selma 1858-1940．スウェーデンの女流小説家．女性最初のノーベル文学賞受賞者．『ニールスのふしぎな旅』『ポルトガリヤの皇帝さん』『キリスト伝説集』ほか．　*816*
ラエルティオス　⇨ ディオゲネス・ラエルティオス
ラクロ　Laclos, Choderlos de 1741-1803．フランスの小説家．書簡体小説『危険な関係』は 18 世紀末の貴族階級の頽廃を冷厳に描いた心理小説の先駆である．　*1104, 1185, 1262, 1286*
ラシーヌ　Racine, Jean 1639-99．フランスの悲劇詩人．『アンドロマク』『ブリタニキュス』『フェードル』ほか．　*55*
ラ・フォンテーヌ　La Fontaine, Jean de 1621-95．フランスの詩人．動物を借りて普遍的な人間典型を描き出した『寓話』で知られる．　*56, 107, 290, 328, 458, 613, 796, 930*
ラブレー　Rabelais, François 1494 頃-1553 頃．フランスの物語作家・人文学者．巨人王父子二代を中心とする連作『ガルガンチュワとパンタグリュエル物語』(全 5 巻)はフランス・ルネサンス文学の傑作．　*404, 557*
ラ・ロシュフコー　La Rochefoucauld 1613-80．フランスのモラリスト．厭世的だが鋭い人間心理の分析を簡潔な言葉で表わした『箴言集』で名高い．　*1219, 1275, 1284, 1318*

ランケ　Ranke, Leopold von 1795-1886. ドイツ近代歴史学の祖. 厳密な史料批判と史実の精緻・鋭利な客観的叙述とをもって新学風を樹立した. 『世界史概観』ほか.　*387, 772*

ランボオ　Rimbaud, Jean Arthur 1854-91. フランス象徴派の詩人. 早熟な天才で 16 歳で書いた「酔いどれ船」以後 3, 4 年で筆を絶ったが, 近代詩に大きな影響を与えた. 『地獄の季節』ほか.　*563*

リ

李白　701-62. 杜甫とともに「李杜」と併称される盛唐の詩人. 『李白詩選』　*544*

劉廷芝(りゅうていし)　651?-78?. 唐代の詩人. 酒を好み琵琶の名手であった.　*445*

リルケ　Rilke, Rainer Maria 1875-1926. オーストリアの詩人. チェコ生れ. ヨーロッパ諸国を旅し, パリではロダンの秘書. 『ドゥイノの悲歌』『マルテの手記』ほか.　*321, 454, 949, 1026, 1280*

リンカーン　Lincoln, Abraham 1809-65. アメリカ合衆国第 16 代大統領. 1863 年南北戦争下に奴隷解放を宣言, ゲティスバーグの演説で民主主義の理念を説いた. 勝利をおさめ再選された翌年暗殺. 『リンカーン演説集』　*419, 694*

ル

ルクセンブルク　Luxemburg, Rosa 1870-1919. ポーランド生れの女性革命家・経済学者. 『資本蓄積論』『獄中からの手紙』ほか.　*169*

ルソー　Rousseau, Jean-Jacques 1712-78. フランスの啓蒙思想家. 『人間不平等起原論』『社会契約論』『エミール』『告白』ほか.　*95, 141, 178, 297, 502, 575, 591, 592, 707, 760, 767, 774, 783, 879, 897, 898, 1004, 1043, 1068, 1125, 1145*

ルナアル　Renard, Jules 1864-1910. フランスの小説家. 『にんじん』『ぶどう畑のぶどう作り』『博物誌』ほか.　*60, 408*

レ

蓮如(れんにょ)　1415-99. 室町時代, 浄土真宗の僧. 真宗中興の祖. 「御文章」(または「おふみ」とも)によって, 京都を中心に, 近江・北陸・近畿一帯

で活発な布教活動を行なった.『蓮如文集』　*779*
レーニン　Ленин, Владимир Ильич 1870-1924. ロシアのマルクス主義者. ボリシェヴィキ党・ソ連邦の創設者.『ロシアにおける資本主義の発展』『帝国主義』『国家と革命』ほか.　*125*
レオナルド・ダ・ヴィンチ　Leonardo da Vinci 1452-1519. イタリア・ルネサンス期の芸術家・自然科学者.『レオナルド・ダ・ヴィンチの手記』からこの巨人の多彩な活動を知ることができる.　*134, 507, 852, 895, 900*

ロ

老舎　1899-1966. 中国の小説家. イギリスに留学. きっすいの北京語を駆使した特異の諷刺的作風で知られる. 文化大革命で迫害死.『駱駝祥子(ロートシアンツ)』ほか.　*278, 929*
魯迅　1881-1936. 中国の小説家・評論家. 中国近現代を代表する存在. 文学による民族性の改造を志し, 創作・社会批評・海外文学紹介などに努力.『野草』『阿Q正伝・狂人日記』『故事新編』『魯迅論集』ほか.　*64, 98, 188, 277, 312, 392, 446, 545, 587, 659, 803*
ローザ・ルクセンブルク　⇨ルクセンブルク
ローソン　Lawson, Henry 1867-1922. オーストラリアの詩人・小説家. ブッシュ・ライフを詩や短篇で写実的に描いた.『ローソン短篇集』など.　*1304*
ローデンバック　Rodenbach, Georges 1855-98. ベルギーの詩人・小説家. 詩集『白い青春』, 小説『死都ブリュージュ』ほか.　*1215*
ロービア　Rovere, Richard H. 1915-1979. アメリカのジャーナリスト.『マッカーシズム』ほか.　*420*
ロスタン　Rostand, Edmond 1868-1918. フランスの詩人・劇作家. 軽快な韻文劇で知名.『シラノ・ド・ベルジュラック』ほか.　*676, 1217*
ロセッテイ　Rossetti, Dante Gabriel 1828-82. イギリスの画家・詩人. ラファエル前派の運動をおこし, 情熱と詩的想像力にあふれる絵を描いた. その詩は官能性に富む.　*1206*
ロック　Locke, John 1632-1704. イギリスの哲学者・政治思想家. 経験論の代表者. 専制政治に反対し, 三権分立を主張した.『人間悟性論』『市民政府論』『教育に関する考察』ほか.　*118, 339, 580*

ロラン　Rolland, Romain 1866-1944. フランスの人道主義的作家. 1915年ノーベル文学賞受賞.『ジャン・クリストフ』『魅せられたる魂』『愛と死との戯れ』『ベートーヴェンの生涯』『ミケランジェロの生涯』ほか. *110, 616, 785, 799, 819, 912, 916, 955*
ロンサール　Ronsard, Pierre de 1524-85. フランス・ルネサンスの詩人.「フランス近代抒情詩の父」と称される. 恋愛抒情詩を始め哲学詩や諷刺詩・叙事詩など幅広い分野で著作.『ロンサール詩集』 *1096, 1188, 1199*

ワ

和辻哲郎　1889-1960. 倫理学者. 夏目漱石の門に入る. 文化史にも業績が多い.『古寺巡礼』『風土』『鎖国』ほか. *9, 265, 470, 723, 763, 891*
ワーズワース　Wordsworth, William 1770-1850. イギリス・ロマン派最大の詩人. 汎神論的自然観にたち, 自然と人間との内面的交感を単純・沈着な表現で歌った.『ワーズワース詩集』 *663, 1178*
ワイルド　Wilde, Oscar 1856-1900. イギリスの作家. 19世紀末の唯美主義文学の代表者.『サロメ』『幸福な王子』『ドリアン・グレイの画像』ほか. *1271*

書 名 索 引

末尾の番号は引用句番号を示す.
[　]内は岩波文庫の著者別番号. Yは黄, Gは緑,
Bは青, Rは赤, Wは白, の各帯色を示す.

ア

愛神の戯れ　トルクァート・タッソ作, 鷲平京子訳〔R710-1〕　*1120, 1193*
愛と偶然との戯れ　マリヴォー作, 進藤誠一訳〔R517-1〕　*327, 1320*
アイヌ神謡集　知里幸惠編訳〔R80-1〕　*330*
アイヌ民譚集　知里真志保編訳〔R81-1〕　*444*
愛の完成・静かなヴェロニカの誘惑　ムージル作, 古井由吉訳〔R450-1〕　*1114*
愛の断想・日々の断想　ジンメル著, 清水幾太郎訳〔B644-1〕　*998, 1053, 1147, 1232, 1241, 1278, 1331, 1340*
愛の妖精　ジョルジュ・サンド作, 宮崎嶺雄訳〔R535-1〕　*1196, 1287*
青い花　ノヴァーリス作, 青山隆夫訳〔R412-1〕　*1270*
あかい花 他四篇　ガルシン作, 神西清訳〔R621-1〕　*464*
赤と黒　スタンダール作, 桑原武夫・生島遼一訳, 全2冊〔R526-3〜4〕　*108, 332, 913, 1289*
阿Q正伝・狂人日記 他十二篇　魯迅作, 竹内好訳〔R25-2〕　*64, 392*
悪の華　ボオドレール作, 鈴木信太郎訳〔R537-1〕　*109, 1029*
悪霊　ドストエーフスキイ作, 米川正夫訳, 全2冊〔R614-2〜3〕　*1024*
アドルフ　コンスタン作, 大塚幸男訳〔R525-1〕　*614, 1239, 1323*
阿部一族 他二篇　森鷗外作〔G5-6〕　*240, 533*
アベラールとエロイーズ　畠中尚志訳〔R119-1〕　*1036*
雨夜譚　渋沢栄一述, 長幸男校注〔B170-1〕　*642*
アミエルの日記　河野与一訳, 全4冊〔R760-1〜4〕　*789*

嵐が丘　エミリ・ブロンテ作，阿部知二訳，全2冊〔R233-1～2〕　*1097*
アラブ飲酒詩選　アブー・ヌワース作，塙治夫編訳〔R785-1〕　*1223, 1295*
アリランの歌　ニム・ウェールズ，キム・サン著，松平いを子訳〔B443-1〕　*1231, 1245*
ある革命家の手記　クロポトキン著，高杉一郎訳，全2冊〔W218-2～3〕　*698*
アルプス登攀記　ウィンパー著，浦松佐美太郎訳，全2冊〔R239-1～2〕　*825*
アンティゴネー　ソポクレース作，呉茂一訳〔R105-1〕　*279, 1249*
完訳 アンデルセン童話集　大畑末吉訳，全7冊〔R740-1～7〕　*113, 127, 411, 620*
アントニーとクレオパトラ　シェイクスピア作，本多顕彰訳〔R205-3〕　*1094*
アンナ・カレーニナ　トルストイ作，中村融訳，全3冊〔R617-1～3〕　*294, 410, 463, 1109*
暗夜行路　志賀直哉作，全2冊〔G46-4～5〕　*372, 1154*

イ

怒りについて 他一篇　セネカ著，茂手木元蔵訳〔B607-2〕　*301*
怒りのぶどう　スタインベック作，大橋健三郎訳，全3冊〔R327-1～3〕　*196*
「いき」の構造 他二篇　九鬼周造著〔B146-1〕　*355, 842*
石橋湛山評論集　松尾尊兊編〔B168-1〕　*726, 780, 1021*
伊勢物語　大津有一校注〔Y8-1〕　*530*
イソップ寓話集　中務哲郎訳〔R103-1〕　*813*
一外交官の見た明治維新　アーネスト・サトウ著，坂田精一訳，全2冊〔B425-1～2〕　*14, 356*
一言芳談抄　森下二郎校訂〔B328-1〕　*776*
一寸法師・さるかに合戦・浦島太郎――日本の昔ばなしIII　関敬吾編〔Y236-3〕　*28*
伊豆の踊り子・温泉宿 他四篇　川端康成作〔G81-1〕　*746*
一遍上人語録(付・播州法語集)　大橋俊雄校注〔B321-1〕　*1046*

イリアス　ホメロス作，松平千秋訳，全2冊〔R 102-1〜2〕　*313, 599*
民話集 イワンのばか 他八篇　トルストイ作，中村白葉訳〔R 619-2〕　*61, 115*

ウ

うひ山ふみ・鈴屋答問録　本居宣長著，村岡典嗣校訂〔Y 219-1〕　*158, 808, 908*
ヴィヨンの妻・桜桃 他八篇　太宰治作〔G 90-2〕　*1132, 1153*
ウィタ・セクスアリス　森鷗外作〔G 5-3〕　*69*
上田敏全訳詩集　山内義雄・矢野峰人編〔G 34-1〕　*75, 482, 1165, 1206, 1214*
ヴェニスに死す　トオマス・マン作，実吉捷郎訳〔R 434-1〕　*1209*
ヴェニスの商人　シェイクスピア作，中野好夫訳〔R 204-3〕　*44, 89, 280, 1031*
宇治拾遺物語　渡辺綱也校訂，全2冊〔Y 105-1〜2〕　*528*
歌行燈　泉鏡花作〔G 27-2〕　*246*
歌の本　ハイネ作，井上正蔵訳，全2冊〔R 418-1〜2〕　*1158, 1195, 1250*
歌よみに与ふる書　正岡子規著〔G 13-6〕　*71*
内村鑑三所感集　鈴木俊郎編〔B 119-5〕　*1059*
美しき惑いの年　カロッサ作，手塚富雄訳〔R 436-3〕　*925*

エ

永遠平和のために　カント著，宇都宮芳明訳〔B 625-9〕　*385, 708*
易経　高田真治・後藤基巳訳，全2冊〔B 201-1〜2〕　*150*
エセー　モンテーニュ著，原二郎訳，全6冊〔R 509-1〜6〕　*49, 105, 199, 200, 288, 289, 324, 325, 405, 456, 457, 558, 559, 611, 612, 671, 672, 792, 962, 1116, 1143, 1184, 1212, 1282, 1290, 1324*
エチカ　スピノザ著，畠中尚志訳，全2冊〔B 615-4〜5〕　*176, 704, 1238, 1274*
絵のない絵本　アンデルセン作，大畑末吉訳〔R 741-3〕　*126, 795*
エピクロス——教説と手紙　出隆・岩崎允胤訳〔B 606-1〕　*136, 505, 768, 834*
エピクロスの園　アナトール・フランス著，大塚幸男訳〔R 543-6〕　*675, 829, 1118, 1221*

エマソン論文集　酒本雅之訳，全２冊〔R 303-1～2〕　*194, 284, 552, 1041, 1281*
エミール　ルソー著，今野一雄訳，全３冊〔B 622-1～3〕　*95, 297, 575, 592, 760, 767, 774, 783, 879, 897, 1004, 1068, 1125, 1145*

オ

オイディプス王　ソポクレス作，藤沢令夫訳〔R 105-2〕　*42, 547, 784, 963*
オーウェル評論集　小野寺健編訳〔R 262-1〕　*283, 604, 1033, 1039*
大鏡　松村博司校注〔Y 104-1〕　*236*
大阪と堺　三浦周行著，朝尾直弘編〔B 166-1〕　*427*
オー・ヘンリー傑作選　大津栄一郎訳〔R 330-1〕　*285, 451, 818, 1182*
大森貝塚　E. S. モース著，近藤義郎・佐原真編訳〔B 432-1〕　*378*
お気に召すまま　シェイクスピア作，阿部知二訳〔R 204-7〕　*91, 1095, 1177, 1187, 1210, 1311*
小熊秀雄詩集　岩田宏編〔G 99-1〕　*226, 258, 689, 1197*
惜みなく愛は奪う　有島武郎著〔G 36-5〕　*213, 538, 1150, 1336*
オセロウ　シェイクスピア作，菅泰男訳〔R 205-0〕　*191, 662, 1170, 1175, 1255, 1313*
恐るべき子供たち　コクトー作，鈴木力衛訳〔R 566-1〕　*952*
オットーと呼ばれる日本人 他一篇　木下順二作〔G 100-3〕　*87, 1075*
オデュッセイア　ホメロス作，松平千秋訳，全２冊〔R 102-4～5〕　*189*
お伽草子　島津久基編校〔Y 126-1〕　*157*
オネーギン　プーシキン作，池田健太郎訳〔R 604-1〕　*1146, 1263*
オルノーコ・美しい浮気女　アフラ・ベイン作，土井治訳〔R 271-1〕　*1112*
女の一生　モーパッサン作，杉捷夫訳〔R 550-2〕　*292*
音楽と音楽家　シューマン著，吉田秀和訳〔B 502-1〕　*331, 579, 1044*
音楽ノート　ベートーヴェン著，小松雄一郎訳編〔B 501-2〕　*609, 1051*

カ

カール・マルクス 他十八篇　レーニン著，粟田賢三訳〔W 134-3〕　*125*
貝殻追放 抄　水上滝太郎著〔G 110-1〕　*858, 936*
懐旧九十年　石黒忠悳著〔B 161-1〕　*518*

外交談判法　カリエール著，坂野正高訳〔W 19-1〕　*782*
新訂 海舟座談　巌本善治編，勝部真長校注〔B 100-1〕　*230, 517, 1063*
海上の道　柳田国男著〔B 138-6〕　*354*
海神丸　野上弥生子作〔G 49-1〕　*485*
怪談　ラフカディオ・ハーン作，平井呈一訳〔R 244-1〕　*403*
外套・鼻　ゴーゴリ作，平井肇訳〔R 605-3〕　*617, 812, 1040*
科学と仮説　ポアンカレ著，河野伊三郎訳〔B 902-1〕　*41, 148*
家郷の訓　宮本常一著〔B 164-2〕　*641, 1056, 1064*
学問の進歩　ベーコン著，服部英次郎・多田英次訳〔B 617-1〕　*504*
学問のすゝめ　福沢諭吉著〔B 102-3〕　*262, 351, 1062*
華国風味　青木正児著〔B 165-1〕　*521, 1011*
カストロの尼 他二篇　スタンダール作，桑原武夫訳〔R 526-7〕　*1316*
風立ちぬ・美しい村　堀辰雄作〔G 89-1〕　*691*
童話集 風の又三郎 他十八篇　宮沢賢治作，谷川徹三編〔G 76-2〕　*254*
家族・私有財産・国家の起源　エンゲルス著，戸原四郎訳〔W 128-8〕 *1129*
河童 他二篇　芥川竜之介作〔G 70-3〕　*866*
神の国　アウグスティヌス著，服部英次郎訳，全5冊〔B 805-3～7〕　*636*
かもめ　チェーホフ作，湯浅芳子訳〔R 622-1〕　*1107*
硝子戸の中　夏目漱石著〔G 11-2〕　*211, 512*
カラマーゾフの兄弟　ドストエーフスキイ作，米川正夫訳，全4冊〔R 614-9，615-0～2〕　*206, 334, 565, 1038*
ガリア戦記　カエサル著，近山金次訳〔B 407-1〕　*30, 598*
ガリヴァー旅行記　スウィフト作，平井正穂訳〔R 209-3〕　*192, 322, 602*
ガリレイの生涯　ベルトルト・ブレヒト作，岩淵達治訳〔R 439-2〕　*102, 103, 610, 828, 920*
カルメン　メリメ作，杉捷夫訳〔R 534-3〕　*1162*
可愛い女・犬を連れた奥さん 他一篇　チェーホフ作，神西清訳〔R 622-3〕 *333*
雁　森鷗外作〔G 5-5〕　*1220*
新訂 閑吟集　浅野建二校注〔Y 128-1〕　*807, 1157, 1225, 1253*
カンディード　ヴォルテール作，吉村正一郎訳〔R 518-1〕　*674*

キ

新版 きけわだつみのこえ　日本戦没学生記念会編〔B 157-1〕　268, 724, 1016, 1058
危険な関係　ラクロ作，伊吹武彦訳，全 2 冊〔R 523-1〜2〕　1104, 1185, 1262, 1286
北村透谷選集　勝本清一郎校訂〔G 16-1〕　72, 1130
君たちはどう生きるか　吉野源三郎著〔B 158-1〕　471, 838, 846, 1017
旧聞日本橋　長谷川時雨作〔G 103-1〕　228
踏査報告 窮乏の農村　猪俣津南雄著〔W 150-1〕　128, 639
教育に関する考察　ロック著，服部知文訳〔W 7-5〕　118, 580
教育論・政府論　ジェームズ・ミル著，小川晃一訳〔W 20-1〕　905
饗宴　プラトン著，久保勉訳〔B 601-3〕　173, 577
仰臥漫録　正岡子規著〔G 13-5〕　535
教行信証　親鸞著，金子大栄校訂〔B 318-1〕　885
共産党宣言　マルクス，エンゲルス著，大内兵衛・向坂逸郎訳〔W 124-5〕　123
狂人日記 他二篇　ゴーゴリ作，横田瑞穂訳〔R 605-1〕　462
去来抄・三冊子・旅寝論　潁原退蔵校訂〔Y 208-1〕　237, 514
ギリシア哲学者列伝　ディオゲネス・ラエルティオス著，加来彰俊訳，全 3 冊〔B 663-1〜3〕　381
キリストにならいて　トマス・ア・ケンピス著，大沢章・呉茂一訳〔B 804-1〕　43, 147
童話集 銀河鉄道の夜 他十四篇　宮沢賢治作，谷川徹三編〔G 76-3〕　487, 861
金枝篇　フレイザー著，永橋卓介訳，全 5 冊〔W 216-1〜5〕　130, 443
近代日本人の発想の諸形式 他四篇　伊藤整著〔G 96-1〕　257, 655, 859, 1079

ク

寓話　ラ・フォンテーヌ作，今野一雄訳，全 2 冊〔R 514-1〜2〕　56, 107, 290, 328, 458, 613, 796, 930
クオ・ワディス　シェンキェーヴィチ作，木村彰一訳，全 3 冊〔R 770-1〜3〕　208, 680

草の葉　ホイットマン作，酒本雅之訳，全３冊〔R 309-1〜3〕　*666, 1204*
草枕　夏目漱石作〔G 10-4〕　*210, 870, 871, 1073*
虞美人草　夏目漱石作〔G 10-5〕　*738, 947, 1260, 1317, 1328*
完訳 グリム童話集　金田鬼一訳，全５冊〔R 413-1〜5〕　*114, 790*
黒船前後・志士と経済 他十六篇　服部之総著〔B 153-1〕　*124, 358*
君主論　マキアヴェッリ著，河島英昭訳〔W 3-1〕　*117, 163, 337, 442, 627, 749, 1023*

ケ

経済学・哲学草稿　マルクス著，城塚登・田中吉六訳〔W 124-2〕　*984*
経済学批判　マルクス著，武田隆夫・遠藤湘吉・大内力・加藤俊彦訳〔W 125-0〕　*343*
形而上学　アリストテレス著，出隆訳，全２冊〔B 604-3〜4〕　*174*
歌集 形相　南原繁著〔B 167-1〕　*1010*
啓蒙とは何か 他四篇　カント著，篠田英雄訳〔B 625-2〕　*37, 501*
ゲーテ詩集　片山敏彦・竹山道雄訳，全４冊〔R 406-4〜7〕　*966*
ゲーテとの対話　エッカーマン著，山下肇訳，全３冊〔R 409-1〜3〕　*52, 195, 231, 607, 668*
結婚狂詩曲（囲城）　銭鍾書作，荒井健・中島長文・中島みどり訳，全２冊〔R 37-1〜2〕　*1279*
結婚十五の歓び　新倉俊一訳〔R 571-1〕　*564, 1119*
ゲマインシャフトとゲゼルシャフト　テンニエス著，杉之原寿一訳，全２冊〔W 207-1〜2〕　*441, 699*
ゲルマーニア　タキトゥス著，泉井久之助訳註〔B 408-1〕　*388*
新訂 蹇蹇録　陸奥宗光著，中塚明校注〔B 114-1〕　*635*
検察官　ゴーゴリ作，米川正夫訳〔R 605-2〕　*205*
源氏物語　紫式部作，山岸徳平校注，全６冊〔Y 15-1〜6〕　*24, 714*
阮籍の「詠懐詩」について　吉川幸次郎著〔B 152-1〕　*269*
現代の批判 他一篇　キルケゴール著，桝田啓三郎訳〔B 635-4〕　*499*
権利のための闘争　イェーリング著，村上淳一訳〔W 13-1〕　*120, 161, 415, 582, 750, 903, 1022*

コ

好色一代男　井原西鶴作，横山重校訂〔Y 204-1〕　*493*

好色一代女　井原西鶴作，横山重校訂〔Y 204-3〕　*434, 1137*

好色二代男　井原西鶴作，横山重校訂〔Y 204-2〕　*435*

行人　夏目漱石作〔G 11-0〕　*534, 976, 981, 1135, 1151, 1227*

後世への最大遺物・デンマルク国の話　内村鑑三著〔B 119-4〕　*720, 843*

幸福・園遊会 他十七篇　マンスフィールド作，崎山正毅・伊沢龍雄訳〔R 256-1〕　*1163, 1207*

幸福論　ヒルティ著，草間平作・大和邦太郎訳，全3冊〔B 638-3～5〕　*773, 833, 893, 896, 1124*

高慢と偏見　オースティン作，富田彬訳，全2冊〔R 222-1～2〕　*551, 817, 1168, 1179*

講孟余話(旧名講孟劄記)　吉田松陰著，広瀬豊校訂〔B 21-1〕　*1008*

高野聖・眉かくしの霊　泉鏡花作〔G 27-1〕　*1259*

コーラン　井筒俊彦訳，全3冊〔B 813-1～3〕　*310, 851*

古今和歌集　佐伯梅友校注〔Y 12-1〕　*430, 1091*

獄中からの手紙　ローザ・ルクセンブルク著，秋元寿恵夫訳〔W 140-3〕　*169*

告白　ルソー著，桑原武夫訳，全3冊〔B 622-8～9, 623-0〕　*591*

国富論　アダム・スミス著，水田洋監訳・杉山忠平訳，全4冊〔W 105-1～4〕　*340, 695*

古句を観る　柴田宵曲著〔G 106-1〕　*944*

古語拾遺　斎部広成撰，西宮一民校注〔Y 35-1〕　*622, 757*

こころ　夏目漱石作〔G 11-1〕　*68, 368, 733, 938*

心　ラフカディオ・ハーン著，平井呈一訳〔R 244-2〕　*484, 830*

古事記　倉野憲司校注〔Y 1-1〕　*29*

古寺巡礼　和辻哲郎著〔B 144-1〕　*9, 470, 723, 891*

小僧の神様 他十篇　志賀直哉作〔G 46-2〕　*250*

古代への情熱　シュリーマン著，村田数之亮訳〔B 420-1〕　*700*

国家　プラトン著，藤沢令夫訳，全2冊〔B 601-7～8〕　*135, 996, 1273*

ゴッホの手紙　硲伊之助訳，全3冊〔B 553-1～3〕　*15, 391, 1052*

孤独な散歩者の夢想　ルソー著，今野一雄訳〔B 623-1〕　*1043*

この人を見よ　ニーチェ著，手塚富雄訳〔B 639-6〕　*1050*
小林秀雄初期文芸論集　〔G 95-1〕　*690, 1076*
コモン・センス 他三篇　トーマス・ペイン著，小松春雄訳〔W 106-1〕　*162, 341, 414, 584*
五輪書　宮本武蔵著，渡辺一郎校注〔B 2-1〕　*436, 718*
ゴルギアス　プラトン著，加来彰俊訳〔B 601-2〕　*596*
コロノスのオイディプス　ソポクレス作，高津春繁訳〔R105-3〕　*300*

サ

西郷南洲遺訓　西郷隆盛著，山田済斎編〔B 101-1〕　*4, 348, 516*
菜根譚　洪自誠著，今井宇三郎訳注〔R 23-1〕　*187, 311, 586, 793, 810, 957, 1152*
犀星王朝小品集　室生犀星作〔G 66-3〕　*541, 1213*
サイラス・マーナー　G. エリオット作，土井治訳〔R 236-1〕　*282*
サキ傑作集　河田智雄訳〔R 261-1〕　*450*
更級日記　菅原孝標女著，西下経一校注〔Y 18-1〕　*151*
サロメ　ワイルド作，福田恆存訳〔R 245-2〕　*1271*
新訂 山家集　西行作，佐佐木信綱校訂〔Y 23-1〕　*752*
山家鳥虫歌──近世諸国民謡集　浅野建二校注〔Y 242-1〕　*491, 531, 755, 1092, 1101*
山椒魚・遥拝隊長 他七篇　井伏鱒二作〔G 77-1〕　*82, 511*
三四郎　夏目漱石作〔G10-6〕　*646, 681, 740*
三酔人経綸問答　中江兆民著，桑原武夫・島田虔次訳・校注〔B 110-1〕　*6, 467, 721, 840, 1057*
三文オペラ　ベルトルト・ブレヒト作，千田是也訳〔R 439-1〕　*198, 287, 455*

シ

ジェイン・エア　シャーロット・ブロンテ作，遠藤寿子訳，全 2 冊〔R 232-1～2〕　*1294, 1312*
史記列伝　司馬遷著，小川環樹・今鷹真・福島吉彦訳，全 5 冊〔B 214-1～5〕　*17, 149, 361, 429, 775*
死刑囚最後の日　ユーゴー作，豊島与志雄訳〔R 531-8〕　*416, 821*

地獄の季節　ランボオ作，小林秀雄訳〔R 552-1〕　563
自殺について 他四篇　ショウペンハウエル著，斎藤信治訳〔B 632-1〕　179, 766, 1001
自叙伝・日本脱出記　大杉栄著，飛鳥井雅道校訂〔B 134-1〕　515
地震・憲兵・火事・巡査　山崎今朝弥著，森長英三郎編〔B 160-1〕　359, 638
自省録　マルクス・アウレーリウス著，神谷美恵子訳〔B 610-1〕　33, 137, 302, 595, 877, 880
自然と人生　徳冨蘆花著〔G 15-2〕　244, 369, 978
時代閉塞の現状・食うべき詩 他十篇　石川啄木著〔G 54-5〕　80
実験医学序説　クロード・ベルナール著，三浦岱栄訳〔B 916-1〕　781
実践論・矛盾論　毛沢東著，松村一人・竹内実訳〔B 231-1〕　883
失楽園　ミルトン作，平井正穂訳，全 2 冊〔R 206-2～3〕　46, 92, 316, 396, 914, 1198
実利論　カウティリヤ著，上村勝彦訳，全 2 冊〔B 263-1～2〕　475, 849
詩と真実　ゲーテ著，山崎章甫訳，全 4 冊〔R 406-9, 407-0～2〕　146
死都ブリュージュ　ローデンバック作，窪田般彌訳〔R 578-1〕　1215
死に至る病　キェルケゴール著，斎藤信治訳〔B 635-3〕　144, 181
縛られたプロメーテウス　アイスキュロス作，呉茂一訳〔R 104-3〕　660
至福千年　石川淳作〔G 94-2〕　376
資本論　マルクス著，エンゲルス編，向坂逸郎訳，全 9 冊〔W 125-1～9〕　697, 902
市民政府論　ロック著，鵜飼信成訳〔W 7-7〕　339
社会契約論　ルソー著，桑原武夫・前川貞次郎訳〔B 623-3〕　141, 178, 898
斜陽 他一篇　太宰治作〔G 90-3〕　1208, 1264
ジャン・クリストフ　ロマン・ローラン作，豊島与志雄訳，全 4 冊〔R 555-1～4〕　785, 799, 912, 916
十二夜　シェイクスピア作，小津次郎訳〔R 204-8〕　449, 1236, 1288
自由論　J. S. ミル著，塩尻公明・木村健康訳〔W 116-6〕　122, 167, 342, 417, 696, 875
侏儒の言葉　芥川竜之介著〔G 70-4〕　255, 692, 943, 946, 969, 1244, 1267, 1272, 1335
守銭奴　モリエール作，鈴木力衛訳〔R 512-7〕　1190

出家とその弟子　倉田百三作〔G 67-1〕　*221, 374, 1230, 1261*
ジュリアス・シーザー　シェイクスピア作，中野好夫訳〔R 204-6〕　*822*
饒舌について 他五篇　プルタルコス著，柳沼重剛訳〔B 664-1〕　*832*
浄土三部経　中村元・早島鏡正・紀野一義訳註，全２冊〔B 306-1〜2〕　*993*
少年少女　アナトール・フランス作，三好達治訳〔R 543-1〕　*800*
笑府――中国笑話集　馮夢竜撰，松枝茂夫訳，全２冊〔R 32-1〜2〕　*66*
正法眼蔵随聞記　懐奘編，和辻哲郎校訂〔B 319-4〕　*20, 364, 728, 778, 995, 1007*
松蘿玉液　正岡子規著〔G 13-8〕　*683*
職業としての学問　マックス・ウェーバー著，尾高邦雄訳〔W 209-5〕　*730, 748, 986*
職業としての政治　マックス・ヴェーバー著，脇圭平訳〔W 209-7〕　*129, 344, 632, 873, 987*
女工哀史　細井和喜蔵著〔B 135-1〕　*424*
女性の解放　J. S. ミル著，大内兵衛・大内節子訳〔W 116-7〕　*876*
ジョゼフ・フーシェ　シュテファン・ツワイク作，高橋禎二・秋山英夫訳〔R 437-4〕　*801, 921*
シラノ・ド・ベルジュラック　ロスタン作，辰野隆・鈴木信太郎訳〔R 563-1〕　*676, 1217*
シルクロード　ヘディン著，福田宏年訳，全２冊〔B 452-1〜2〕　*522*
神曲　ダンテ作，山川丙三郎訳，全３冊〔R 701-1〜3〕　*295, 679*
真空地帯　野間宏作，全２冊〔G 91-1〜2〕　*225, 543*
人権宣言集　高木八尺・末延三次・宮沢俊義編〔W 1-1〕　*581, 751*
初版 人口の原理　ロバート・マルサス著，高野岩三郎・大内兵衛訳〔W 107-1〕　*630*
人生談義　エピクテートス著，鹿野治助訳，全２冊〔B 608-1〜2〕　*175*
人生の短さについて 他二篇　セネカ著，茂手木元蔵訳〔B 607-1〕　*31, 703, 837, 855, 904*
神統記　ヘシオドス作，廣川洋一訳〔R 107-1〕　*447*
神皇正統記　北畠親房著，岩佐正校注〔Y 116-1〕　*1088*
人文地理学原理　ヴィダル・ドゥ・ラ・ブラーシュ著，飯塚浩二・田辺裕訳，全２冊〔B 450-1〜2〕　*701*

親鸞和讃集　名畑應順校注〔B 318-3〕　*432*

ス

随園食単　袁枚著，青木正児訳註〔B 262-1〕　*271, 727, 769*
水晶 他三篇　シュティフター作，手塚富雄・藤村宏訳〔R 422-3〕　*1034*
スペードの女王・ベールキン物語　プーシキン作，神西清訳〔R 604-2〕　*409*
すみだ川・新橋夜話 他一篇　永井荷風作〔G 42-2〕　*1228, 1258*

セ

青春はうるわし 他三篇　ヘッセ作，関泰祐訳〔R 435-3〕　*1183*
聖書　⇨「ヨブ記」「福音書」
精神指導の規則　デカルト著，野田又夫訳〔R 613-4〕　*578, 594*
青銅の基督　長与善郎作〔G 61-1〕　*983*
青年　森鷗外作〔G 5-4〕　*209, 478, 645, 742, 1084*
青年と学問　柳田国男著〔B 138-2〕　*266*
青年の環　野間宏作，全 5 冊〔G 91-3～7〕　*1081*
セヴィラの理髪師　ボーマルシェ作，進藤誠一訳〔R 522-2〕　*1176*
世界憲法集 第四版　宮沢俊義編〔W 2-1〕　*160*
世界史概観　ランケ著，鈴木成高・相原信作訳〔B 412-1〕　*387, 772*
狭き門　アンドレ・ジイド作，川口篤訳〔R 558-2〕　*461*
セルバンテス短篇集　牛島信明編訳〔R 721-7〕　*1180, 1194*
善悪の彼岸　ニーチェ著，木場深定訳〔B 639-5〕　*143, 180, 571, 999, 1237, 1277*
千一夜物語　豊島与志雄・渡辺一夫・佐藤正彰・岡部正孝訳，全 13 冊〔R 780-1～9, 781-0～3〕　*1189*
戦争と平和　トルストイ作，米川正夫訳，全 4 冊〔R 618-1～4〕　*566, 618, 678, 956*
戦争論　クラウゼヴィッツ著，篠田英雄訳，全 3 冊〔W 115-1～3〕　*121, 165, 439, 874*
善の研究　西田幾多郎著〔B 124-1〕　*264, 841, 882*

ソ

荘子　金谷治訳注，全４冊〔B 206-1～4〕 *273, 428, 474, 729, 1061*

ソークラテースの思い出　クセノフォーン著，佐々木理訳〔B 603-1〕 *32, 380, 1000*

続思索と体験・『続思索と体験』以後　西田幾多郎著〔B 124-3〕 *353, 468, 762, 1013*

ソクラテスの弁明・クリトン　プラトン著，久保勉訳〔B 601-1〕 *298, 758*

蘇東坡詩選　小川環樹・山本和義選訳〔R 7-1〕 *953*

曾根崎心中・冥途の飛脚 他五篇　近松門左衛門作，祐田善雄校注〔Y 211-1〕 *492, 989*

ソネット集　シェイクスピア作，高松雄一訳〔R 205-5〕 *1303*

其面影(そのおもかげ)　二葉亭四迷作〔G 7-4〕 *1338*

それから　夏目漱石作〔G 10-7〕 *241, 1140, 1309*

新訂 孫子　金谷治訳注〔B 207-1〕 *524, 643*

タ

大尉の娘　プーシキン作，神西清訳〔R 604-3〕 *927, 950*

大君の都――幕末日本滞在記　オールコック著，山口光朔訳，全３冊〔B 424-1～3〕 *13, 546, 634, 831*

大陸と海洋の起源　ヴェーゲナー著，都城秋穂・紫藤文子訳，全２冊〔B 907-1～2〕 *186, 570*

高村光太郎詩集　〔G 47-1〕 *687, 1086, 1246, 1257, 1299*

竹取物語　阪倉篤義校訂〔Y 7-1〕 *496*

タゴール詩集　渡辺照宏訳〔R 63-1〕 *911*

立原道造詩集　杉浦明平編〔G 121-1〕 *1202, 1216, 1254*

蓼喰う虫　谷崎潤一郎作，小出楢重画〔G 55-1〕 *1156, 1283*

谷崎潤一郎随筆集　篠田一士編〔G 55-7〕 *747, 939, 1080, 1334*

谷間のゆり　バルザック作，宮崎嶺雄訳〔R 530-2〕 *824*

田沼時代　辻善之助著〔B 148-1〕 *633*

タルチュフ　モリエール作，鈴木力衛訳〔R 512-2〕 *106, 560*

歎異抄　唯円編，金子大栄校注〔B 318-2〕 *19, 275, 363, 887*

チ

小さき者へ・生まれいずる悩み　有島武郎作〔G36-6〕　*249, 371, 1083*
知性について 他四篇　ショーペンハウエル著，細谷貞雄訳〔B632-3〕　*38, 500, 853*
父と子　ツルゲーネフ作，金子幸彦訳〔R608-6〕　*62, 917*
一茶 父の終焉日記・おらが春 他一篇　矢羽勝幸校注〔Y223-4〕　*910*
茶の本　岡倉覚三著，村岡博訳〔B115-1〕　*519, 844, 1060*
中国名詩選　松枝茂夫編，全3冊〔R33-1〜3〕　*365, 544, 1019, 1224, 1251, 1293, 1297*
中世の文学伝統　風巻景次郎著〔B171-1〕　*1090*
朝花夕拾　魯迅著，松枝茂夫訳〔R25-3〕　*98, 446*
朝鮮詩集　金素雲訳編〔R72-1〕　*1028*
朝鮮短篇小説選　大村益夫・長璋吉・三枝壽勝編訳，全2冊〔R74-1〜2〕　*393*

ツ

ツァラトゥストラはこう言った　ニーチェ著，氷上英廣訳，全2冊〔B639-2〜3〕　*39, 306, 572, 589, 771, 881, 997, 1067, 1127, 1233, 1240*
月と六ペンス　モーム作，阿部知二訳〔R254-2〕　*93, 317, 550, 665, 1108, 1191, 1242*
土　長塚節作〔G40-1〕　*77*
椿姫　デュマ・フィス作，吉村正一郎訳〔R540-1〕　*1106, 1276*
罪と罰　ドストエフスキー作，江川卓訳，全3冊〔R613-5〜7〕　*112, 667*
新訂 徒然草　兼好法師著，西尾実・安良岡康作校注〔Y112-1〕　*1, 22, 23, 152, 156, 238, 433, 494, 527, 585, 716, 753, 809, 907, 988, 1087, 1226*

テ

テアイテトス　プラトン著，田中美知太郎訳〔B601-4〕　*702*
手仕事の日本　柳宗悦著〔B169-2〕　*765, 977, 1012*
哲学の改造　ジョン・デューウィ著，清水幾太郎・清水礼子訳〔B652-1〕　*40, 711*
デミアン　ヘルマン・ヘッセ作，実吉捷郎訳〔R435-5〕　*55, 104, 827, 1098*

デモクラシーの本質と価値　ケルゼン著，西島芳二訳〔W 16-1〕　*629*
寺田寅彦随筆集　小宮豊隆編，全 5 冊〔G 37-1～5〕　*76, 217, 248, 483, 539, 651, 686, 734, 935, 970*
天才の心理学　E. クレッチュマー著，内村祐之訳〔B 658-1〕　*145, 835*
天体の回転について　コペルニクス著，矢島祐利訳〔B 905-1〕　*569*
天文対話　ガリレオ・ガリレイ著，青木靖三訳，全 2 冊〔B 906-1～2〕　*390, 497, 712*

ト

ドイツ・イデオロギー　マルクス，エンゲルス著，古在由重訳〔W 124-3〕　*440*
陶庵夢憶　張岱著，松枝茂夫訳〔B 217-1〕　*994*
東海道中膝栗毛　十返舎一九作，麻生磯次校注，全 2 冊〔Y 227-1～2〕　*624*
東京の三十年　田山花袋著〔G 21-3〕　*229, 481*
唐詩選　前野直彬注解，全 3 冊〔R 9-1～3〕　*65, 445*
藤村詩抄　島崎藤村自選〔G 23-1〕　*73, 536, 731, 864, 937, 1082, 1138, 1305*
藤村随筆集　十川信介編〔G 24-7〕　*1133, 1173*
遠野物語・山の人生　柳田国男著〔B 138-1〕　*722*
トオマス・マン短篇集　実吉捷郎訳〔B 433-4〕　*1025*
徳川時代の文学に見えたる私法　中田薫著〔B 163-1〕　*725*
読書について 他二篇　ショウペンハウエル著，斎藤忍随訳〔B 632-2〕　*142, 159, 579, 590, 709, 761, 770, 856, 878, 894, 1066, 1128*
土左日記　紀貫之著，鈴木知太郎校注〔Y 13-1〕　*431, 621*
トニオ・クレエゲル　トオマス・マン作，実吉捷郎訳〔R 434-0〕　*53, 556, 948, 1205*
トム・ジョウンズ　フィールディング作，朱牟田夏雄訳，全 4 冊〔R 211-1～4〕　*919*
トリスタン・イズー物語　ベディエ編，佐藤輝夫訳〔R 503-1〕　*791, 1100*
問はず語り　後深草院二条著，玉井幸助校訂〔Y 106-1〕　*992*
ドン・キホーテ　セルバンテス作，牛島信明訳，前編・後編各全 3 冊〔R 721-1～6〕　*63, 412, 465, 567, 960, 1035, 1326*
ドン・ジュアン　モリエール作，鈴木力衛訳〔R 512-3〕　*326, 804, 926*

どん底　ゴーリキイ作，中村白葉訳〔R 627-2〕　*207, 619, 965, 1037*

ナ

中勘助随筆集　渡辺外喜三郎編〔G 51-6〕　*735*
中野重治詩集　〔G 83-1〕　*942*
中原中也詩集　大岡昇平編〔G 97-1〕　*86, 542, 739, 1142, 1161*
ナポレオン言行録　O. オブリ編，大塚幸男訳〔B 435-1〕　*509, 854, 1049, 1054*

ニ

ニーベルンゲンの歌　相良守峯訳，全2冊〔R 401-1～2〕　*1269*
ニコマコス倫理学　アリストテレス著，高田三郎訳，全2冊〔B 604-1～2〕　*299, 379, 1123, 1144, 1329*
にごりえ・たけくらべ　樋口一葉作〔G 25-1〕　*74, 685*
20世紀イギリス短篇選　小野寺健編訳，全2冊〔R 270-1～2〕　*1099, 1256*
日輪・春は馬車に乗って 他八篇　横光利一作〔G 75-1〕　*654*
日本イデオロギー論　戸坂潤著〔B 142-1〕　*352, 425, 839*
日本永代蔵　井原西鶴作，東明雅校訂〔Y 204-5〕　*239, 625, 805*
日本外史　頼山陽著，頼成一・頼惟勤訳，全3冊〔Y 231-1～3〕　*349*
日本的霊性　鈴木大拙著，篠田英雄校訂〔B 323-1〕　*476, 1006*
日本の弓術　オイゲン・ヘリゲル述，柴田治三郎訳〔B 660-1〕　*1048*
楡の木陰の欲望　オニール作，井上宗次訳〔R 325-1〕　*1203, 1247*
人形の家　イプセン作，原千代海訳〔R 750-1〕　*336, 1265*
人間とは何か　マーク・トウェイン作，中野好夫訳〔R 310-3〕　*1042*
人間の教育　フレーベル著，荒井武訳，全2冊〔B 704-1～2〕　*1003*
人間不平等起原論　ルソー著，本田喜代治・平岡昇訳〔R 623-2〕　*502, 707*
にんじん　ルナアル作，岸田国士訳〔R 553-1〕　*60, 408*

ネ

眠られぬ夜のために　ヒルティ著，草間平作・大和邦太郎訳，全2冊〔B 638-1～2〕　*710, 836, 1002*
年代記　タキトゥス著，国原吉之助訳，全2冊〔B 408-2～3〕　*133, 171,*

304, 389, 510

ノ

ノヴム・オルガヌム(新機関)　ベーコン著，桂寿一訳〔B617-2〕　901
野菊の墓 他四篇　伊藤左千夫作〔G9-1〕　1131, 1298

ハ

俳諧大要　正岡子規著〔G13-7〕　215
パイドロス　プラトン著，藤沢令夫訳〔B601-5〕　506, 1234
葉隠　山本常朝述，和辻哲郎・古川哲史校訂，全3冊〔B8-1〜3〕　3, 346, 1291
萩原朔太郎詩集　三好達治選〔G62-1〕　653, 688, 862, 975, 1072, 1103, 1139, 1155, 1218, 1296
白鯨　メルヴィル作，阿部知二訳，全3冊〔R308-1〜3〕　319, 605
白秋詩抄　北原白秋作〔G48-1〕　219, 1102
歯車 他二篇　芥川竜之介作〔G70-6〕　223
芭蕉紀行文集　中村俊定校注〔Y206-1〕　27, 717
ハックルベリー・フィンの冒険　マーク・トウェイン作，西田実訳，全2冊〔R311-5〜6〕　553
初恋　ツルゲーネフ作，米川正夫訳〔R608-4〕　293
母　ゴーリキー作，横田瑞穂訳，全2冊〔R627-3〜4〕　798
ハムレット　シェイクスピア作，野島秀勝訳〔R204-9〕　315, 600, 1181
林達夫評論集　中川久定編〔B155-1〕　426, 764, 845
パリの憂愁　ボードレール作，福永武彦訳〔R537-2〕　460, 922
春夫詩抄　〔G71-2〕　1302
犯罪と刑罰　ベッカリーア著，風早八十二・五十嵐二葉訳〔W10-1〕　164, 628
第三之書 パンタグリュエル物語　ラブレー作，渡辺一夫訳〔R502-3〕　557
第四之書 パンタグリュエル物語　ラブレー作，渡辺一夫訳〔R502-4〕　404
晩年の父　小堀杏奴著〔G98-1〕　375, 967
反復　キルケゴール著，桝田啓三郎訳〔B635-1〕　94, 1330

ヒ

ビーグル号航海記　チャールズ・ダーウィン著，島地威雄訳，全3冊〔B 912-1〜3〕　*185*

彼岸過迄　夏目漱石作〔G 10-9〕　*477*

日暮硯　恩田木工述，西尾実・林博校注〔B 16-1〕　*626, 1047*

ヒッポリュトス　エウリーピデース作，松平千秋訳〔R 106-1〕　*394, 915*

美と崇高との感情性に関する観察　カント著，上野直昭訳〔B 626-0〕　*1235*

人と超人　バーナド・ショー作，市川又彦訳〔R 246-1〕　*318, 1110*

火の柱　木下尚江作〔G 18-1〕　*982*

日はまた昇る　ヘミングウェイ作，谷口陸男訳〔R 326-1〕　*399*

美味礼讃　ブリア - サヴァラン著，関根秀雄・戸部松実訳，全2冊〔R 524-1〜2〕　*272, 406, 459, 823*

完訳 緋文字　ホーソーン作，八木敏雄訳〔R 304-1〕　*397*

病牀六尺　正岡子規著〔G 13-2〕　*212, 242, 243, 247*

平塚らいてう評論集　小林登美枝・米田佐代子編〔B 172-1〕　*1122, 1149, 1268*

貧乏物語　河上肇著〔B 132-1〕　*7, 267, 637, 890*

フ

ファウスト　ゲーテ作，相良守峯訳，全2冊〔R 406-2〜3〕　*101, 320, 400, 453, 555, 667, 811, 814, 918, 1113*

不安の概念　キェルケゴール著，斎藤信治訳〔B 635-2〕　*386*

風姿花伝　世阿弥著，野上豊一郎・西尾実校訂〔B 1-1〕　*2, 260, 513, 889, 1045*

プーシキン詩集　金子幸彦訳〔R 604-4〕　*329, 931*

風土　和辻哲郎著〔B 144-2〕　*265, 763*

風浪・蛙昇天　木下順二作〔G 100-1〕　*656*

フェードル・アンドロマック　ラシーヌ作，渡辺守章訳〔R 511-4〕　*55*

フォイエルバッハ論　エンゲルス著，松村一人訳〔W 128-9〕　*166, 418*

富嶽百景・走れメロス 他八篇　太宰治作〔G 90-1〕　*88, 489, 736, 860, 979, 1074*

武器よさらば　ヘミングウェイ作，谷口陸男訳，全２冊〔R 326-2～3〕　*100, 1032*
新約聖書 福音書　塚本虎二訳〔B 803-1〕　*183, 1015*
福翁自伝　福沢諭吉著，富田正文校訂〔B 102-2〕　*350*
武家の女性　山川菊栄著〔B 162-1〕　*12, 423*
不幸なる芸術・笑の本願　柳田国男著〔B 138-5〕　*8, 520, 640*
不思議な少年　マーク・トウェイン作，中野好夫訳〔R 311-1〕　*787*
武士道　新渡戸稲造著，矢内原忠雄訳〔B 118-1〕　*422, 847*
浮生六記　沈復作，松枝茂夫訳〔R 24-1〕　*658, 1121*
復活　トルストイ作，中村白葉訳，全２冊〔R 619-7～8〕　*1166*
仏教　ベック著，渡辺照宏・渡辺重朗訳，全２冊〔B 324-1～2〕　*276*
ブッダのことば──スッタニパータ　中村元訳〔B 301-1〕　*362, 644, 850, 888, 1014, 1070*
ブッダの真理のことば・感興のことば　中村元訳〔B 302-1〕　*18, 274, 525*
仏弟子の告白　中村元訳〔B 327-1〕　*526*
ブッデンブローク家の人びと　トーマス・マン作，望月市恵訳，全３冊〔R 433-1～3〕　*608*
筆まかせ 抄　正岡子規著，粟津則雄編〔G 13-9〕　*366, 479, 648*
蒲団・一兵卒　田山花袋作〔G 21-1〕　*649*
フランクリン自伝　松本慎一・西川正身訳〔R 301-1〕　*50, 96, 99, 664*
古い医術について 他八篇　ヒポクラテス著，小川政恭訳〔B 901-1〕　*184*
プルターク英雄伝　河野与一訳，全 12 冊〔R 116-1～9, 117-0～2〕　*116*
プロテスタンティズムの倫理と資本主義の精神　マックス・ヴェーバー著，大塚久雄訳〔W 209-3〕　*345, 437*
文芸批評論　T. S. エリオット著，矢本貞幹訳〔R 258-1〕　*193, 398*
文明論之概略　福沢諭吉著，松沢弘陽校注〔B 102-1〕　*5, 263, 421*

へ

兵法家伝書 付・新陰流兵法目録事　柳生宗矩著，渡辺一郎校注〔B 26-1〕　*848, 1009*
ベーコン随想集　渡辺義雄訳〔B 617-3〕　*35, 36, 138, 139, 140, 177, 303, 305, 382, 383, 503, 576, 593, 705, 706, 899, 1069*
ベートーヴェンの生涯　ロマン・ロラン著，片山敏彦訳〔R 556-2〕　*110*

ベラミ　モーパッサン作，杉捷夫訳，全２冊〔R 550-3～4〕　*1030*
ヘルマンとドロテーア　ゲーテ作，佐藤通次訳〔R 405-5〕　*820*
完訳 ペロー童話集　新倉朗子訳〔R 513-1〕　*201, 407, 797*
変身物語　オウィディウス作，中村善也訳，全２冊〔R 120-1～2〕　*314, 601*
変容　伊藤整作〔G 96-2〕　*85, 222, 227, 259, 488, 744, 857, 867, 1071, 1136, 1172, 1229, 1243, 1333, 1337*
ヘンリー四世　シェイクスピア作，中野好夫訳，全２冊〔R 204-4～5〕　*395*
ヘンリ・ライクロフトの私記　ギッシング作，平井正穂訳〔R 247-1〕　*47, 815, 951, 964, 1027*

ホ

ボヴァリー夫人　フローベール作，伊吹武彦訳，全２冊〔R 538-1～2〕　*204, 335, 615, 1105*
新訂 方丈記　鴨長明著，市古貞次校訂〔Y 100-1〕　*155, 235, 715, 756, 806*
法窓夜話　穂積陳重著〔B 147-1〕　*34*
法における常識　P. G. ヴィノグラドフ著，末延三次・伊藤正己訳〔W 17-1〕　*438*
方法序説　デカルト著，谷川多佳子訳〔B 613-1〕　*1005*
北越雪譜　鈴木牧之著，岡田武松校訂〔Y 226-1〕　*26, 754*
墨汁一滴　正岡子規著〔G 13-4〕　*70, 480, 732, 872*
濹東綺譚　永井荷風作〔G 41-5〕　*218, 650, 745*
戊辰物語　東京日日新聞社会部編〔B 431-1〕　*357*
菩提樹の蔭 他一篇　中勘助作〔G 51-3〕　*540*
坊っちゃん　夏目漱石作〔G 10-3〕　*743*
不如帰　徳冨蘆花作〔G 15-1〕　*537*
ホフマン短篇集　池内紀編訳〔R 414-2〕　*402, 554*
ほらふき男爵の冒険　ビュルガー編，新井皓士訳〔R 442-1〕　*670*
ポルトガリヤの皇帝さん　ラーゲルレーヴ作，イシガオサム訳〔R 756-2〕　*816*

マ

舞姫・うたかたの記 他三篇　森鷗外作〔G6-0〕　741, 868, 945
マクベス　シェイクスピア作，木下順二訳〔R205-2〕　281, 924
枕草子　清少納言著，池田亀鑑校訂〔Y16-1〕　21, 153, 232, 529, 909, 990, 991, 1314
魔女　ミシュレ著，篠田浩一郎訳，全2冊〔B434-1～2〕　57
マッカーシズム　R. H. ロービア著，宮地健次郎訳〔W220-1〕　420
魔の山　トーマス・マン作，関泰祐・望月市恵訳，全2冊〔R433-6～7〕　197, 286, 669, 961
マノン・レスコー　アベ・プレヴォ作，河盛好蔵訳〔R519-1〕　202, 826, 1111, 1201
マリー・アントワネット　シュテファン・ツワイク作，高橋禎二・秋山英夫訳，全2冊〔R437-1～2〕　323, 401
マルテの手記　リルケ作，望月市恵訳〔R432-1〕　321, 454, 1026, 1280
卍　谷崎潤一郎作〔G55-4〕　1174, 1211
万葉集　佐佐木信綱編，全2冊〔Y5-1～2〕　233, 713

ミ

ミケランジェロの生涯　ロマン・ロラン作，高田博厚訳〔R556-3〕　616
魅せられたる魂　ロマン・ロラン作，宮本正清訳，全5冊〔R554-1～5〕　819, 955
みそっかす　幸田文作〔G104-1〕　84, 490, 737
道草　夏目漱石作〔G11-3〕　682, 865
芸術論集 緑色の太陽　高村光太郎著〔G47-2〕　251, 652, 1078
緑の館　ハドソン作，柏倉俊三訳〔R241-1〕　1307
宮沢賢治詩集　谷川徹三編〔G76-1〕　81, 932
明恵上人集　久保田淳・山口明穂校注〔B326-1〕　623, 886
三好達治詩集　桑原武夫・大槻鉄男選〔G82-1〕　224, 256, 377, 972, 1141
ミル自伝　朱牟田夏雄訳〔W116-8〕　583
民藝四十年　柳宗悦著〔B169-1〕　473, 884, 892
民主主義と教育　デューイ著，松野安男訳，全2冊〔B652-3～4〕　307, 498

ム

武蔵野　国木田独歩作〔G 19-1〕　*214, 684, 863, 934*
謀叛論 他六篇・日記　徳富健次郎著，中野好夫編〔G 15-7〕　*980*
室生犀星詩集　室生犀星自選〔G 66-2〕　*253, 486, 869*

メ

明暗　夏目漱石作〔G 11-4〕　*647, 933, 1266*
迷路　野上弥生子作，全 2 冊〔G 49-2～3〕　*78*
飯待つ間――正岡子規随筆選　阿部昭編〔G 13-0〕　*968*
牝猫　コレット作，工藤庸子訳〔R 585-1〕　*1169*

モ

孟子　小林勝人訳注，全 2 冊〔B 204-1～2〕　*16, 1018*
モーツァルトの手紙　柴田治三郎編訳，全 2 冊〔B 504-1～2〕　*172, 657, 759*
木綿以前の事　柳田国男著〔B 138-3〕　*469*
桃太郎・舌きり雀・花さか爺――日本の昔ばなし II　関敬吾編〔Y 236-2〕　*719*
森鷗外　石川淳著〔G 94-1〕　*83*
森の生活　ソロー著，飯田実訳，全 2 冊〔R 307-1～2〕　*48, 97, 452, 788*
モル・フランダーズ　デフォー作，伊澤龍雄訳，全 2 冊〔R 208-3～4〕　*1321*
門　夏目漱石作〔G 10-8〕　*974, 1332*
モンテ・クリスト伯　アレクサンドル・デュマ作，山内義雄訳，全 7 冊〔R 533-1～7〕　*923*

ヤ

野草　魯迅作，竹内好訳〔R 25-1〕　*277, 545*
山の音　川端康成作〔G 81-4〕　*1322*
闇の奥　コンラッド作，中野好夫訳〔R 248-1〕　*603*

ユ

友情　武者小路実篤作〔G 50-4〕　*252, 1134, 1339*

ユートピア　トマス・モア作，平井正穂訳〔R 202-1〕　*661*

雪国　川端康成作〔G 81-3〕　*1306, 1325*

ユダヤ人問題によせて・ヘーゲル法哲学批判序説　マルクス著，城塚登訳〔W 124-1〕　*631*

ヨ

夜明け前　島崎藤村作，全 4 冊〔G 24-2～5〕　*216, 245, 370*

養生訓・和俗童子訓　貝原益軒著，石川謙校訂〔B 10-1〕　*261, 347, 466*

与謝野晶子評論集　鹿野政直・香内信子編〔G 38-2〕　*1077, 1148*

吉田松陰　徳富蘇峰著〔B 154-1〕　*11*

旧約聖書 ヨブ記　関根正雄訳〔B 801-4〕　*45, 309, 588*

ラ

羅生門・鼻・芋粥・偸盗　芥川竜之介作〔G 70-1〕　*79*

ラモーの甥　ディドロ作，本田喜代治・平岡昇訳〔B 624-3〕　*384*

ラ・ロシュフコー箴言集　二宮フサ訳〔R 510-1〕　*1219, 1275, 1284, 1318*

蘭学事始　杉田玄白著，緒方富雄校註〔B 20-1〕　*10*

リ

リア王　シェイクスピア作，野島秀勝訳〔R 205-1〕　*111, 549, 786*

リヴァイアサン　ホッブズ著，水田洋訳，全 4 冊〔W 4-1～4〕　*119, 338, 413, 693*

理解社会学のカテゴリー　マックス・ウェーバー著，林道義訳〔W 209-1〕　*168*

梁塵秘抄　佐佐木信綱校訂〔Y 22-1〕　*25, 154, 234, 495, 906, 1089, 1252, 1292, 1308*

リルケ詩集　星野慎一訳〔R 432-2〕　*949*

リンカーン演説集　高木八尺・斎藤光訳〔W 12-1〕　*419, 694*

ル

ルイ十四世の世紀　ヴォルテール著，丸山熊雄訳，全４冊〔R518-3〜6〕 *561*
ルイ・ボナパルトのブリュメール十八日　マルクス著，伊藤新一・北条元一訳〔W124-7〕 *985, 1020*
ルーヂン　ツルゲーネフ作，中村融訳〔R608-3〕 *928*
ルバイヤート　オマル・ハイヤーム作，小川亮作訳〔R783-1〕 *296, 568, 958, 1222*

レ

レオナルド・ダ・ヴィンチの手記　杉浦明平訳，全２冊〔B550-1〜2〕 *134, 507, 852, 895, 900*
歴史　ヘロドトス著，松平千秋訳，全３冊〔B405-1〜3〕 *131, 132, 170, 597*
歴史小品　郭沫若作，平岡武夫訳〔R26-2〕 *794, 802, 954*
歴史哲学講義　ヘーゲル著，長谷川宏訳，全２冊〔B629-9，630-0〕 *308, 573*
歴史における個人の役割　プレハーノフ著，木原正雄訳〔B416-3〕 *508*
レ・ミゼラブル　ユーゴー作，豊島与志雄訳，全４冊〔R531-1〜4〕 *59, 203, 291, 562, 1310*
檸檬・冬の日 他九篇　梶井基次郎作〔G87-1〕 *941, 973*
恋愛論　スタンダール著，前川堅市訳，全２冊〔R526-1〜2〕 *58, 673, 1115, 1117, 1160, 1171, 1186, 1192, 1285, 1315, 1319*
蓮如文集　笠原一男校注〔B322-1〕 *779*

ロ

ローソン短篇集　伊澤龍雄編訳〔R272-1〕 *1304*
駱駝祥子(ロートシアンツ)　老舎作，立間祥介訳〔R31-1〕 *278, 929*
ROMAZI NIKKI　石川啄木著，桑原武夫編訳〔G54-4〕 *220, 373, 940*
魯迅評論集　竹内好編訳〔R25-8〕 *188, 312, 587, 659, 803*
ロビンソン・クルーソー　デフォー作，平井正穂訳，全２冊〔R208-1〜2〕 *448*

ロミオとジューリエット　シェイクスピア作，平井正穂訳〔R 205-6〕 *90, 190, 548, 1159, 1248, 1301*
論語　金谷治訳注〔B 202-1〕 *270, 360, 523, 777, 1055, 1327*
ロンサール詩集　井上究一郎訳〔R 508-1〕 *1096, 1188, 1199*

ワ

ワーズワース詩集　田部重治選訳〔R 218-1〕 *663, 1178*
若きウェルテルの悩み　ゲーテ作，竹山道雄訳〔R 405-1〕 *51, 606, 959, 1093, 1164, 1167, 1200, 1300*
わが住む村　山川菊栄著〔B 162-2〕 *1065*
吾輩は猫である　夏目漱石作〔G 11-4〕 *67, 367, 971, 1085*
忘れられた日本人　宮本常一著〔B 164-1〕 *472*
わらべうた　町田嘉章・浅野建二編〔Y 237-1〕 *532*
我と汝・対話　マルティン・ブーバー著，植田重雄訳〔B 655-1〕 *182, 1126*

文頭索引

末尾の番号は引用句番号を示す.

ア

あああ，人間はなぜ死ぬので 537
あゝ　おまへはなにをして 739
ああ！　京の織り子は 424
ああ寒いほどひとりぼっちだ 511
ああ！　過ぎ去ったことを 461
ああ，馬鹿ですか．馬鹿にも 961
ああわたしはしつかりとお前 1218
愛嬌というのはね 947
愛されるとは燃え上がること 1280
愛し合わなくなった時に 1284
愛したい思いを抑えるために 1275
愛して愛されないのは 1323
愛情にもとづく婚姻だけが 1129
愛する技術は，その時その時 1315
愛することを学びたいのなら 1193
愛する人間への関係の中には 1114
愛するもののためにだって 1265
愛せざる所に愛する真似を 538
愛想のいい女性はすべての人 1145
逢ひた見たさは飛び立つ如く 1101
愛というものと，一夫一婦と 1232
愛というものは，愛される 1329
愛とは何か，本当は私には 867
愛とは，人間という謎に 1270
愛にまったく征服された 1238
アイヌは，海上に白波が立つ 444
愛の願望はただちに生ずるが 1144
愛のなかには，つねに 1127
愛は愛せらるる資格ありとの 1317
愛は男や女を臆病者には 1245
愛は自己への獲得である 213
愛または憎みと共演しない 1237
愛も信仰も同じように，日々 1215
愛を知る人というのは 1241
愛をもとめる心は 1296
愛を優しい力と見くびった所 1336
赤の他人は勿論，親子，兄弟 227
秋は来ぬ　秋は来ぬ 864
悪人がいくら害悪を及ぼす 589
悪魔でも聖書を引くことが 89
朝起きるときは「きょうも 1262
足あり，仁王の足の如し 243
朝に死に，夕に生るゝならひ 235
明日の考察！　これ実に我々 80
明日は，明日はと言って 370
あすもまた，同じ日が来る 88
明日を最も必要としない者が 505
遊びをせんとや生まれけむ 234
あたかもよくすごした一日が 852
あたしがもし器量よしだった 1196

あたしたち，今夜ね—— 127
あたしは恋している，恋して 332
あたしは徒刑囚の淫売女 1166
あたしはもうそんなに年を 1107
頭のいい人には恋ができない 935
新しい御馳走の発見は人類 272
暑い季節にはなにしていたの 107
あなたが死なないで生きられ 644
あなたがたの実力以上に有徳 997
あなたに電話を掛けないのは 1256
あなたは無心になろうと 1048
あの姿がどこに行っても 1093
あの人は本当は頭がいいから 449
阿呆に限って，駄洒落だけは 1031
あまえということは誰しも 84
あまりうちとけ過ぎる人間は 824
あまりにも安く手に入るもの 584
天地は　広しといへど 713
雨は金持の上にも降れば 278
あやうくあのひとの頸を 1164
鮎は瀬につく鳥は木にとまる 755
あらゆる政治運動というもの 323
ありがたきもの　舅に 990
アリストテレスがなんと 926
あるいは自由は不自由の際に 263
ある考えに支配されると 556
或ることをなしたために不正 137
ある私的な意見を是認する 119
ある真実を教えることよりも 1004
ある人間をにくむとすると 104
ある人たちは失恋すると 1279
ある人に恋される資格のある 1339
或る人々から見れば，愛は 1331
ある人，水に溺れかかる 66
あれ数ふれば暁の．七つの時 989
暗黒のなかでは，我々の想像 37
あんたの目をごらんよ！ 1203
あんなに冷酷に見えた父も 477

イ

いいえ昨日はありません 972
いいかね君，すべての理論は 667
「いい人ね.」 746
伊尹いわく「味の精微は，口 727
いうまでもなく，真理は常に 122
家は十坪に過ぎず，庭は唯 978
魚は水にあかず 806
鋳型に入れたような悪人は 368
いかなる女なりとも，明暮 1087
いかにぞや，汝ちゝに悪まれ 717
怒りには，死ぬまで，年老い 300
怒りは性急である．理性は 301
生きとし生けるもの，いづれ 430
「いき」の第一の徴表は 842
イギリスでは近代教育のため 13
生きることの最大の障害は 837
生きることは生涯をかけて 703
幾つかの偉大な思想だけは 1053
いざ寐なむ夜も明方に 1308
何れにせよ，愛を知る人に 1147
いづれの行もをよびがたき身 275
異性の人に崇拝しられるより 1211
偉大な古作品は一つとして 892
偉大な思想家には必ず骨と 762
偉大な人物が化石になり 659
一々のことばを秤の皿に載せ 645

一度妻の不行跡を知って 1119
一度とにかく顔を合わせて 1083
一日のうちに我痩足の先俄か 242
一日のはじまる早朝，清新の 1050
一日もの言はず 253
一番美しい絵は寝床のなかで 1052
一番大切なことは単に生きる 298
一羽の燕が，また或る一朝夕 379
一見したところなんでも 592
一個の人間にとってもっとも 954
いっさいの善の始めであり 834
一切の本当の思想や文化は 352
一体女は何事によらず 1220
いったい，教則本とか学校の 579
いったい父親は，いくら勉強 858
いつの世にも，他人の目から 1040
一般に思いつきというものは 748
一般に，すべて他人の不幸と 1024
一般に，青年の主張する 998
一般にわれわれは，人の怒り 133
何時までも何時までも人形と 685
いつもいっしょに暮らして 546
いつもしずめねばならない 1171
いつも母から「道はアングリ 1064
いとしいひとよ，日も夜も 1188
命長ければ辱多し 494
命もいらず，名もいらず 516
今こそは酔うべきの時だ！ 460
未だかつて，現在のなかで 766
未だ生を知らず，焉んぞ死を 360
今では女房子供持ち 86
いまでも愛とはすべてのもの 1197
今のお前は自由だ．自由は 933
今の事滋く気遣いの多い時代 640
今の政治家実業家などは皆 872
今の世を，百年も以前のよき 346
今の私は馬鹿で人に騙される 211
今私の一番好きな仕事と 1025
いや，議論を吹ッかける場合 939
いやなんです　あなたの 1299
いわゆる頭のいい人は 217
飲食は飢渇をやめんため 347

ウ

ウィルヘルムよ，もし恋 1300
上から桜の葉が時々落ちて 740
嘘は河豚汁である 738
歌をうたって誰かを眠らせて 949
内に人なく，共に住む同胞の 547
美しき花もその名を知らず 70
生れてから死ぬまで，人間 1042
海のほか何も見えないときに 504
──海よ，僕らの使ふ文字で 377
梅の花さくころほひは 731
梅は匂よ桜は花よ 1092
うれしまぎれに，軽はずみな 586
浮気な男の皮肉な心は 1228
運命というものは，人を 1035
「運命」とは，まだ思考の火 284
運命によって「諦め」を得た 355

エ

英雄豪傑，名匠大家となる 945
英雄のいない国は不幸だ！ 102
英雄を必要とする国が不幸 103
江戸名物浮世風呂，日の出と 357

えらい人たちといっしょに 553
宴席に雇われた本職の芸人の 356
エンマの方は，レオンを愛し 1105

オ

負いかた一つで重荷も軽い 919
大きな恩恵は，感謝を 1067
大きな罪の前には必ず 55
多く説くからとて，そのゆえ 525
多くの場合，教える者の権威 792
大食いをして，眠りをこのみ 526
おゝ，青年よ，平然と過失を 258
大笑いをするな，多くのこと 175
怒る時に怒らなければ 860
惜しみなく与えるという評判 627
落葉焚けばおもしろ 219
夫が妻を愛し，彼女の生命を 1126
良人というものは，ただ妻の 1266
夫の苦悶煩悶には全く風馬牛 649
をとこ，女をばいはじ，女 153
男と女が同じ方向に傾いた心 85
男と女というもの，その間の 744
男と女というものは，これは 259
男にあっては一つの弱さで 1221
男にして女の誘惑より 1189
男のかたって本当におかしい 927
男の恋を女の恋と同じだと 1104
男のよは蔵は，女の身にして 1137
男は恋をささやくときは四月 1095
男はしばしばひとりに 100
男も，女も，わかくきよげな 529
おとよさんは少し化粧をした 1298
己が分を知りて，及ばざる時 22
おのれに存する偉大なるもの 844
己れを知らざることや 32
覚えていることですな 458
おぼしきこといはぬは 236
お前が誰といっしょにいるか 960
お前たちの若々しい力は 249
おまえの胸に寄り添うと 1195
おまえは，いまにきっと 113
おまえは歌うな 942
お前はなにか願いごとを 1026
おまえはわしのシャロンの 1247
おめえやおれの一生を台なし 464
思い出というものは，人を 392
親は子というて尋ねもするが 531
親指姫は，きれいにニスを 411
およそ数ある不幸のなかでも 784
およそ完全に矛盾したことは 101
およそ共感というものは 830
およそ戦争は，盲目的な激情 874
およそ人間たるもの，便器に 192
俺の名を呼んでいるのは俺の 1159
おれはあくびをしながら 208
俺は　傷であつて　また 109
俺は母音の色を発明した 563
おれは弱すぎる．なぜこう 983
おろしたてから着物を惜しめ 950
恩愛は義務の鎖でつながれて 163
音楽が恋の滋養になるのなら 1288
音楽について話す時，一番 331
女が嫁に行くのは——冬 207
女児のためには，親をさなく 621
女好きの弱さをもっていた 508
女ちうもんは気の毒なもん 472

女という白い肉体を持った 1229
女というのは，美しければ 1326
女というものはね，男に 1106
女と申すものは，下着と 131
女に忘れられたら，男だって 560
女の愛は食欲に似ている 1236
女の愛を恐れよ．この幸福を 293
女のいちばんよい香りは 1116
女の子供というものは天性 800
女の子は，結婚がなによりも 551
女の忠告なんぞ取るに 567
女の涙は，必ずしもいま口に 1172
女は俺の成熟する場所だった 690
女は顔を上げた．蒼白き頰の 1328
女は「先生に送って頂くのは 512
女は常に好人物を夫に 1267
女は，常に最初の結婚に 1319

カ

改革の精神は必ずしも自由の 417
外国へ行く者が，よく事情を 230
概していえば，かつてひどく 815
害をなすのは，心を素通り 503
顔にお白粉を塗れば十分 288
科学の目的は，無限の英知へ 610
花間　一壺の酒 544
学者とは書物を読破した人 159
学者は，国家を装飾するもの 517
学者はたゞ，道を尋ねて 158
秘くそう蓋をしようはまだ 638
学道勤労の志しあらば 1007
学道の人，世間の人に智者 995
学道の人は先須く貧なるべし 778
学は道にいたる門なり 1009
各方面における看過されたる 944
革命も恋も，実はこの世で 1264
学問上の「達成」はつねに 986
学問には坦々たる大道は 697
隠れて，生きよ 136
学を扱ってきた人々は 901
陰口きくのはたのしいものだ 1076
重ねていうが，わが国の独立 1021
風にふかれる葦のやうに 1103
片想いの愛は，愛する人を 1278
悲しみにしろ喜びにしろ 816
鐘が鳴ったらすぐ教室に 555
金の無心というものは，恋を 335
金は貸すのも借りるのも 315
金は後世への最大遺物の一つ 843
金持の，姿形よく，親切な 407
金持は友情というものを 172
彼女たちの薄倖な生活を芝居 218
彼女の呼吸をたしかめようと 1307
彼女の欲しいのは，同じ愛と 333
かのターヘル・アナトミアの 10
かのひとの来たるは日毎わが 1294
構五つにわかつといへども 436
紙に書かれた思想は一般に 709
ガリアの風習では旅人が 598
仮りに一人を除く全人類が 167
借りものの概念と，教育で 580
彼には組織の才も，創意の才 603
彼には一つの奇癖があり 269
彼は，決して，あまり面白く 408
彼は，自分でも言ってる 616
彼はまた，各元老院議員は 602

彼は門を通る人ではなかった　974
彼らに取って絶対に必要な　1332
可愛い我が子に旅させ親御　1056
考えて見ると世間の大部分の　743
慣習であるが故にこれをなす　696
勘定が出来るような愛情なら　1094
感ずる心がなければ言葉は　1078
感性的または情性的直覚が　476
かむなは小さき貝を好む　756
官吏として倫理的にきわめて　632

キ

記憶は，若い娘のように　500
記憶はわれわれの選ぶものを　199
木々の木の葉が一枚のこらず　790
傷ついた，僕の心から　1202
気節のみ高くて現在に功能の　642
偽善は流行の悪徳だし　326
木曾路はすべて山の中である　245
昨日の歌はどこへ行つたか？　1141
きのうの出来事に関する新聞　539
菌も同然に，根づいた場所で　820
希望とは，もともとあるもの　64
君自身が心から感じたことや　838
君知らずや，人は魚の如し　72
君って，なんてみっともない　620
君，時というものは　91
君のおぼえた小さな技術を　33
君の義務が何であるかを　552
君はいつでも好きなときに　880
君は山を呼び寄せる男だ　981
奇妙なことかも知れぬが　891
君を千里に置いて　今日も　1253
客というものは，親切を示し　189
求愛の日々をできるだけ大事　1304
急激にはあらず，しかも　726
急な山を登りつめて頂上に　108
狂気は個人にあっては稀有な　143
共通の過去を持ち，何でも　1333
けふなり．けふなり．　741
京の女郎に．江戸の張を　493
京の水で洗ふと，ごうせへに　624
京は人をいやしうする所なり　528
今日もわれらに日々のパンを　126
教養と人格を持った女性の　1337
虚栄心の強い，お洒落で享楽　1124
虚栄心は他人を鏡として使用　441
嫌いなものは殺してしまう　44
議論なんか，いくらしたって　804
きわめて自卑的であり　176
金銭は肥料のようなもので　35
銀の滴降る降るまわりに　330

ク

偶像にふれてはならない　615
食うだけには事欠かない　128
具眼の士に検閲されることは　737
公家門跡などに，久しく住み　157
草うるはしき岸の上に　1206
草木のさやぎにも神の声が　1090
草花の一枝を枕元に置いて　247
菓物ほど味の高く清きものは　683
下らん男だって恋をすれば　1313
苦しみは人間を強くするか　773
薄暮か，日のあさあけか　1102
苦労が人間をけだかくすると　317

くわとすきとによって 700
君子の心は思い直しができる 313
君主も人間，われわれも人間 467

ケ

経験と歴史が教えてくれる 573
経験は生きてゆくための肥料 929
芸術は長く，生命は短いと 609
経書を読むの第一義は 1008
啓蒙とは，人間が自分の 501
ゲーテの兄弟姉妹のうち 145
下戸ならぬこそ，男はよけれ 527
結婚したほうがよいでしょう 381
結婚したらいろいろ分かって 759
結婚するものに精神の勇気を 1133
結婚というものは，男子の 1320
結婚の幸福は，まったく運 817
結婚は顔を赤くするほど 1151
結婚？　私はそれをそれ自体 1231
けっして誤ることのないのは 799
げに怒りは愚かな者を殺し 45
けれどもわたしは語らない 329
権威を引いて論ずるものは 507
現在は過去と未来との間に 742
現実の世の中が——自分の 344
権勢とは何ですか 802
現代の社会は孤立した人間の 241
顕微鏡で花の構造を子細に 248
権利のための闘争は，権利者 750
権利＝法の目標は平和であり 582
剣をふるって風を斬れば 1057

コ

恋がたきに関しては，中庸を 1117
恋が芽生えるには，ごく小量 673
恋しとよ君恋しとよ床しとよ 1292
恋する男にとっては，相手が 1125
恋するとき人間の心は不思議 1230
恋するとは，我々を愛して 1160
恋する者と酒のみは地獄に 296
恋という狂気こそは，まさに 506
恋というものは，人の心の 1112
恋というやつは待つことを 1287
恋と同じで，憎悪も人を信じ 591
恋とは，恋する人々をして 1234
恋に焦がれて鳴く蟬よりも 491
恋に悩む者なら誰でも 1194
恋の思いを免れよう者 1249
恋の奇しき発作をわれは 1178
恋の至極は忍恋と見立て候 1291
恋の翼をかりてこの壁を 1301
恋の測りがたさにくらべれば 1271
恋は甘い花である．しかし 1192
恋は人生のすべてではない 373
恋はその作用の大部分から 1318
恋は富よりもはるかに強い 826
恋は，人間を何ほどか 1242
恋はほどほどにするものだ 90
恋は燃える火と同じで 1219
恋人として男と女とがちがう 93
恋人に逢いにゆく嬉しさは 548
恋人はいずれか一方がいなく 1100
こひ人よ，おまへがやさしく 1161
恋びとよ　物言はぬ夢のなか 1155

恋よ，恋よ，お前は永久に 1201
恋を汚すものは，逸楽でも 1239
恋をし結婚をして以後の自分 1148
恋をしながら，不可抗力で 1316
恋をすると，すぐ身近かに 1285
好奇心と自尊心の満足だけを 1289
高貴と自由や，微賤と卑屈や 1000
公共の利益のために仕事を 340
好人物は何よりも先に天上の 969
幸福だけの幸福はパンばかり 59
幸福とは愛することであり 948
幸福な家庭はどれも似たもの 294
幸福になりたいなら，まあ 1186
強欲によって食うに困る 341
香をかぎ得るのは 733
コーヒーの味はコーヒーに 686
五月の朝の新緑と薫風は 1072
五月のキュウリの青みには 979
国王が哲学することや 708
心から愛する恋人のどんな 1111
心凄きもの，夜道船道旅の 1089
心というものは，それ自身 396
心の底を傾けた深い交わりは 394
心の中の自我を抑えることの 453
心のみかは手も足も 1138
心は正しい目標を欠くと 558
心をはげまして高尚に 729
こころをばなににたとへん 862
語言文章はいかにもあれ 364
五十ばかりより，そろそろ 3
古人の言く，聞くべし 728
古人は，書を読まなければ 803
個人や国家や世界支配の欠点 308
国家とは，ある一定の領域の 873
国家は少数の異常な人々を 473
古典は論拠とされてはならぬ 425
孤独というものは，時として 316
尽く書を信ずれば 1018
事の是非はただ醒めたる人 769
言葉は人の耳を喜ばすような 915
こと武力にまつかぎり，節度 388
こどもが生れた　わたしに 869
子供たちがベッドに 402
子供というものは両親の分身 412
子供のうちは，どんな人でも 846
子供の難渋は母の心を動かし 291
子供は苦労を和らげる 177
子供は眠っているときが 386
子どもを不幸にするいちばん 760
この海の暴君に仕える方法は 485
この国にはひとつの習慣が 115
この群島の生物は特色が 185
この恋の蕾が夏の息吹きに 1248
此の頃京に流行るもの，肩当 25
この肉体はいつ何時どんな 647
この世で，性質が悪く，借金 850
この世でなにが悲しいと 132
この世のことはどんなに些細 454
この世のなかで，愛の対象が 1207
この世のなかで何が悪いと 1146
此の世の名残．夜も名残 492
この世の人は，おとこは女に 496
この世は無常迅速というて 221
御婦人の想像はとても速力が 1179
古来名高いこの鈴の響き 522
古来，謀叛という奴は 395

娯楽は都会人にとっては 641
「これがどん底だ」などと 111
これらの者共は死罪にも 1047
これを知るをこれを知ると 1055
コワリョーフは一つ伸びを 617
「妖精物語」は，その最後の 57
今日存ずるとも明日もと思ふ 20
今日まであらゆる社会の歴史 123

サ

債権者は奴隷の主人よりも 562
財産の貧乏を治すことは 325
最初の子が死んだので 250
最初のろうそくはある時に 1154
才人と才女が結ばれることは 658
才能とは天から与えられた 1041
才能を疑い出すのがまさしく 554
才不才に惑うなどは二次的で 884
さかさまに行かぬ年月よ 714
さきへ進めば進むほど道が 384
昨日またかくてありけり 536
作戦計画を立てることは 1054
昨夜父は言った．お前の今 723
酒は天の美禄，百薬の長 1011
酒をのめ，こう悲しみの多い 958
酒をのめ，それこそ永遠の 568
さて，お集まりの諸君！ 730
さて，諸君，小説というもの 913
さて何とせうぞ　一目見し 1157
寂しがらないやつは，神経 1084
されど人生いくばくもあらず 868
されば才のともしきや 908
されば死すべき人の身は 42
沢べの野生の雉は 1061
三七七八メートルの富士の山 489

シ

子曰く，書は言を尽くさず 150
詩学は詩の屍体解剖である 652
時間は過去を忘れさせる 197
死刑台はもろもろの革命から 821
思考という要素を何ら含まな 498
仕事が楽しみなら，人生は 965
自個の著作を売りて原稿料を 480
死期は序を待たず 988
自殺を想うことは強い慰藉剤 999
事情が変ればおのれも変る 1303
自然なんぞが本当に美しいと 691
自然の研究者は自然を 734
自然の状態にある人間は 711
自然はわれわれの知性に 390
思想は種子なり 840
子孫のために計画を立てる 162
事態が明らかに畏怖すべき時 404
時代と場所とを考の外に 421
実際エロスは神々のうち人間 173
実際，革命はめったに人間の 416
実質上の性の束縛の強制を 655
実践のうちで人間はその思考 418
嫉妬に御用心なさいまし 1170
嫉妬をする人はわけがある 191
実に多くの職人たちは，その 1012
実にその驚異の情こそ智を 702
実に人間は，理性によって 699
失敗をこわがる人は科学者に 651
実をいうと古美術の研究は 470

死と病気とへの興味は，生へ 669
死に至る病とは絶望のことで 181
子の曰わく，吾れ未だ徳を 1327
死のことは考えるに及ばない 680
しばしば言われてきたように 168
詩は神秘でも象徴でも鬼でも 653
詩は裸身にて理論の至り得ぬ 932
自負，嫉妬，貪婪は人の心に 295
自分自身の体験と思索に 925
自分たちの牢く信じている 266
自分でおこなった貴重な省察 853
自分にへつらう者にたいして 1036
自分の生命を愛しても憎んで 914
自分の記憶力に十分自信が 324
自分の生活の明るい面をより 448
自分のつらが曲がっているに 205
時分の花を誠の花と知る心が 513
自分の身がたとえどうなろう 1098
自分の指もなめられない 190
自分は愛されている，と 1243
自分は今幸福かと自分の胸に 583
自分は女の容貌に満足する人 1135
自分を憐れむという贅沢が 47
島村は退屈まぎれに左手の 1306
自慢する人間は賢明な人間の 899
社会的存在としては可なりの 839
社会はわれわれの必要から 414
写実的自然は俳句の大部分に 215
射手に放たれた矢はせいぜい 849
邪魔なもの，自分を苦しめる 1169
執着やねたみや憎しみの 488
自由というものは，あの実質 707
自由と我儘との界は，他人の 351
十人十色というからには 1109
主が，人間に将来のことまで 923
熟慮を重ねることによって 1066
主人は好んで病気をして 367
酒中の微弱なる甘味をさえ 521
首府の所在地としての東京は 427
樹木は伐り倒されても直ぐに 116
淳朴と，善良と，正義のない 566
上古の世に，未だ文字 622
小罪は罰せられ，大罪は 34
生ぜしをりも一人きたりき 992
小説だろうと，芝居だろうと 78
冗談に本気を混ぜて変化を 593
上流は知りませんが中ぐらい 12
食欲なくして食べることが 900
諸君，謀叛を恐れてはならぬ 980
如今列国の交際，錯雑繁劇を 635
女性というものは，銀の皿だ 607
書物のなかで共産主義に 125
書物は，それが書かれたとき 48
書物を買いもとめるのは結構 856
知らぬ事，したり顔に 152
しりたまはずやわがこひは 1305
知ることがむつかしいのでは 17
心血をそそいで命がけで 764
真剣に恋をしたら，自分が 1276
人口は，制限せられなければ 630
真実でさえ，時と方法を 200
真実というものは，いつも 1037
真実と虚偽は，ことばの属性 413
信実と誠実となくしては 847
人生最上の幸福は，愛せられ 1310
人生でなにか申し出をされて 608

人生というものは，通例 1001
人生とは，病人の一人一人が 922
人生における経験の浅い時代 936
人生には笑ってよいことが 8
人生の時間は，自分の召命を 345
人生は一行のボオドレエルに 223
人生はただ影法師の歩みだ 924
人生は，段々に諦めて行く 789
人生はチャンスだ．結婚も 1153
人生は一箱のマッチに似て 943
人生は短い．わずかな時しか 783
人生は短く金はすくない 287
人生は山の登りのようなもの 1030
人生　離別無くんば 953
人生を大切に思うと言われる 96
身体を訓練しない者は身体を 380
信の世界に偽詐多く，疑の 262
真の男性は二つのものを求め 771
真のやきもち焼きの男には 1118
信用というものは求められ 828
親鸞は弟子一人ももたず 19
真理はそのままでもっとも 761
真理を知らないものはただの 920
人類は，自分にとって幸福に 342

ス

水中を泳ぐ魚が水を飲んでも 475
過ぎてかえらぬ不幸をくやむ 662
優れた歌人の歌一首が 1010
すぐれた記憶は弱い判断力と 456
双六の上手といひし人に 23
ずっと年をとってからの日の 1173
すなほならずして拙きものは 716
頭脳にはおよそ三種類が 117
すばらしい雄弁家は 1210
すべて意見を述べるにあたり 429
すべて，女は，やはらかに 24
すべて真の生とは出合いで 182
すべての人間は，生まれつき 174
すべての人々をしばらくの間 419
すべて物事を間に合せに 271
すべて萬の事，他のうへにて 808
すべてを疑うか，すべてを 148
すべてを所有してる時に 785

セ

生活というものは早晩 928
正義の宮殿にも往々にして 650
政治家の私利心が第一に追求 780
政治家は手腕ばかり如何に 633
政治とは，情熱と判断力の 987
政治にとって決定的な手段は 129
政治は，「蛇のように怜悧で 385
「青春」，でっかくて，元気 666
精神のない専門人，心情の 437
盛年　重ねて来らず 1019
青年が人生並に自己自身に 144
青年時代は知恵をみがく時で 1043
生年は百に満たず 365
生は貪るべく，死は畏るべし 233
西洋の風呂は事務的で，日本 9
世界でいちばん有能な先生に 774
世界は偉人たちの水準で生き 130
世界は粥で造られてはゐない 966
世界はすべてお芝居だ 1177
セクスピヤも千古万古 971

世間恐るべきは猛獣毒蛇に 648
世間，出世の至極たゞ死の 776
世間では驚嘆されながら，妻 672
世間に一杯いる情熱的な女で 614
世間には完全な反目も和合も 463
世間には，悪い人ではないが 1017
世間の人は性欲の虎を放し飼 69
世間は自分に不都合の生じ 540
世間普通の人たちはむずかし 590
世間を欺すには世間並みの 281
絶対，喧嘩をはじめては 600
接吻とは，そもそも何んで 1217
絶望は虚妄だ，希望がそうで 545
せめてなごりのくちづけを 1214
戦場に出るなら，軍医になる 188
戦争においては，あらゆる 557
戦争に何の倫理があるのだ. 268
戦争には拙速——まずくとも 643
戦争に含まれている粗野な 165
戦争はお愛想じゃなくて 678
戦争は政治におけるとは 439
戦争は帝王にとっては 721
戦争や戦闘は野獣的な行為と 661
戦争を十分に嫌悪しない人間 286
善知識にあふことも 432
善と悪，賞と罰は，理性的 118
煽動政治家のひのき舞台は 420
前途は遠い．そして暗い 371
善とは一言にていえば人格の 841
一七四九年八月二十八日の 146
善人なをもて往生をとぐ 363
善の功用を意識した時には 794
善や悪はただの名目にすぎず 194

ソ

そう，君らにはわかるまいが 1322
総じて人は己れに克つを以て 348
総じて，人は分相応の楽しみ 626
相思の情を遂げたとか恋の 1131
創造は過去と現在とを材料と 1077
左様です，人生の不可解が 982
そうなると考えたくなる 285
そこで私はいう．『貧乏物語』 267
その日は　明るい野の花で 1254
その目は赤かがちの如くして 29
その物に付きて，その物を 809
そもそも国政は，国民の厳粛 160
そもそも手が機械と異る点は 977
それが女の本性というもの 63
それから神経，神経という 112
夫，人の友とあるものは 715
そんなら，もし僕が，自殺し 60

タ

大王が海賊に，「海を荒らす 636
大切なのは普通の語で非凡な 878
大胆は無知と卑劣の子で 36
大抵の男は意気地なしね 534
たいていの人間は大部分の 606
太陽は宇宙の中心であって 569
大陸移動という観念を私が 186
高い志にもかかわらず 921
高い立場から行動を指導する 121
高い年齢に達した老人が 855
高い操の女は，吝嗇漢と同じ 1311
高くこゝろをさとりて俗に 514

高く登ろうと思うなら，自分　881
だから，あしたのことを　1015
だからねえ，コペル君　471
だけどねえ，おばあさま　114
確かに，たとえ卵焼きを作る　139
たしかに兵営には空気がない　225
他者を自己のように愛する　1079
多情の女は男狂いの果てに　1152
ただ，返す返す，初心を　889
ただ過ぎに過ぐるもの　232
ただ誹られるだけの人，また　18
ただ一つの思想を知るという　468
ただむつかしいのみで　1013
たとひ，一子たりと云ふとも　1045
たとい政治家が時と場所とを　6
たとえば雲丹とか2の平方根　1039
たとえ遊女でも純粋な恋を　1261
他人から意見を求められる　962
他人の恩義は，そのお返しが　304
他人の歯や眼を傷つけながら　312
他人の身に降りかかったこと　564
他の諸宗教にとっては祈りが　276
旅はどんなに私を生々とした　229
他方(死)の心臓は　鉄で　447
魂の致命的な敵は，毎日の　912
だまっている奴は物騒だ　56
誰がそういったか，をたずね　43
だれかを食事に招くという　459
誰しも「怠け者」といわれて　1080
だれしも離別は悲しいものに　1283
誰だって忘れたいと思うさ　87
誰でも旅行をするについては　231
太郎を眠らせ，太郎の屋根に　224
他をあざけるものは同時に　946
暖国の雪一尺以下ならば　754
男性の幸福は「われは欲する　1233
男性は，愛によって　1340
男性は知っていることを言う　95
暖地の人花の散に比て美賞す　26

チ

智恵子は東京に空が無いと　687
知恵の最後の結論はこういう　918
知恵を求めることは，人間の　1003
血が燃えあがれば，魂も　1181
力といえども知性なくしては　509
力　山を抜き　気　世を蓋う　1297
力をも入れずして天地を　1091
知識においての真理は直に　882
知識のある人はすべてについて　457
地上をあまりいい気になって　310
父親から息子へと贈られる　797
父のいかり給ふ声の細り　910
知と愛とは同一の精神作用で　264
「知は力なり」．とんでもない　38
注意すべきは，憎しみを招く　1023
宙宇は絶えずわれらによつて　81
忠ならんと欲すれば則ち　349
勅撰集の如き者が日本文学の　71
直観的に，おたがいに相手の　484
ちょっと考えると「美しく　483
地をえらんで踏み，時機を　361
沈黙しているとき私は充実を　277
沈黙を学べ，ああ，わが友よ　1051

ツ

突き刺さってくるような 1099
常に勉強を続けるのは 405
妻は青年の恋人，中年の 138
つまり，あなたのような人が 940
露を帯びて花を折るのであれ 98
強い意志と弱い意志の主な 307

テ

帝王は，自己の弱点を暴露し 801
手軽なことだ，災難を身に 660
できるだけ早く結婚をする 1110
できるなら誓約は絶対に拒む 833
哲学者たちにとってもっとも 440
哲学者たちは世界をさまざま 166
哲学者たり，理学者たり 676
哲学というものは，たしかに 596
鉄が使用せずして錆び，水が 134
手に入ったデータを全部 570
手を切られたら足で書かうさ 689
天国にはそんなに美しい天女 1222
天高く気澄む，夕暮れに独り 684
天地は万物の逆旅 805
伝統を相続することは 193

ト

東海の景は富士によりて生き 244
どうしたの？　来ないのね 1255
どうして俺は今までこの高い 618
どうして君は他人の報告を 712
どうしても言い分を通そうと 320
当時は一般の人々は時計を 14
道徳的修養に要する努力の 40
道徳においては進歩なるもの 772
当人が偉大になればいい 1281
遠くて近きもの　極楽．舟の 21
時がたつのが早いと思う 964
ときには，敵の方が正しい 836
時のすぎるのが早いか遅いか 917
時の翼に乗って悲しみは飛び 328
説き伏せるには大胆な人を 706
徳ある者は必らず言あり 523
徳川時代契約成立の確証と 725
徳川時代の司法権は各藩が 358
読書で生涯をすごし 894
読書は，他人にものを考えて 142
徳性は宝石のようなもので 382
独立の気力なき者は必ず人に 1062
どこの国だってほんとうの 252
ところで，性愛の快楽よりも 1273
ところで天は，人間どもを 201
年老いた者が賢いとは限らず 588
年とった人々は異議が多すぎ 303
年寄りになったからって 1032
年をとって困ることは 222
殿方って，お言葉はみんな 1190
富は一つの才能であり 952
富を軽蔑するように見える 1069
富めるものはつねに貧に 376
友たるものは，推察と沈黙の 306
友とするに悪き者，七つあり 238
友に交るには，須らく三分の 311
友への同情は，堅い殻のした 572
鳥の歌声がいつも同じ調子に 169
鳥は卵からむりに出ようと 827

ドレイは彼らの鎖のなかで 178
どんな大金持でも，贈り物の 450
どんな女でもいいです 1258
どんな奇矯で無茶苦茶な説 322
どんな事件に鼻をぶつけても 83
どんな種類の変更も改良も 695
どんな闘争でも，折衷派と 124
どんなに頭の明晰な人でも 1191
どんなに仲のよい，美しい 956
どんな美人だって，鏡に 549
どんな人でも，かなりの長期 397
どんな人の所へ行こうと 1227
どんな人の利益にもよろこび 338
どんなものでも，前もって 282
どんなものを食べているか 406
どんな恋愛関係にあっても 1330

ナ

ながい間の忍耐にみちた研究 698
流れるビールは泡を立てない 203
ナショナリストは，味方の 283
為すべきと思ひしことも 479
なぜならば，運命は女だから 337
夏の下町の風情は大川から 228
な，な，な，何がゆえに 487
何か遺産を譲り受けるという 465
何が残酷といって，相手を 1108
何かをうまく語ることは 391
何事も永続きのしないのが 812
何せうぞくすんで，一期は夢 807
ナニ，誰を味方にしようなど 1063
何一つ　この世で　当になる 1029
何も閨房の語らいばかりが 1156
何もしないという事を，父が 375
何故世の多くの婦人たちには 1268
楢の類だから黄葉する 863
なるほど，神はある種の快楽 106
何億という人間が生きている 321
難解さは，学者が手品師の 671
汝の視力を内部に向けよ 788
何でも大きな者は大味で 732
なんでも変らないものは 515
なんでもない事が楽しい 967
何でも妙なことにぶつかっ 605
何といっても日本は根柢から 724
なんとなく好きで，その時は 1325
何の苦労もなしに手に入った 1022
なんのはや，世の中という 292
何人も，その良心に反して 751

ニ

肉体と知能と霊魂，これら 7
肉的愛，言いかえれば外的美 1274
二十年は長い年月だが 818
鰊のすばらしい大群，鰯，鯖 701
日常の瑣事にいのちあれ 1086
日本人の死は日本人だけが 1058
日本人は素描をするのが速い 15
日本の海端に，ココ椰子の実 354
日本の男子には妙な習癖が 469
ニューヨークにはただで 451
人間が後世に遺すことの 720
人間が鳥のように飛び，魚の 372
人間が馴れることのできぬ 410
人間死ぬまでは，幸運な人と 170
人間性は変るものでは 694

人間性は，模型に従って 875
人間というものは，幼いとき 876
人間というものは，殺された 442
人間という者は，少しやさし 327
人間というものは，不幸の 795
人間というものは，ふだん 393
人間というものは，わが身の 749
人間にふさわしい態度は 877
人間の意識がその存在を規定 343
人間のいるところに喧噪は 735
人間の幸福というものは 50
人間のすべての性質のなかで 710
人間のすべての知識のなかで 502
人間のすることでなにひとつ 220
人間の不安は科学の発展から 976
人間のプライドの窮極の 736
人間の最も基本的な分類と 135
人間はおのおのものの見方を 164
人間は今日も働いて食べた 798
人間は，この宇宙における 196
人間は，自分が他人より 832
人間は自分じしんの歴史を 1020
人間は自由なものとして 898
人間は他人の嘘にはたやすく 1002
人間はだれでもみんな，灰色 619
人間は地位が高くなるほど 171
人間は遅疑しながら何かする 478
人間は，時として，満たされ 79
人間は，努力をする限り 400
人間はどんな荒唐無稽な話で 51
人間はね，自分が困らない 646
人間は，欲に，手足の付たる 435
忍耐は意志に属している 1081

ヌ

濡れた真珠のような涙が 1223

ネ

ねえ．あなた．話をしながら 745
ねえ，お嬢さん！　恋と安息 1176
ねえ　きみ　きみは恋をして 1250
ね，お前さん，この若いかた 1187
眠っている人は起こさぬ 443
年年歳歳　花相似たり 445

ノ

野ずえにのこる遅咲きの花は 931
望みをもちましょう．でも 657
呑気と見える人々も，心の底 67

ハ

パーヴェルの方は反対に 62
ばかげたことも度をすぎた 613
馬鹿丁寧な仕立かたをした 490
秤を伴わない剣は裸の実力を 903
初めて東京を訪れた際，私は 378
はしるはしる，わづかに見つ 151
はづかしきもの　色このむ男 1314
はた，草には光輝，花には 663
働きのよろこびは，自分で 893
パチッと目がさめるなんて 1074
初恋なんて決してほんとうの 1183
ばってん，いくら俺が 656
花の蕾を　おさへるやうに 1216
花は半開を看，酒は微酔に 187
花発けば風雨多く 65

離れればいくら親しくっても 682
母上様．恋のよろこびが結局 1269
破滅型または逃避型と 257
薔薇に対するヨーロッパ人の 422
春かぜに　花ひらく 1028
春は空からそうして土から 77
春は眠くなる．猫は鼠を 1073
晩餐は一日の最後の仕事ゆえ 823
パンに不自由しながら人は 202
万人向きの書物は常に悪臭を 180
万物をつくる者の手をはなれ 1068
反論し論破するために読むな 576

ヒ

日が落ちる，野は風が強く 934
「日髪，日風呂」といって 423
ひさしい間，悲しむべき 628
非常にすぐれたオルガンを 497
美女は，命を断つ斧 434
美人は二人で分けるわけに 1113
秘すれば花なり，秘せずば 2
竊に恐るらくは，後の今を 757
額に汗して汝のパンを摂れ 161
柩の前にて通夜すること無用 535
美というものはまったくの 462
人が新しい事実を発見と呼ぶ 781
人が生まれたときには，実に 362
人が気に喰わん，喧嘩をする 1085
人が事実を用いて科学を作る 41
人が四十三歳にもなれば 216
人，世間の愛欲の中に在りて 993
一の世代は，その法律に将来 581
一つ一つに取たてゝは美人の 74
一つ火鉢で焼いた餅 532
人と共にして失敗した責任を 810
人には誰が上にも好きな人 240
人に百歳の寿なく，社会に 11
人の患は，好んで人の師と 16
人の死んだ後にはかならず 204
他人の麵麭のいかばかり苦く 679
人の世には平和を，海原には 577
人の世の移り変りは，木の葉 599
人の世を作ったものは神でも 870
人は頭で，生きるというが 198
人は言う，諷刺と冷嘲とは 446
人はいつも考えているものだ 668
人は決して倖せを避けて通る 541
人は，恋をしてはじめて 1115
ひとは自分の運命を非難して 796
人は十三才迄は，わきまへ 625
人は，青春のあやまちを 195
ひとは単に知っていることに 299
人は，つねに自分の幸福を 141
人は常に，浄頗離の鏡に日夜 886
人はなさけの深みにどうして 1213
人は望むとおりのことが 916
人はパンのみにて生くものに 637
ひとはみんな自分は友だちだ 290
人はよほど注意をせぬと地位 518
人びとからよい目でみられる 905
人々は，お金では貴いものは 1027
人びとを平和にむかわせる 693
一袋の智慧は一つなぎの真珠 309
ひと指をもて月をおしふ 885
一人が死に一人が生き 149
独りで行くほうがよい 274

ひとり，燈のもとに文を 753
一人は米を食べる人 1006
人を教えて善をさせようと 793
ひとを罰しようという衝動の 39
人を不安にするものは 896
人を不幸にするのはよいが 561
「皮肉」と「憐れみ」とは 675
雲雀はきっと雲の中で死ぬに 871
日々の生活こそは凡てのもの 765
批評家は自らの「好き嫌い」 845
美貌や愛欲によって結ばれた 1282
百姓が芋ばかり食って芋掘り 1065
百姓たちはがんばった 61
病気というものは決して 941
飄然として何処よりともなく 369
平等であるということは 629
美よりも先に，平和よりも 955
昼でも暗い中を 226
敏感さ，すなわち権利侵害の 415
美女打見れば，一本葛とも 1252
貧乏とか恋愛とかなどの 1123

フ

不安を知らない精神は 829
風雅におけるもの，造化に 27
諷刺の笑いというのは淋しい 520
夫婦の仲はあまりつづけて 1212
「風流」といい「さび」と 970
復讐と恋愛においては，女は 1277
不幸のうちに初めて人は 401
負債があったり借金が 336
不思議なものは数あるうちに 279
武士はいざという時には飽食 533
侮辱にもいろいろとあり 677
婦女のいかりは　怖るべし 791
ふつうの人が懐疑家だとか 398
不道徳の最たるものは 854
ふと彼はそういう時，茫々と 654
腐敗した善から立ち昇る悪臭 452
冬陽は郵便受のなかへまで 973
プラトンやアリストテレスの 578
ふらんすへ行きたしと思へど 975
武力によって敵を制する者は 46
古いものを喜んではならない 888
ふるさとは遠きにありて思ふ 486
経る時の中に機会は含まれて 184
噴火口を密閉したのみで 359
文章は簡単ならざるべからず 366
文体は精神のもつ顔つきで 770
文明とは人の身を安楽にして 5
文明とは道の普く行はるゝを 4
文明は蒸汽にあらず 1059

へ

兵隊はなぐればなぐるほど 543
兵法は人をきるとばかり 848
平和の時には子が父の葬いを 597
へーえ，それじゃ何かえ 403
ヘーゲルはどこかでのべて 985
癖のない人間とは 994
ペテルブルグという町にゃ 409
蛇のように賢く，鳩のように 183
部屋の中見廻しながら 1174

ホ

忘却のお蔭で悪というものが 1075

放縦で露骨なのよりも 1334
法の終るところ，専制が 339
法律家というものは 438
法律禁令というものは，統治 775
ほかならぬ女こそは，どんな 571
他に才のない，行く道のない 481
ほかの人から学ぶ場合には 1005
ほかの目的のためになされた 1209
僕が考えてみるのに，もし 206
僕が死んだら道端か原の真中 968
ぼくが，長生きしたがって 1097
僕の存在には貴方が必要だ 1309
ぼくはおまえが好きだった 1158
ぼくは元来，あけっぴろげの 399
僕はこういった人間を知って 280
母国に帰る敵軍はひき止めて 524
星は　すばる．ひこぼし 991
欲するものを得ないでは 1185
没落してゆく民族がまず最初 1034
肉体と知能と霊魂，これら 7
仏は常にいませども 495
仏も昔は人なりき 906
ほめれば間違いだし，そしれ 895
惚れきっていてしかも疑い 1175
本心を打ち明ける友人を 305
本当に，その道の大先生方が 1324
ほんとうにどんなつらいこと 861
ほんとうに黙することの 499

マ

まあ，茶でも一口すすろう 1060
毎日，自己のきらいなことを 665
真実の友を捨て去るのは 963
交わりをしたならば愛情が 1070
まず食うこと，それから道徳 455
貧しくても，生活を愛し 97
まだあげ初めし前髪の 73
またあなたの愛情の発作をも 1240
また，時分にも恐るべし 260
まったくこの愛というやつは 1180
松の事は松に習へ，竹の事は 237
学んで思わざれば則ち罔し 777

ミ

「道にきいて，途に説く」 883
道に迷うこともあったが 53
三千代以外には，父も兄も 1140
見てくれがしの体裁ばかり 851
緑濃き黒髪を婆娑とさばいて 1260
身分不相応な幸運や 957
「観る」とはすでに一定して 763
身をうたかたとおもふとも 1302
民衆というものはいつも政変 389
民衆の中には忍耐強い無言の 1038

ム

むかし景気のよかったものは 587
むかし，荘周は自分が蝶に 273
昔は年よりになって，何んも 28
昔，ひとり者の男が 719
昔私は思つてゐたものだつた 1142
武蔵野に散歩する人は，道に 214
蝕まれ出した愛情に限って 822
無邪気な娘などどこにいると 1120
娘というものは泣かせて 94
無知は富と結びついて初めて 574

無知を治そうと思うなら 289
村の土地はほとんど全部銀行 639
無理に強いられた学習という 996

メ

明治の思想は西洋の歴史に 681
名声は川のようなもので 705
名誉の悪用やこの世の虚妄に 704
名誉をうける中心にはなるな 428
目に見えるものでも 1014
面とむかって人を誉めたがる 474

モ

もう一度お逢いして，その時 1208
申しておきますが，思索など 811
もう地表に近づいている 601
もし神が人間の祈りをその 768
もし君の愛が愛として相手の 984
もし事物の現象形態と本質と 902
もし自由になんらかの意味が 1033
もしもお前の好きなように 99
もしも人から，なぜ彼を 1184
もしも　私に羽があり 1163
もし世の中の人の苦しみに 819
もっとも美しい思想でも 1128
最も多く愛する者は，常に 1205
最も賢い生活は一時代の習慣 866
もっとも長生きした人とは 879
最も激しい争闘中にも温和で 1016
最も良い説得方法の一つは 782
もっともよい復讐の方法は 302
もとより我等のかたらひは 1139
ものごとが実行に移されたら 383
唐とこの国とは，言異なる 431

ヤ

約束を守る最上の手段は 1049
夜光の珠も暗中に置けば 747
やっぱりあいつは風の又三郎 254
野蛮であるということは 52
病ある人，養生の道をば 466
山のあなたの空遠く 75
弥生ついたち，はつ燕 482

ユ

勇気と節操をもっている人 54
勇気と力だけがあっても 825
友人に本心を伝えることは 140
夕映えが美しいように，老人 1071
郵便局といふものは，港や 688
ゆうべ，床に入り，あなたは 1199
故をもて旅に老い 256
行きずりの読者を，二，三 550
ユダヤ人差別を論じたものが 604
夢は見させるが，腹の足しに 813
由来，人間というものは 1044

ヨ

善い人間の在り方如何に 595
用心し給へ，国に賊，家に鼠 239
「妖精物語」は，その最後の 57
窈窕たる淑女は 1251
要望と現実とをすりかえては 426
よき友，三つあり．一つは 585
汚れつちまつた悲しみに 542
よし幾千人幾万人のものが 565

異郷へ旅したものは往々 670
世にしたがへば，身苦し 155
世には教育万能論者があって 890
世には情死というと，一概に 1338
世には，成功を克ち得た発明 835
世の中で生きるには，人々と 767
世の中に片付くなんてものは 865
世の中になほいと心憂きもの 909
世のなかに武者おこりて 752
世の中のいざこざの因に 959
世のなかのお嬢さんたちよ 1182
世の中のおとろふると申は 1088
世の中の例として，思ふをば 530
世の中はしつこい，毒々しい 210
世の夫婦のかたがたに忠告 1121
余は今まで禅宗のいはゆる 212
世は定めなきこそいみじけれ 1
蘇りを忘れぬ春よ，三つの宝 1204
より困難なものを，より美し 594
夜　相思う，風吹いて 1293
万にいみじくとも，色好まざ 1226
万の事は頼むべからず 433
万の咎は，馴れたるさまに 907
弱いということは哀れなこと 92
世を長閑に思ひて打ち怠り 156

ラ

恋のことなら，どんなに 318
楽天主義って何なんで？ 674
ラディカルであるとは 631

リ

理性のある動物，人間とは 664
理性，判断力はゆっくりと 897
流行におくれまいとしたり 951
良書の要約というものは 49
良心の自由ほど魅惑的なもの 334
旅行者というものは 831

レ

歴史家は，その主要着眼点を 387
権利＝法の目標は平和であり 582
恋愛．好色の念を文化的に 1132
恋愛で第一に大事なことは 1143
恋愛に於ては，ドイツ人も 1235
恋愛のある男女が一つ家に 1122
恋愛の徴候の一つは彼女に 1244
恋愛の徴候の一つは彼女は 692
恋愛は人世の秘鑰なり 1130
恋愛はただ性欲の詩的表現を 1272
恋愛は，ほんのわずかの実質 1290
恋愛もなければ，係恋もない 209

ロ

老後は，わかき時より，月日 261
老人が支配するのは 786
老人は眠ることが少いが 319
老年はわれわれの顔よりも 612
老齢の好色と言われている 1136
ローマは常に連合部族や友邦 30
六道輪廻の間には　ともなふ 1046
ロッテは私を愛している！ 1200
論議するだけなら 930

ワ

わが愛するは昵さはる温柔の 1165

若い御婦人というものは 1168
若い娘は幾たびも軽はずみな 1263
若い者は女を欲求することと 1134
我が恋は　水に燃えたつ蛍々 1225
わが頭　垂れさせたまへ 911
わがこゝろのよくてころさぬ 887
わがこころはいま大風の如く 1257
わが子は二十に成りぬらん 154
わかっているでしょうが, 1286
吾胸の底のこゝには 1082
わきめもふらで急ぎ行く 937
私が言った唯一言, (人の 246
私が結晶作用というのは 58
私がこれほどにもただ 1167
私がその初めにおいて私の 1149
私が猫と戯れているとき 611
私が榾を焚いて, 婦人が鍋を 1259
私が明朝はおそくまで寝る 82
私から見れば, 四十歳の人間 857
わたしたちは, いわば, 二回 297
私たちはときとして情念に 147
私にはあなたがある 1246
わたしのからだが触れる 314
私の経験が私に告げる所に 1150
私の芸術の中では, 神は他の 110
私の生涯は極めて簡単なもの 353
私のために門閥制度は親の敵 350
私の手には他のどんな名も 1096
わたしの同僚のひとりは 634
私の願いよ, 私はあなたへの 1295
私の理論によって批判される 120
私は今より一層淋しい未来の 68
わたしはイングラム嬢に 1312
私は女の足もとに身を投げ 1162
私は彼を深く愛している 1198
私は恋をしだしてから, 変に 374
私は古今の歴史を繰り返して 510
私はしばしば, 臆病は残酷の 559
わたしは書物はきらいだ 575
私は, 少くとも自ら知らぬ 758
私は猫に対して感ずるような 76
私は冷かな頭で新らしい事を 938
わたしは良心を持っていない 255
私は老人の首すじの皺を見る 251
笑いによる攻撃に立ち向える 787
悪い夫を手に入れる女性は 1321
我事におゐて後悔をせず 718
吾れ十有五にして学に志す 270
我は師をば儲けたし, 弟子は 623
儂は北辰星と作り 1224
我やさき, 人やさき 779
我々が空想で描いて見る世界 722
われわれが文明国たるために 519
我々日本人は特に, 他者に害 859
我々の人生の場景は粗い 179
我々は花を散らす風において 265
われわれは短い時間をもって 31
われわれは短い人生を受けて 904
われわれは見慣れていること 814
われわれも, 間違った原因に 105
われわれを恋愛から救うもの 1335